住房和城乡建设部科学技术计划（2021-K-088）支持
隧道及地下工程修建关键技术研究书系

营盘山高压富水岩溶隧道灾害理论研究与处治技术

李芒原　郎志军　高新强　乔海洋　邰现磊 ◎ 著

西南交通大学出版社
·成 都·

图书在版编目（CIP）数据

营盘山高压富水岩溶隧道灾害理论研究与处治技术 / 李芒原等著. -- 成都：西南交通大学出版社，2024. 12. -- ISBN 978-7-5774-0289-5

Ⅰ. U456.3

中国国家版本馆 CIP 数据核字第 2024L03Y55 号

Yingpanshan Gaoya Fushui Yanrong Suidao Zaihai Lilun Yanjiu yu Chuzhi Jishu
营盘山高压富水岩溶隧道灾害理论研究与处治技术

李芒原　郎志军　高新强　乔海洋　邰现磊　著

策 划 编 辑	李华宇　宋浩田　王　旻　梁志敏
责 任 编 辑	宋浩田
责 任 校 对	左凌涛
封 面 设 计	吴　兵
出 版 发 行	西南交通大学出版社 （四川省成都市金牛区二环路北一段 111 号 西南交通大学创新大厦 21 楼）
营销部电话	028-87600564　028-87600533
邮 政 编 码	610031
网　　　址	https://www.xnjdcbs.com
印　　　刷	成都蜀通印务有限责任公司
成 品 尺 寸	185 mm×240 mm
印　　　张	13.5
字　　　数	263 千
版　　　次	2024 年 12 月第 1 版
印　　　次	2024 年 12 月第 1 次
书　　　号	ISBN 978-7-5774-0289-5
定　　　价	78.00 元

图书如有印装质量问题　本社负责退换
版权所有　盗版必究　举报电话：028-87600562

编委会

主要著者：李芒原　郎志军　高新强　乔海洋　郜现磊

其他著者：刘博文　马泽骋　彭　勋　黄　琪　张家奎

　　　　　　贾剑伟　况　悦　董北毅　崔　超　孔　超

　　　　　　黄林超　郭　鹏

前 言
PREFACE

隧道修建过程中的岩溶问题主要以突水、突泥等灾害形式表现出来。隧道内突水、突泥灾害按隧道掘进里程不同，基本可分为隧道进出口端开挖导致隧道内涌水及隧道利用斜井或竖井增加开挖工作面开挖后造成隧道内突水、突泥灾害这两种类型。

华丽（华坪—丽江）高速营盘山隧道所处地质区域为岩溶发育地区，围岩节理裂隙发育，建设过程中发生了岩溶涌突水事故，造成隧道被淹没并长时间处于浸水状态，因此，针对涌水事故，隧道内存水问题以及确定围岩在岩溶水浸泡下及泄水后其岩石力学特性变化对主洞再开挖隧道稳定性的影响等都是需要解决的。此外，涌水发生后对隧道前方及周边开展三维地质雷达探测，结果显示在主洞掌子面前方存在宽约 11 m 的溶洞，周边也存在小型充水溶腔，如何合理确定岩溶隧道掌子面前方存在溶洞条件下掌子面与溶洞间最小安全岩柱厚度，为隧道前方溶洞处理提供开挖安全距离也是至关重要的。

针对营盘山隧道的实际情况，我们围绕隧道最小安全岩柱厚度确定、隧道长期浸水后洞身稳定性、富水岩溶隧道涌水机制、富水岩溶隧道涌水处治关键技术等方面开展了深入细致的研究，形成了一套特长富水岩溶隧道斜井涌水处治关键技术，为营盘山隧道斜井泄水及泄水后的溶洞处理提供了技术支撑，并成功完成了隧道建设任务。对这些理论与技术成果进行总结后，形成本专著，以期为岩溶隧道施工与灾害处治提供重要参考和借鉴。

项目研究中主要理论与技术成果有：

（1）采用了一种针对松散破碎、节理裂隙发育岩石取芯制样用的加固溶液及取芯制样方法，极大提升了节理裂隙发育岩石的取芯成功率，并通过岩样试验获取准确的隧道岩石力学参数；基于掌子面纵向位移尖点突变理论和塑性区贯通理论，通过精细化三维数值模拟，对比分析了不同埋深、水压和开挖工法下安全岩柱厚度规律，提出掌子面前方防突安全岩柱厚度的确定方法，明确了安全岩柱厚度和最小安全岩柱厚度区间，为隧道突水处治预留安全岩柱厚度提供了基础数据、理论支撑和安全保障。

（2）基于三轴试验得出的围岩浸水时间对力学参数的影响规律，模拟分析了隧道涌、积、排水，部分初支脱落前后主洞及斜井围岩应力、变形和塑性区特征，揭示了隧道长期浸水洞身稳定性机理和演化特征；建立了隧道周边有水压力溶洞对隧道洞身稳定性的影响分析模型，揭示了溶洞内水压力对隧道洞身稳定性的影响规律，为隧道泄水、加强支护和灾害处治等提供了理论支撑。

（3）形成了高水压岩溶隧道突发大规模持续性涌水泄水处治技术，为应对隧道掌子面突发大规模持续性涌水而带来的淹井，采用了隧道正洞分阶段高压泄水法，成功解决泄水难题，且安全经济、综合效益显著；构建了正洞钻孔高压泄水安全防护系统，为施工人机提供了安全屏障，避免泄水过程高压水柱对人机产生危害，保障了泄水施工的安全；提出并实践了大规模突涌水隧道淹没段"分段分层稳步清渣+临时护拱+径向注浆，往复循环，逼近掌子面"处治技术，完成淹没段处治，安全穿越涌水段。

（4）开发了超长深埋高水压岩溶隧道灾害处治及施工配套技术，针对超长深埋高压富水岩溶隧道施工所面临的大型突泥涌水、穿越断层破碎带、初支挤压变形侵限、巨量涌水斜井长大反坡施工、超前预报准确性低等问题，开发了隧道初支挤压大变形处治技术、隧道顽固性涌泥涌渣反向处治技术、巨量涌水隧道斜井工区长大反坡排水施工技术和岩溶隧道综合超前地质预报技术等，有力保障了高水压岩溶隧道的施工安全，大力助推了岩溶隧道的安全、绿色、低碳建造。

本书是对华丽高速公路营盘山隧道涌水后处治理论研究与关键技术成果的总结，在研究和实践过程中得到了住房和城乡建设部科学技术计划"特长富水岩溶隧道斜井涌水处治关键技术研究（2021-K-088）"、中建七局科研课题"特长富水岩溶隧道涌水处治关键技术研究（CSCEC7b-2020-Z-24）"和"高地应力、大涌水、突泥深埋特长公路隧道反坡施工关键技术研究（CSCEC7b-2018-Z-3）"的支持和资助，本书在撰写过程中也参考了相关岩溶隧道的文献与资料，在此对文献资料作者一并致谢。

由于时间仓促，作者水平有限，书中难免存在疏漏和不妥之处，恳请有关专家和读者给予批评指正。

作 者

2024 年 7 月

目 录
CONTENTS

第1章 绪 论 ·· 1
    1.1 国内外岩溶隧道建设与研究现状 ···························· 1
    1.2 营盘山隧道工程概况 ·· 4

第2章 营盘山隧道地下水赋存特征 ·························· 12
    2.1 区域水文地质特征 ·· 12
    2.2 水文地质单元划分 ·· 15
    2.3 含水层及地下水的类型及富水性 ···························· 16
    2.4 地下水的补给、径流、排泄条件 ···························· 18
    2.5 地下水动态变化特征 ·· 19
    2.6 岩溶水发育特征 ·· 19

第3章 营盘山隧道岩溶涌水致灾因素风险评价 ············ 20
    3.1 涌突水影响因素权重优化分析 ······························ 20
    3.2 基于模糊综合评判法的隧道涌水风险评价 ·················· 22

第4章 营盘山隧道富水岩溶涌水机制 ························ 31
    4.1 岩溶分级分类 ··· 31
    4.2 岩溶病害调研 ··· 32
    4.3 隧道突涌水划分 ·· 33
    4.4 岩溶隧道涌突水影响因素 ·································· 35
    4.5 岩溶隧道涌突水机理 ·· 38
    4.6 隧道涌突水量计算 ·· 44
    4.7 安全岩柱理论计算方法 ····································· 45

第 5 章 营盘山隧道富水岩溶段开挖安全岩柱确定 ·········· 50
5.1 物理性质测试 ·········· 50
5.2 不同浸水时长三轴压缩实验 ·········· 61
5.3 深埋高水压岩溶地层隧道掘进安全岩柱厚度 ·········· 73
5.4 安全岩柱厚度及围岩稳定性影响分析 ·········· 75

第 6 章 隧道长期浸水后隧道稳定性评价 ·········· 90
6.1 分析模型 ·········· 90
6.2 涌、排水前后隧道稳定性分析 ·········· 95
6.3 浸泡时间对隧道围岩稳定性影响分析 ·········· 100
6.4 采用分阶段排水对隧道稳定性影响分析 ·········· 106
6.5 斜井初支结构局部脱落对隧道稳定性影响分析 ·········· 111
6.6 主洞初支结构局部脱落对隧道稳定性影响分析 ·········· 117
6.7 隧道周边溶洞对隧道稳定性影响研究 ·········· 122

第 7 章 富水岩溶隧道综合预报预测技术 ·········· 128
7.1 隧道超前预报常用方法 ·········· 128
7.2 物探超前预报方法研究 ·········· 129
7.3 营盘山隧道超前地质预报技术 ·········· 131

第 8 章 营盘山隧道不良地质灾害处治关键技术 ·········· 141
8.1 巨量涌水隧道斜井工区反坡排水关键技术 ·········· 141
8.2 斜井工区突发大规模持续性涌水正洞泄水处置关键技术 ·········· 151
8.3 大规模涌水突泥段处治关键技术 ·········· 166
8.4 富水断层破碎带处治关键技术 ·········· 171
8.5 初支变形侵限换拱施工关键技术 ·········· 184
8.6 斜井联络通道加高边墙接入主洞施工技术 ·········· 194
8.7 隧道遭遇突泥回填反压注浆处治技术 ·········· 196
8.8 隧道遭遇突涌横洞迂回反向处治施工关键技术 ·········· 198

参考文献 ·········· 206

第1章 绪 论

1.1 国内外岩溶隧道建设与研究现状

1.1.1 溶洞安全岩柱厚度确定方法研究

安全岩柱厚度是指隧道开挖掌子面或洞周临空面与开挖隧道周围溶腔之间最小稳定围岩厚度，是在隧道开挖过程中防止隧道涌水涌泥的最后屏障。基于隧道所处区域的地质不同、溶腔形态不同、溶腔与隧道的相对位置不同等情况，国内外专家学者对安全岩柱厚度做了大量针对性研究。

在最小安全岩柱厚度理论的推导方面，Marc Pesendorfer[1]在未考虑水压对围岩作用的条件下，基于灰岩钻探结果，总结了富水岩溶隧道瞬态水压力变化规律。Laura Toran[2]以一个小型岩溶集水区为研究对象，建立物理模型并运用化学跟踪方法，得到了岩溶隧道涌水的运移规律。李术才[3]等将隧道掌子面前方安全岩柱厚度分为开挖扰动区、溶腔周围破裂区和两区之间的围岩稳定区，并推导出了最小安全岩柱厚度的计算公式。李利平[4]根据突变理论将防突安全岩柱简化成结构力学模型，得到了岩梁突变模型的突水失稳判据，并在此基础上模拟出了与开挖、爆破等动荷载相结合的双尖点突变模型，得到了防突层动力失稳判据。郭佳奇[5]以弹性厚板理论为理论基础，总结了简支与固支两种模式下掌子面安全岩柱防突厚度及隧道突水过程中水压力临界计算公式，并分析了影响掌子面防突厚度与突水水压力临界值的影响因素，同时与马鹿箐隧道突水突泥事故进行对比分析，得到的计算结果与宜万线安全岩柱厚度经验值相符。

对于安全岩柱厚度的试验研究方面，M.A. Meguid，H.K. Dang 等[6]基于弹塑性有限元原理研究了岩溶孔洞对隧道结构的影响。唐红侠[7]利用水力劈裂试验验证了用 Dupuit 公式计算岩石渗透系数的可行性，并与巴布什金公式和三峡工程所用公式进行了对比，得到了岩石渗透性分为岩石弹性变形阶段、压裂阶段、裂隙及节理扩展失稳围岩稳定后弹性变形四个阶段的结论。干昆蓉[8]基于岩溶隧道涌水机理分析了隧道涌突水的成因机制并确定了安全岩柱厚度在施工中应考虑的因素，提出了适应于串珠型溶洞地质隧道施工中安全岩柱厚度确定方法。黄震[9]以石膏，砂子等为相似材料设计了岩溶隧道突水模型，并用以模拟齐岳山隧道突水工况，试验结果表明，岩溶隧道突水的原因是开挖扰动与地下水在围岩及其结构面渗流下逐渐形成突水通道，在安全岩柱失稳时表现为突发性涌水。周毅[10]等基于相似理论，利用大型流固耦合试验装置以尚家湾隧道为工程背景再现岩溶隧道溶腔填充物裂隙产生—扩展—涌水通道贯通—溶腔突水的全过程，结果表明，充填物在隧道开挖两倍范围内受到的开挖扰动影响相比洞周围岩更强烈，伴随水压力增大，充填物位移、应力、渗透水压力呈逐渐增长趋势，但在高压阶段，充填物的位移和应力则会出现负增长。

在数值分析方面，CHU Vietthuc[11]建立了三种不同充填介质透水性岩溶管道涌水涌泥力学模型，提出了以充填介质透水性作为失稳判据，并利用 FLAC3D 软件模拟了隧道涌水涌泥宏观和微观演化过程。孙谋[12]运用数值模拟方法以圆形断面代替隧道开挖面，通过对隧道开挖过程整体势能函数的分析，推导了掌子面发生突变破坏的临界破坏条件和最小安全岩柱厚度的计算公式，提出了掌子面发生突水的具体防治措施并成功结合宜万线铁路隧道工程实例验证其可行性。李涛[13]采用离散元软件 GDEM-DAS 模拟不同水压下开挖面距离前方溶洞的安全岩柱厚度，并以掌子面挤压变形位移值和破裂面状态作为安全岩柱厚度失稳的判别依据，拟合出以开挖面与溶洞距离为变量的掌子面挤压变形位移曲线与破裂度曲线。刘超群[14]以掌子面与溶洞周围破坏区贯通为判据，运用有限差分软件 FLAC3D 总结了围岩特性、岩层倾向、溶洞大小等七种组合因素下安全岩盘的厚度值，且对七种影响安全岩盘厚度的因素按影响程度进行了排序，得到了单一因素与安全岩盘厚度的回归方程，并将结论与云雾山隧道等实际工程实例进行对照，验证了其可行性。

综上，岩溶隧道涌水灾害的发生过程可等效于安全岩柱的失稳过程，我们将掌子面至前方溶洞安全岩柱塑性区贯通及与掌子面纵向位移突变相结合作为最小安全岩柱厚度判据。

1.1.2 岩溶隧道涌水后稳定性研究

在工程试验方面，汤连生[15]等基于水岩化学作用原理，并将其引入 Dugdale 模型，获取水岩化学作用对岩石的化学损伤程度，并与工程地质灾害建立了联系。

郭富利[16]等选取宜万铁路堡镇隧址区炭质页岩进行不同饱水时间、不同围压下三轴力学性能试验，并拟合出相应应力-应变曲线，结果表明，在不同饱水时间下，岩石强度随围压的改变基本呈指数变化；围压较低时，岩石强度随饱水时间改变呈指数变化，围压较高时，岩石强度随饱水时间改变呈线性变化。

在数值分析方面，周雪铭[17]以白须公 1 号隧道上半段左侧出现溶洞为工程背景，运用 ANSYS 结合现场监测数据对隧道开挖过程中处治结构和洞周围岩进行分析，得出采用桩—承台—单边支撑墙—联系梁的处治方法是可行的。刘招伟[18]等将岩溶突水地质模式分为横向断面交错模式与纵向断面交错模式，并运用有限差分软件 FLAC^{2D} 分别进行模拟，验证了岩溶隧道突水是受水压、溶腔填充物、隧道围岩塑性区等因素影响的渐进破坏过程，得出岩溶隧道突水的临界距离和关键部位受地质模式控制。黄明利[19]运用岩石破裂分析程序 RFPA 建立二维模型模拟侧部溶洞存在条件下隧道开挖过程中围岩破裂情况，从应力场、位移场、声发射规律三方面变化规律，总结侧部溶洞岩溶隧道岩石损伤机理。

上述学者对工程试验、数值模拟等方面进行了大量研究，但对于隧道和斜井长时间积水及排水前后围岩稳定性研究较为缺乏。我们在本书中，将以围岩、初支应力及围岩位移结合塑性区分布变化研究斜井，主洞涌、排水前后，涌水后围岩长时间浸泡，分阶段降水前后，部分初支脱落等四方面的隧道围岩稳定性和变形受力特征。

1.1.3　岩溶涌水后处治方案研究

张民庆[20]基于宜万铁路马鹿箐隧道泄水监测数据，总结钻孔泄水、高位支洞泄水、泄水洞低位泄水、泄水洞接通溶洞后自动泄水四种泄水方式的优缺点，并得出每种泄水方式的适用范围。罗玉虎等[21]以"防排结合，综合治理"为原则，针对摩天岭隧道涌水灾害提出封堵溶洞、小导管注浆、补强二衬及泄水洞集中排水等措施，并实际运用于摩天岭隧道涌水段，验证了方案的可行性。刘仁阳等[22]以大风垭口隧道特大涌水、土石流灾害为工程背景，依据"截、堵、排"相结合的原则，提出一"护"、二"固"、三"挖"、四"衬"治理措施，顺利通过隧道塌方段。白国权等[23]针对花椒箐隧道涌水、涌泥灾害，从灾害形成原因出发，提出积水坍体处理、帷幕注浆加固围岩、结构加固及涌水处围岩开挖钻孔等措施，使隧道顺利通过软弱破碎带。李睿哲[24]从岩溶隧道突水机制角度对大华山隧道围岩条件因素、地形地貌因素及涌水机制进行了分析，提出了超前探孔排水降压、地质雷达预测、注浆加固、溶洞回填等一系列溶洞处理措施。曹学强等[25]运用数值分析手段对康家楼隧道 1# 斜井涌水进行了模拟，提出固定高扬程移动泵站、低压接力泵站与移动泵站相结合的排水方案来对斜井内积水进行排水作业，针对涌水段围岩实行局部注浆与补充注浆相结合的注浆方案，使斜井内积水成功排出。陈绍华[26]通过对关角隧道 3#、4# 斜井涌水过程、涌水性质、涌水特征进行分析，总结了一套斜井施工过程中注浆堵水、泵站排水等斜井涌水处治技术及防止淹井方法。

我们结合上述学者研究内容及营盘山隧道涌水现状与数值模拟结果制定一套较优化完整的隧道斜井与主洞涌、积水灾害处治方案，详见后文。

1.2 营盘山隧道工程概况

1.2.1 工程简介

营盘山隧道位于云南省的西北部华坪县境内，地处云贵高原西北横断山脉腹地，隧道全长 11.28 km，最大埋深 883 m，起讫里程 K18+580 至 K29+890，为华（坪）丽（江）高速公路控制性工程。隧道属特长隧道，穿越褶皱带，节理裂隙发育，地质主要以灰岩、白云岩等Ⅳ级围岩为主，其地形、地质、环境条件特殊，建设问题十分复杂。营盘山隧道分四个工区（进口、出口、1#斜井、2#斜井）施工。

营盘山隧道涌水时，出口端正在施工，左线已施工 2 478 m，剩余 645 m，右线已施工 2 516 m，剩余 665 m（与 2# 斜井交叉口贯通）；2# 斜井转主洞左线已开挖施工 505 m，剩余 1 951 m，右线已开挖施工 400 m，剩余 2 011 m，如图 1-1 所示。营盘山隧道 2# 斜井分送风井和排风井，送风井长 1 344 m，排风井长 1 255 m；平均纵坡 10%，高差 148.3 m。

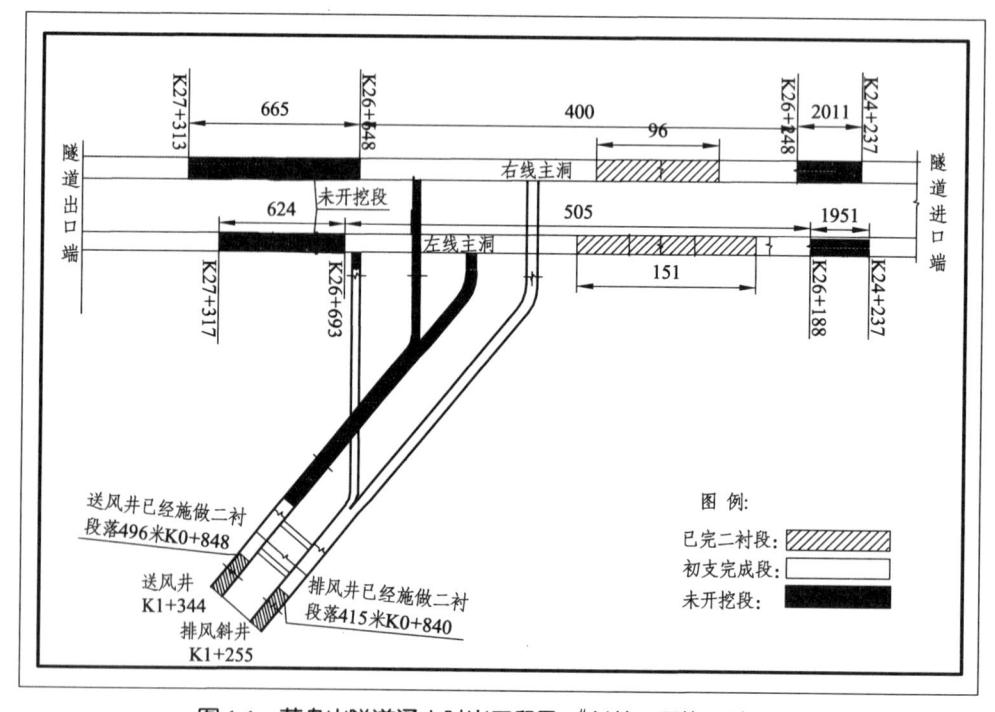

图 1-1 营盘山隧道涌水时出口段及 2# 斜井工区施工状况图

1.2.2 隧道工程地质

隧址区上覆地层为第四系更新统坡积粉质黏土、碎石，分布不均匀；下伏基岩为下元古界会理群片麻岩、混合岩，震旦系观音崖组泥岩、泥质砂岩、砂岩，震旦系灯影组白云岩、白云质灰岩，泥盆系中统灰岩、寒武系下统砂岩、三叠系上统干海子组泥质砂岩、砂岩、泥岩、煤层，三叠系舍资组砂岩、泥岩及早元古代晚期石英闪长岩。

1. 地质构造

1) 区域地质构造

隧址位于松潘—甘孜地槽褶皱系与扬子准地台衔接过渡部位，横跨中甸褶皱带、盐岩—丽江台缘褶皱带和康滇地轴等三个二级单元。自震旦系以来，该区经历了多次不同形式的构造变动，地质构造极为复杂。

近场区规模较大的褶皱构造区主要有华坪—六德短轴褶皱区、广羊村—平川街褶皱区。华坪一带褶皱轴向一般为北偏西，部分轴面向北东倾，局部倒转。广羊村—平川街褶皱区内轴向多为北东，受程海、平川街断裂影响，轴面常被扭转、牵引，通常比较狭长，发育多个次级、更次级小褶曲。

2) 断裂构造

根据区域地质资料及勘察成果，隧址区共发育有 F2、F3 两个断层。F3 断层与线路相交于 K24+573（ZK24+577）处，为正断层，断层产状：220°∠60°，断层带内由构造岩、破碎带组成，沿断层带两侧的岩石风化强烈，断层上盘为震旦系观音崖组砂岩，下盘为下元古界—会理群片岩、混合岩，断层带附近岩石节理发育，岩体破碎，与线路呈大角度（夹角约 65°）相交，断层通过处岩体破碎，破碎带影响范围为约 100 m，该段围岩级别极低，开挖可能导致涌突水现象。

3) 节理与裂隙

隧址区在构造应力作用下，岩体变形破坏较强烈，由褶皱及断裂派生出的各级节理裂隙发育，与浅表风化裂隙共同构成节理裂隙系统，不同程度地破坏了岩体的完整性。其中构造节理裂隙规模较大，贯通性好，产状比较稳定，常与区域断层平行或伴生，裂隙宽度一般为 0.1~1 mm，节理面较平直、光滑、紧闭，节理间距 0.1~0.2 m，延展性一般；风化裂隙没有固定的方向，规模小、密度大，节理面不平整，多为张性，多为泥质充填，从地表向下密度快速变小，随着海拔高度升高，温差增大，影响深度也在逐渐增加。

2. 地震烈度

根据《中国地震动参数区划图》(GB 18306—2015)，项目区地震动峰值加速度为 0.15 g，地震动反应谱特征周期为 0.45 s，对应地震基本烈度为Ⅶ度，按《公路工程抗震规范》(JTG B07—2013)的有关规定进行抗震设防。

1.2.3 水文地质及气象条件

1. 地表水

隧址区地表水主要为冲沟中溪流，多属季节性溪流；隧址区冲沟发育，汇水面积大，水位及流量受季节控制明显，旱季水量较小或干枯，雨季大量雨水沿两侧坡体汇入溪流，水量变化大，具有暴涨暴落的特点。

2. 地下水

隧址区地下水主要分为第四系松散覆盖层中孔隙水、基岩中的裂隙水及岩溶水。

1) 孔隙水

松散堆积层孔隙水主要分布于大的冲沟及支沟的沟谷地段第四系全新统冲洪积层的碎石类土中，多以潜水形式存在，与溪流等地表水体互补，具备埋藏浅、补给源近、透水性强、水量丰富等特点。

少量孔隙水赋存于斜坡地段第四系全新统的崩坡基层、坡残积层块、碎石土和粉质粘土等松散堆积层中，来源以大气降水补给为主，透水性好，受地形控制富水性差，经短距离运移，排泄于地形低洼处。

在测区范围内未发现该类地下水泉点出露，多以点滴状、浸润状形式产出，故该类地下水贫乏，且对隧道影响小。

2) 基岩裂隙水

基岩裂隙水主要赋存于各类岩体节理裂隙密集带、构造破碎带中。在隧址区构造发育密集区富水性较强，而中~微风化完整岩体富水性最弱。由于区内岩体裂隙发育不均，而导致含水层富水性不均一，该类地下水并非具有连通性的裂隙潜水，而是无统一的地下水位。

3) 岩溶水

营盘山隧道 ZK24+570-ZK27+140、K24+570-K27+160、2号送风井 (K0+000-K0+670)、

2 号排风井（K0+000-K0+620）段分部地层为白云岩、白云质灰岩、灰岩，岩溶水主要赋存于碳酸岩的溶洞、溶隙、溶孔、溶沟中。ZK25+060-ZK27+980、K25+080-K28+060 段地表岩溶发育，YPS-ZKC02 钻探揭露孔深 52~62 m 段岩溶及溶蚀裂隙发育，钻进时漏水，且与地表出漏的岩溶泉点地下水连通，呈一定的水力联系。

3. 气象条件

营盘山隧道地处云贵高原西缘及西北缘，属横断山脉与滇西北高原接壤地带，总体地势为西北高东南低，气候特征表现为高原性气候，气候垂直分带特征明显。

标段内气候特征表现为干湿季节分明，山区气温较低，金沙江河谷两岸较炎热。据丽江、永胜、华坪等气象资料显示，区内年平均气温最低月为 1 月（9.5 ℃），最高月为 7 月（31.2 ℃），平均降雨量 890~950 mm，降雨集中于 6~9 月。蒸发量 2 100~2 400 mm；山区气候多变，当年 10 月至次年 5 月为旱季。

1.2.4 掌子面揭露工程地质状况

1. 主洞掌子面状况

主洞左线掌子面 ZK27+287 围岩情况如图 1-2 所示。该段褶皱很发育，围岩主要为微风化白云岩、灰岩，受褶皱影响，围岩节理裂隙很发育，岩质较硬，岩体较破碎，围岩自稳能力较差，无支护时拱部可能发生小型坍塌，侧壁可能产生掉块，洞室呈点滴状或淋雨状出水。

图 1-2　隧道主洞掌子面围岩状况

2. 斜井转主洞围岩掌子面状况

主线左洞小桩号 ZK26+188 掌子面围岩如图 1-3 所示。以微风化白云岩、灰岩为主，受褶皱影响，岩体极破碎，岩质坚硬，节理裂隙发育，可能存在溶腔溶槽，裂隙水发育，围岩整体稳定性差。主线右洞小桩号 K26+248 掌子面围岩：以微风化白云岩为主，受褶皱影响，岩体极破碎，岩质坚硬，节理裂隙发育，存在溶腔溶槽，裂隙水发育，围岩整体稳定性差。

（a）隧道 ZK26+188 掌子面围岩状况 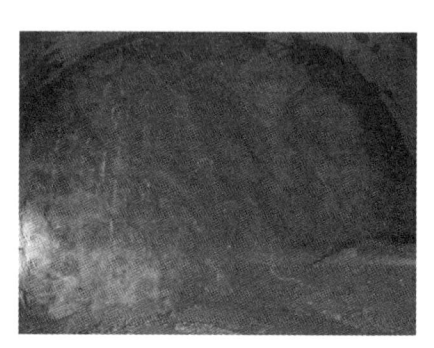　　　　（b）隧道 K26+248 掌子面围岩状况

图 1-3　主线左、右洞小桩号掌子面围岩状况图

3. 主洞掌子面围岩状况

主线左洞大桩号 ZK26+693 掌子面围岩如图 1-4 所示。以微风化白云岩、灰岩为主，岩体较完整，岩质坚硬，节理裂隙不发育，裂隙水弱发育、成点滴状出水，围岩整体稳定性一般。主线右洞大桩号 K26+648 掌子面围岩：以微风化白云岩为主，岩体较完整，岩质坚硬，节理裂隙不发育，裂隙水弱发育、成点滴状出水，围岩整体稳定性一般。

（a）隧道 ZK26+693 掌子面围岩状况 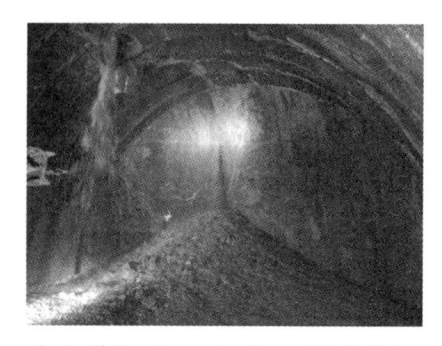　　　　（b）隧道 K26+648 掌子面围岩状况

图 1-4　主线左、右洞大桩号掌子面围岩状况图

1.2.5 隧道涌水情况

1. 涌水状况

营盘山隧道 2#斜井转正洞后在左线正洞 ZK26+188 处发生突水涌泥、灾害。由于主洞涌水量较大，在发生涌水灾害 1 天后 2#斜井工区主洞及斜井全部被淹。斜井洞口流水量为 1 500 m³/h。斜井及转主洞洞内存水约 260 000 m³。出口段主洞施工开挖掌子面和斜井存水区域目前的距离为左线 645 m，右线 665 m。隧道 ZK26+188 掌子面涌水、涌泥情况如图 1-5 所示。

（a）隧道 ZK26+188 掌子面涌水　　　　（b）隧道 ZK26+188 掌子面涌泥

图 1-5　隧道 ZK26+188 掌子面涌水涌泥图

排风井已和主洞接通，全长 1 483 m，如图 1-6 所示。送风斜井施工至桩号 K0+328.5，距离洞口 1 015.5 m 处，掌子面出现大面积出水，帷幕注浆后，掌子面作为止水墙停止施工，即送风井掌子面不再考虑出水情况。

2. 钻探结果

隧道 2#斜井转正洞左线掌子面掘进 573 m（桩号 ZK26+188），爆破后在隧道上台阶左下方出现一个直径约 2 m 的溶洞，随后溶洞发生小规模的涌水和少量涌泥，项目部立即停止掌子面施工，观察、记录涌水和涌泥情况。

停工后进行了超前地质雷达检测和超前钻孔探测，如图 1-7 所示。在掌子面位置的钻孔有 5 个，钻孔深度 17 m，其中掌子面顶部钻孔出现压力水喷出，通过钻孔的情况探明隧道掌子面前方存在长约 11 m 的溶洞。

地质雷达检测报告显示该段情况为：ZK26+188～ZK26+168 段推断此段围岩与掌子面情况类似，以白云岩、灰岩为主，节理裂隙发育，溶蚀发育，岩层层间结合较差，岩体结构破碎；其中 ZK26+184～ZK26+180、ZK26+174～ZK26+168 段图像标注区域，如图 1-8 所示。初步推断该段围岩极破碎，溶蚀发育，可能存在溶腔溶槽。

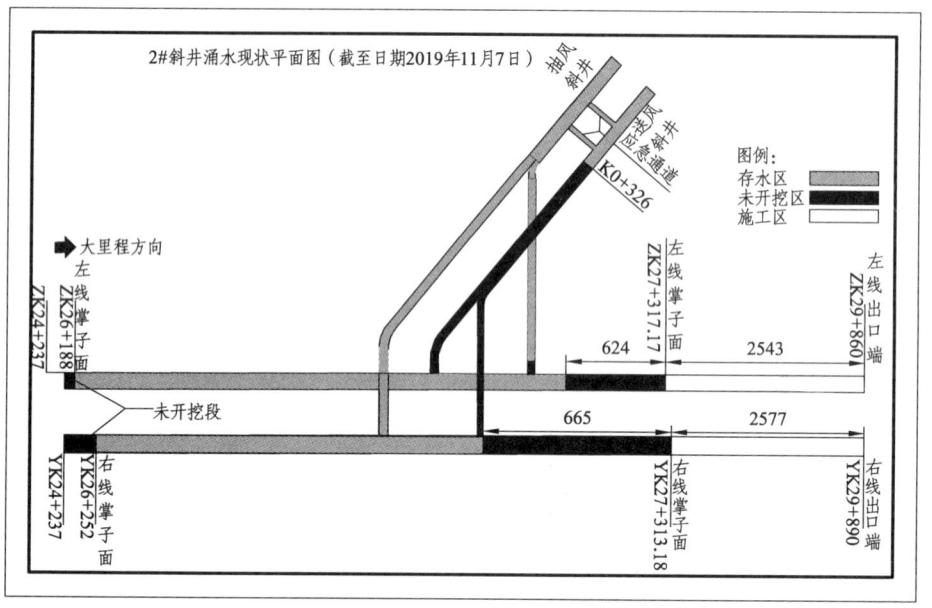

（a）2#斜井通水平面图

（b）送风斜井掌子面止水墙

图 1-6　隧道内涌水、积水分布图

（a）掌子面超前钻孔图　　　（b）掌子面压力水喷出图

图 1-7　掌子面超前钻孔及压力水喷出图

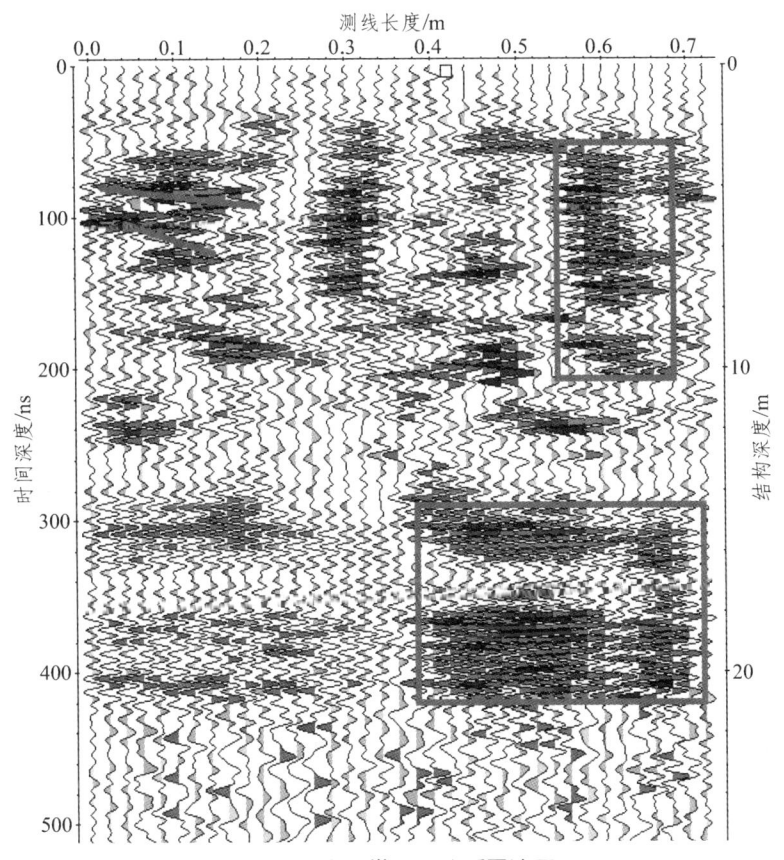

图 1-8 左洞掌子面地质雷达图

第 2 章 营盘山隧道地下水赋存特征

2.1 区域水文地质特征

1. 地表水

区域地表水系较发育，水资源丰富，路线经过的主要河流有马过河、新庄河等河流及其众多支流水系，分布有良马水库等人工水利设施。隧址区内未见河流、水库等大型地表水体，地表水主要为位于狭窄沟谷内的溪流，多属季节性溪流。该区冲沟发育，汇水面积大，水位及流量受季节控制明显，旱季水量较小或干枯，雨季大量雨水沿两侧坡体汇入溪流，水量变化大，具有暴涨暴落的特点。隧址区主要冲沟水文地质条件如表 2-1 所示，水文地质调查如图 2-1 所示。

表 2-1 隧址区所发育主要冲沟特征表

调查点编号	调查点位置	地层岩性	与线路相交处沟谷形态 冲沟宽度/m	与线路相交处沟谷形态 两岸相对高差/m	地表水发育情况 水面宽度/m	地表水发育情况 水深/m	备注
SW01	洞口附近	覆盖层主要为中、粗砂，圆砾、卵石及漂石，下伏基岩为片麻岩	20	两侧斜坡坡度 50°~65°	3.2	0.1	流量 0.148 L/s，测试时为晴天
SW02	隧道进口冲沟	覆盖层主要为砾砂、圆砾、卵石及漂石，下伏基岩为片麻岩	30	两侧斜坡坡度 40°~60°	4.0	0.2	流量 0.64 L/s，测试时为晴天
SW03	隧道进口附近公路	该处主要为基岩裂隙水出露点，下伏基岩为砂岩	—	—	—	—	该处基岩节理裂隙发育，多见泥质充填，裂隙宽 0.5 mm，间隙 0.3~0.5 m，流量约 0.1 L/s

续表

调查点编号	调查点位置	地层岩性	与线路相交处沟谷形态 冲沟宽度/m	两岸相对高差/m	地表水发育情况 水面宽度/m	水深/m	备注
SW04	隧道进口附近	基岩裸露，出露基岩为砂岩	—	—	0.5	0~0.1	间歇性流水，受季节影响大，流量约 0.5 L/s
SW05	隧道洞身段	覆盖层主要为中砂、砾砂及卵石	20	两侧斜坡坡度 40°~50°	3.0	0.2；最高洪水位约 0.5 m	受季节影响大，流量约 0.5 L/s
SW06	隧道洞身段	基岩裸露，出露基岩为砂岩	20	两侧斜坡坡度 40°~50°	0.4	0.1	受季节影响大，流量约 0.4 L/s
SW07	隧道洞身段	基岩裸露，出露基岩为砂岩	20	两侧斜坡坡度 40°~50°	0.5	0.1	受季节影响大，流量约 0.4 L/s
SW08	隧道洞身段	基岩裸露，出露基岩为砂岩，节理裂隙发育，主要为泥质充填，裂隙宽 0.5~1.0 mm	10	两侧斜坡坡度 40°~50°	0.5	0.1	受季节影响大，流量约 2.8 L/s
SW09	隧道洞身段	基岩裸露，出露基岩为砂岩，节理裂隙发育	10-15	两侧斜坡坡度 50°~60°	0.3	0.1	受季节影响大，流量约 1.0 L/s
SW10	隧道洞身段	基岩裸露，出露基岩为砂岩，节理裂隙发育	1.7	两侧斜坡坡度 50°~65°	1.7	0.15~1.2	受季节影响大，流量约 80 L/s
SW11	隧道洞身段	基岩裸露，出露基岩为砂岩及煤层，节理裂隙发育	—	—	—	—	水源从良田煤矿三号井内流出，为常年性水流，流量约 70 L/s
SW12	隧道洞身段						受季节影响大，流量约 40 L/s

(a) 地表冲沟水（SW5号调查点） 　　　(b) 地表冲沟水（SW10号调查点）

图 2-1　水文地质调查

2. 地下水

区内地质构造复杂，隧址区东北部以古元古界会理群片麻岩、混合岩、石英岩为主；西南部以震旦系灯影组白云质灰岩、白云岩等可溶岩岩土为主；在西南部边缘分布有少量震旦系灯影组砂岩、泥盆系中统灰岩、寒武系下统砂岩、三叠系上统干海子组泥质砂岩、砂岩、泥岩、煤层等非可溶岩，岩溶发育总体较弱。

据区域水文地质资料，区域地下水类型属于基岩裂隙水及岩溶水，早元古代晚期侵入岩区域为岩浆岩类含水岩组，富水程度弱，泉水流量<0.1 L/s，地下径流模数<0.1 L/($s \cdot km^2$)；下元古界会理群变质岩区域为变质岩类含水岩组，富水程度弱，泉水流量 0.1~1.0 L/s，地下径流模数 1~3 L/($s \cdot km^2$)。寒武、泥盆区域为碳酸盐岩类夹碎屑岩类含水岩组，溶洞暗河不发育，富水程度弱，地下径流模数 1~5 L/($s \cdot km^2$)；震旦系灯影组部分区域为碳酸盐岩类含水岩组，溶洞较发育。如图 2-2 和图 2-3 所示。

图 2-2　隧址区地表岩溶发育 　　　图 2-3　地表岩溶水出露点

2.2 水文地质单元划分

1. 按地形地貌分区

营盘山隧道区内地层岩性复杂,断层及褶皱等地质构造发育。初勘调查和物探成果解析显示,区内岩体总体较为完整,但受到断层及褶皱等地质构造的影响,局部地段深部构造节理发育,断层破碎带、褶皱核部及节理发育带为地下水的赋存提供了较为有利的条件。

隧址区地下水主要为第四系松散覆盖层中孔隙水、基岩中的裂隙水及岩溶水。

根据测区地形地貌及地质构造条件,沿山脊线及构造线方向将地下水划分出 3 条地下分水岭。根据地表出露含水岩组类型、地表水补给、径流与排泄方向特征,将测区划分为四个主要的水文地质单元。具体划分如图 2-4 所示,各水文地质单元的基本特征详见表 2-2。

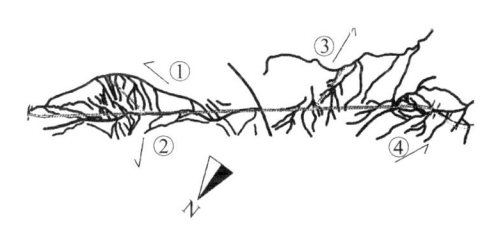

图 2-4 测区水文地质单元分区图

表 2-2 测区水文地质单元水文地质条件一览表

水文地质单元	①	②	③	④
主要含水层地层	Pt1、Zbg、Zbd	Pt1、Zbg、Zbd、δo2	Zbd、D2、T3g、T3s、∈1	T3g、T3s
主要含水层岩性	泥岩、砂岩、泥质砂岩、白云岩、片麻岩	泥岩、砂岩、泥质砂岩、白云岩、片麻岩、石英闪长岩	白云岩、灰岩、粉砂岩、砂岩、泥岩、煤层等	砂岩、泥岩、煤层等
地质构造	断层 F2、断层 F3、节理发育	断层 F2、断层 F3、节理发育	断层 F3、节理发育	节理发育
地下水类型	基岩裂隙水、岩溶水		基岩裂隙水	
主要补给方式	大气降水补给			
径流排泄方向	由西南往东北	由西北往东南	由北往南	由东北往西南
排泄基准面	马过河	马过河	新庄河	新庄河
水文地质条件	复杂	复杂	较复杂—复杂	较简单—较复杂

2. 按地层岩性分区

本次工作主要根据测区地形地貌及地质构造条件，沿山岭高处及构造线方向划分出 1 条地下分水岭。根据地表出露含水岩组类型、地表水补给、径流与排泄方向特征，将测区划分为 5 个主要的水文地质单元，即变质岩类裂隙含水岩组（Ⅰ）、岩浆岩类裂隙含水岩组（Ⅱ）、碳酸盐类夹碎屑岩类含水岩组（Ⅲ）、碳酸盐类裂隙岩溶含水岩组（Ⅳ）、碎屑岩类含水岩组（Ⅴ），基本特征详见表 2-3。

表 2-3 水文地质单元水文地质条件一览表

水文地质单元	Ⅰ	Ⅱ	Ⅲ	Ⅳ	Ⅴ
主要含水层	Pt1	δo2	Zbg、Dzq、∈1	Zbd	T3g
主要含水岩组岩性	片麻岩、石英岩、混合岩	石英闪长岩	泥质砂岩、粉砂岩、灰岩	白云质灰岩、白云岩	泥质砂岩、砂岩、煤层
地下水类型	裂隙水	裂隙水	裂隙水	裂隙岩溶水	裂隙水
主要补给方式	大气降水补给	大气降水补给	大气降水补给	大气降水补给	大气降水补给
径流排泄方向	由西南向东北	由西南向东北	由西南向东北	由西北往东南	由西北往东南
排泄基准面	良马河	良马河	良马河	马过河	马过河
水文地质条件	较复杂	较复杂	较复杂	较复杂	较复杂

2.3 含水层及地下水的类型及富水性

隧址区地层主要由第四系松散堆积层、主要为全新统冲积成因（Q_4^{al}）卵石、漂石，更新统坡积成因（Q_p^{dl}）粉质黏土，分布不均匀，部分地段基岩出露，隧址出露地层岩性主要为下元古界会理群片麻岩、混合岩，震旦系观音崖组泥岩、砂岩，震旦系灯影组白云岩、白云质灰岩，泥盆系中统灰岩、寒武系下统砂岩、三叠系上统干海子组泥质砂岩、砂岩、泥岩、煤层，三叠系舍资组砂岩、泥岩及早元古代晚期石英闪长岩等。根据地层岩性、地下水分布特征和水动力特征，将区内的地下水分类型划分为松散堆积层孔隙水、基岩裂隙水、岩溶水三种类型。

1. 松散堆积层孔隙水

松散堆积层孔隙水主要分布于大的冲沟及支沟的沟谷地段第四系全新统冲洪积层（Q_4^{al+pl}）的碎石类土中，多以潜水形式存在，与溪流等地表水体互补，具有埋藏浅、补给源近、透水性强、水量较丰等特点。少量孔隙水赋存于斜坡地段第四系全新统的崩坡积层（Q_4^{c+dl}）、坡残积层（Q_4^{dl+el}）、碎石土和粉质黏土等松散堆积层中，以大气降水补给为主，透水性好，受地形控制富水性差，经短距离运移后排泄于地形低洼处。

据调查，在测区范围内未发现该类地下水泉点出露，地下水多以点滴状、浸润状形式产出，故该类地下水贫乏，且对隧道影响小。

2. 基岩裂隙水

区内主要为块状岩浆岩裂隙水、层状变质岩裂隙水、层状碎屑岩裂隙水。

隧址区岩浆岩主要为石英闪长岩，该类地下水主要赋存于该岩体节理裂隙密集带、构造破碎带中，富水性主要受破碎带宽度控制，一般富水空间不大，富水性较弱，但渗透性较好。根据拟建隧址区岩体组合特征及各岩体工程地质、水文地质条件，将构造裂隙（含断层破碎带）发育密集区划分为相对含水层，而将中风化-微风化完整岩体划分为相对隔水层。隧址区岩浆岩构造裂隙（含断层破碎带）发育密集区富（导）水性中等，而中~微风化完整岩浆岩体富（导）水性弱，根据水文区域地质资料，该类泉水流量<0.1 L/s，地下径流模数<0.1 L/(s·km^2)。由于区内岩体裂隙发育不均，导致含水层富（导）水性不均。

隧址区变质岩主要为片麻岩、石英岩，该类岩受多次构造运动影响，变质作用强烈，受区域构造应力作用，节理裂隙发育，地表多以风化节理裂隙为主，而深部则以构造节理裂隙为主，这些节理裂隙网络的发育为地下水赋存创造了一定条件，故岩层节理裂隙的发育程度对其富水性起控制作用。根据水文区域地质资料，该类含水岩组富水程度弱，泉水流量 0.1~1.0 L/s，地下径流模数 1~3 L/(s·km^2)。由于区内岩体裂隙发育不均，导致含水层富（导）水性不均。

隧址区碳酸盐类夹碎屑岩类含水岩组主要包括震旦、泥盆的泥质砂岩，粉砂岩夹灰岩等碳酸盐岩，该岩组碳酸盐岩岩碎屑岩类溶不发育，地下水主要赋存于节理裂隙密集带中，富水程度弱，泉流量 2.55 L/s，地下径流模数 1.5 L/(s·km^2)。

隧址区碎屑岩类含水岩组主要为三叠系泥质砂岩、砂岩、煤层，该岩组地下水多赋存于节理裂隙及层理间隙中，其中以节理裂隙为主。受区域构造应力作用及风化作用，节理裂隙发育，地表多以风化节理裂隙为主，而深部则以构造节理裂隙为主，这些节理裂隙网络的发育为地下水赋存创造了一定条件，故岩层节理裂隙的发育程度对其富水性起控制作用。但随岩体埋深的不断增加，节理裂隙发育规模逐渐减弱、消失，使岩体具有随埋深的增加其完整性渐好的规律，因而得出区内碎屑岩类岩体具有浅部富水性较强，向深部富水性逐渐变弱的特点。根据水文区域地质资料，该类含水岩组富水程度弱，泉流量 0.45~0.61 L/s。

3. 岩溶水

隧址区碳酸盐岩主要为震旦系白云质灰岩、白云岩等。据调查，在隧道范围内该岩组间夹于下元古界会理群片麻岩及震旦系观音崖组泥质砂岩中，导致其在区内形成相对独立的地下水系统，其发育丰富程度直接受节理发育程度和岩溶发育程度控制。地面桩号：ZK.27+360—ZK.28+490、K.27+395—K.28+510、1#送风斜井（K0+870—K1+327）、2#排风斜井CK0+810—K1+250）、ZK24+570—ZK27+140、K.24+570—K.27+160、2#送风斜井（K0+000—K0+670）、2#排风斜井（K0+000—K0+620）段分布地层为白云岩、白云质灰岩、灰岩，岩溶水主要赋存于碳酸岩的溶洞、溶隙、溶孔、溶沟中。

根据地质调查、钻探及物探成果，该地层浅部岩溶发育，地表见溶洞、溶槽、洼地等岩溶地貌，ZK25+060—ZK27+980、K25+080—K28+060段地表岩溶发育，YPS-ZKC03钻孔揭露孔深52~62 m段溶蚀裂隙、溶孔、小溶洞发育；深部岩溶不发育，钻探在深部未见岩溶发育迹象，物探成果显示该岩组深部呈高阻，未见低阻异常。YPS-ZKC02钻孔揭露孔深52~62 m段岩溶及溶蚀裂隙发育，钻进时溯水，且与地表出露的岩溶泉点地下水相连通，呈一定的水力联系。钻孔在孔深62 m以下未揭露到溶洞，物探显示深部呈均匀、连续高阻状态。因此，岩溶水主要分布在浅部岩溶管道中，水量较丰富，深部岩溶水不发育。根据水文区域地质资料，该类泉流量13.86~19.6 L/s，地下径流模数 10~20 L/(s·km^2)，富水程度中等。

根据拟建隧址区岩体组合特征及各岩体工程地质、水文地质条件，将溶隙、溶洞、溶孔、溶沟及裂隙发育密集带、断层破碎带等划分为相对含水层，而将中风化-微风化完整岩体划分为相对隔水层。

2.4 地下水的补给、径流、排泄条件

隧址区无河流、水库等大型地表水体，地下水以大气降水入渗补给为主，补给程度除受降水的强弱、持续时间、蒸发量及地形地貌、地质构造、地表节理裂隙发育程度的控制外，还与含水层出露面积及浅层风化裂隙发育程度等因素密切相关。据调查，区内基岩大面积出露，地表风化节理裂隙发育，岩体破碎，为地下水的入渗补给和赋存提供了有利条件。

据调查，区内地下水主要接受地表溪沟水、大气降水的补给，因此地下水的补给条件受季节影响较大。由于隧址区山体地势较为陡峻，地形坡度大，植被发育，纵向沟槽发育，加之侵蚀基准面低，故有利于地下水的径流和排泄。各类地下水在接受补给后，

经短距离运移,一部分在地形低洼处以散流或泉的形式排泄于沟谷或地表,另一部分沿裂隙带继续向斜坡下部径流,最终排泄至溪沟内。

其中Ⅰ、Ⅱ、Ⅲ水文地质单元,最低侵蚀基准面为良马河,水体由西南向东北最终排泄至良马河,汇入新庄河;而Ⅳ、Ⅴ水文地质单元最低侵蚀基准面为马过河,水体由西北往东南两侧排泄至单元区内各级冲沟,最终排泄至马过河。其在隧道上部地下水流运动形为非稳定空间混合流,以紊流为主。

总体而言,隧址区地下水类型较复杂,地下水网络较为发育,受地质构造制约,沿构造迹线运移、径流、排泄。相对含水层的富水性较强、透水性中等,相对隔水层富水性及渗透性弱,地下水的补给主要受季节控制,径流和排泄条件较好,岩体富水性及渗透性差异较大,但总体上富水性一般,渗透性不高,地下水量一般,有集中涌水的可能,故拟建隧址区的水文地质条件较复杂。

隧址区地下水主要以基岩裂隙水为主,其对隧道影响显著,碳酸岩岩溶裂隙水次之,而松散堆积层孔隙水仅沿河谷地带呈条带状分布,分布范围有限,水量小,故对隧道影响小。

2.5 地下水动态变化特征

区内的气候特征表现为干湿季节分明。据丽江、永胜、华坪等气象资料显示,区内平均降雨量 890～950 mm,但分布不均,82%的降水集中在 6～9 月,蒸发量 2 100～2 400 mm;山区气候多变,10月至次年5月为旱季。地下水动态变化主要表现为水质、水量两个方面。从水质来看,水质变化不大,主要体现在丰枯季节化学成分数量上只略有增减。而在水量上,测区内的地下水排泄点雨季与枯季的流量变化幅度一般在 2～5 倍左右,在丰水期,由于大量的地表水汇入,使汇水溪沟的水量短时期内迅速增大,暴雨后,泉水流量达到最高峰值。

2.6 岩溶水发育特征

隧址区岩溶水主要赋存于震旦系白云质灰岩、白云岩等岩层中。由于该岩组间夹于下元古界会理群片麻岩及震旦系观音崖组泥质砂岩中,导致其在区内形成相对独立的地下水系统,其发育丰富程度直接受节理发育程度和岩溶发育程度控制。而该地层浅部岩溶发育,深部岩溶不发育。因此,当岩溶水分布在浅部岩溶管道中时,水量较丰富,对隧道影响较大,施工过程中发生涌水的风险较高,深部岩溶水不发育,岩溶水对隧道影响小。

第 3 章　营盘山隧道岩溶涌水致灾因素风险评价

岩溶涌水灾害的发生概率受水文、地质、气候等因素影响，表现出地域性差异强的特点。隧道工程建设中，还因隧道自身以及建造特点不同，导致涌水风险的出现存在差异。为探明营盘山隧道岩溶涌水成因，本章对营盘山隧道地址区域进行地下水赋存特征分析，并进行涌水致灾因素风险评价，最终得到营盘山隧道涌水灾害的致灾因素排序，明确各影响因素风险性大小。

3.1　涌突水影响因素权重优化分析

本节将依据 68 个岩溶涌水隧道致灾因素及灾害后果进行统计的数据，以涌水量作为评判指标来对各因素进行影响性评价。

涌水量按照常用涌水量分类对涌水量级别进行划分，按照Ⅰ级到Ⅴ级分别划分为：特大型突水灾害（>10 000 m³/h）、大型突水灾害（1 000~10 000 m³/h）、中等突水灾害（100~1 000 m³/h）、小型突水灾害（10~100 m³/h）。为使分类评价的影响分析更为准确，对涌水量跨度较大的Ⅱ级大型突水灾害和Ⅲ级中等突水灾害按照涌水量阶梯递增标准进行亚级划分，其中，Ⅱ级区间细分为Ⅱ1、Ⅱ2、Ⅱ3，Ⅲ级区间细分为Ⅲ1、Ⅲ2，细分后，使得涌水致灾因素的评价变得更为准确。涌水量分级标准见表 3-1。

其中，Ⅱ级区间和Ⅲ级区间，分别划分为Ⅱ1、Ⅱ2、Ⅱ3、Ⅲ1、Ⅲ2。

岩溶隧道涌水成因主要从地质、水文、围岩级别、气候、隧道长度及埋深、开挖影响等几方面进行考虑。各因素致灾（高危险性）出现频次及其对应的涌水量统计结果见表 3-2。基于此表，通过计算对各影响因素的致灾性进行排序。

表 3-1 涌水量分级标准

级别		涌水量/(m³/h)
Ⅰ		>10 000
Ⅱ	Ⅱ1	7 000~10 000
	Ⅱ2	4 000~7 000
	Ⅱ3	1 000~4 000
Ⅲ	Ⅲ1	550~1 000
	Ⅲ2	100~550
Ⅳ		10~100
Ⅴ		<10

表 3-2 隧道涌水影响因素致灾性统计

致灾因素	致灾出现频次	导致突涌水量至相应级别频次			
		Ⅰ	Ⅱ1	Ⅱ2	Ⅱ3
断裂破碎带宽度	13	7	0	1	0
节理裂隙	6	0	0	1	2
褶皱构造形态	14	3	0	0	4
气温	0	0	0	0	0
降水	8	1	0	1	1
承压水压力条件	12	4	1	0	4
潜水地下水水位	24	8	1	2	5
施工扰动	33	6	0	0	6
支护措施	49	9	1	3	10
隧道埋深	6	0	1	1	0
隧道长度	4	0	0	0	1

通过公式（3-1）对各致灾因素进行致灾强弱排序，式中 N 代表致灾影响性评分；S 代表各因素致灾出现频次；A、B、C、D 分别代表涌水量达到Ⅰ级、Ⅱ1级、Ⅱ2级、Ⅱ3级的频次。对涌水量达到Ⅰ级、Ⅱ1级、Ⅱ2级、Ⅱ3级分别赋值为4、3、2、1（均为无量纲常数）。各因素计算结果见表3-3。

$$N = \frac{4A + 3B + 2C + D}{S} \quad (3\text{-}1)$$

表 3-3　隧道涌水影响因素致灾影响评分

致灾因素	评分
断裂破碎带宽度	2.31
节理裂隙	0.67
褶皱构造形态	1.14
气温	0
降水	0.88
承压水压力条件	1.92
潜水地下水水位	1.83
施工扰动	0.91
支护措施	1.12
隧道埋深	0.83
隧道长度	0.25

由评分结果可知，隧道涌水致灾因素的评分排序为：断裂破碎带宽度＞承压水压力条件＞潜水地下水水位＞褶皱构造形态＞支护措施＞施工扰动＞降水＞隧道埋深＞节理裂隙＞隧道长度＞气温。

基于以上结论，本书认为岩溶隧道突涌水影响因素中致灾性最强的应为地质因素和水文因素，致灾因素较强的为施工因素，致灾因素次强的为隧道埋深和长度，致灾因素较弱的为气候因素。

3.2　基于模糊综合评判法的隧道涌水风险评价

营盘山隧道属特长隧道，穿越褶皱带，节理裂隙发育，地质主要以灰岩、白云岩为主，Ⅳ级围岩，其地形、地质、环境条件特殊，建设问题十分复杂。根据地质勘探报告内隧道地质条件、水文条件、当地气候情况和隧道施工情况，结合前节所汇总岩溶地区涌突水影响因素危险性排序，对营盘山隧道涌水的致灾因素进行权重赋值，使用模糊综合评价方法对各个因素进行危险性评价，对营盘山隧道的涌突水致灾因素进行评定。

3.2.1 指标体系的确定

选取地质因素、气候因素、水文因素、施工因素和其他条件因素五个指标作为一级评价指标，在每个一级指标中再分别考虑各二级指标，由此共同组成评价指标体系。

按照以往地质评价经验，将涌突水危险等级按照由高到低划分为高危Ⅳ、中危Ⅲ、较危Ⅱ、低危Ⅰ四个等级，采用定性及定量结合的方法对各指标进行危险等级量化，评价指标及分级标准如表3-4所示。

表3-4 评价指标及分级标准

类型	指标因素	Ⅰ	Ⅱ	Ⅲ	Ⅳ
地质因素	断裂破碎带宽度/m	<0.2	0.2~0.5	0.5~1.0	1.0~1.5
	节理裂隙/mm	<1.5	1.5~3	3~5	>8
	褶皱构造形态	其他	缓倾开阔褶皱翼部	缓倾开阔褶皱核部	陡倾紧密褶皱核部
气候因素	气温/°C	<10或>35	10~15	15~20	20~30
	降水/(mm/h)	<10	10~25	25~50	>50
水文因素	承压水压力条件/MPa	<0.3	0.3~1.0	1.0~1.5	>1.5
	潜水地下水水位/m	<10	10~30	30~60	>60
施工因素	施工扰动	无扰动	钻探扰动	钻探扰动	爆破扰动
	支护措施	二衬完成	初支完成	无支护	无支护
其他因素	隧道埋深/m	<50	50~100	100~300	>300
	隧道长度/km	<2	2~7	7~14	>14

3.2.2 权重的确定

采用AHP层次分析法对隧道涌水因素各指标进行权重计算。建立隧道涌水危险性评价指标分级体系，如图3-1所示。

通过上文对岩溶涌水隧道案例中各影响因素的计算汇总，结合营盘山隧道的地质、水文、施工等会对涌水产生影响的因素，对营盘山隧道涌水致灾因素评价指标进行重要度比较，构建评判矩阵A，评价标度方法见表3-5。

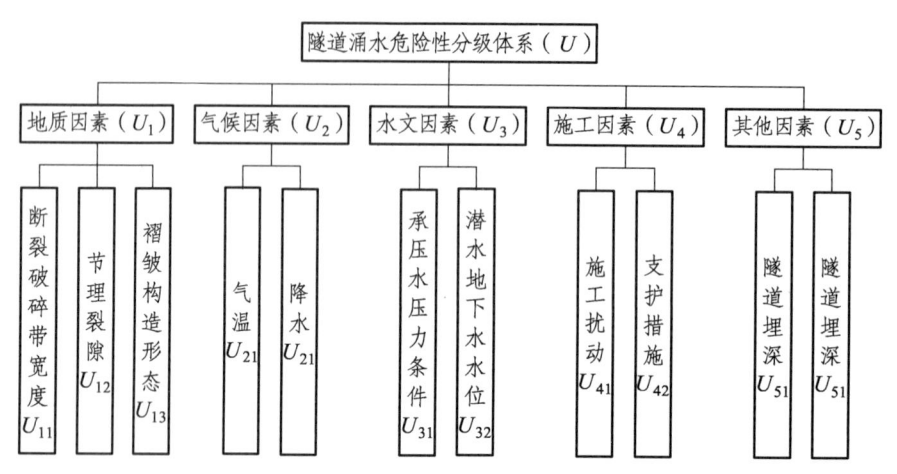

图 3-1 指标体系层次结构图

表 3-5 评价标度方法表

标度	含义
1	表示两个因素相比，具有相同重要性
3	表示两个因素相比，前者比后者稍重要
5	表示两个因素相比，前者比后者明显重要
7	表示两个因素相比，前者比后者强烈重要
9	表示两个因素相比，前者比后者极端重要
2，4，6，8	表示上述相邻判断的中间值
倒数	若因素 i 和因素 j 的重要性之比为 U_{ij}，那么因素 j 和因素 i 的重要性之比为 $U_{ji}=1/U_{ij}$

1. 构建判断矩阵

一级指标各因素重要度按照上文岩溶隧道突涌水影响因素评分建议进行赋值，致灾性最强的为地质因素和水文因素，致灾因素较强的为施工因素，致灾因素次强的为隧道埋深和长度，致灾因素较弱的为气候因素。

对判断矩阵中各因素重要度赋值，其中地质因素（U_1）对气候因素（U_2）、水文因素（U_3）、施工因素（U_4）、其他因素（U_5）的重要度分别赋值为 9、2、5、7。

气候因素（U_2）对水文因素（U_3）、施工因素（U_4）、其他因素（U_5）重要度分别赋值为 1/7、1/5、1/3。

水文因素（U_4）对施工因素（U_4）、其他因素（U_5）重要度分别赋值为 3、5。

施工因素（U_4）对其他因素（U_5）重要度赋值为 3。

一级指标判断矩阵见表 3-6 所示。

表 3-6　一级指标判断矩阵表

指标	U_1	U_2	U_3	U_4	U_5
U_1	1	9	2	5	7
U_2	1/9	1	1/7	1/5	1/3
U_3	1/2	7	1	3	5
U_4	1/5	5	1/3	1	3
U_5	1/7	3	1/5	1/3	1

地质因素中，根据区域地质资料及勘察成果，营盘山隧道隧址区共发育有 F2，F3 断层。断层带附近岩石节理发育，岩体破碎，与线路呈大角度（夹角约 65°）相交，断层通过处岩体破碎，破碎带影响范围为约 100 m，断层段内围岩级别极低，按照表 3-4 危险程度划分，应属于高危险区。

节理裂隙方面，构造节理裂隙规模较大，贯通性好，与区域断层平行或伴生，裂隙宽度一般为 0.1~1 mm，节理面较平直、光滑、紧闭，延展性一般；风化裂隙发育随机，规模小，多为张性，从地表向下密度快速变小，按照表 3-4 危险程度划分，应属于低危险区。

褶皱构造形态方面，隧址位于松潘—甘孜地槽褶皱系与扬子准地台衔接过渡部位，横跨中甸褶皱带、盐岩—丽江台缘褶皱带和康滇地轴等三个二级单元。自震旦系以来，该区经历了不同形式的多次构造变动，地质构造极为复杂。近场区规模较大的褶皱构造区为华坪—六德短轴褶皱区、广羊村—平川街褶皱区。华坪一带褶皱部分轴面向北东倾，局部倒转。广羊村—平川街褶皱区内轴向多为北东，受程海、平川街断裂影响，轴面常被扭转、牵引，通常比较狭长，发育多个次级、更次级小褶曲，按照表 3-4 危险程度划分，应属于高危险区。

根据隧道涌水致灾因素评分排序建议，断裂破碎带宽度、节理裂隙、褶皱构造形态影响因素评分分别为 2.31、0.67、1.14，断裂破碎带宽度影响占比明显高于褶皱构造形态，但营盘山隧道区地质运动极为复杂，褶皱发育强烈，对涌水的发生具有很大影响，而隧址区内节理裂隙发育规模较小，影响相对较低。

因此，综合致灾因素评分建议和营盘山隧道具体地质条件，对判断矩阵中各因素重要度赋值，其中断裂破碎带宽度（U_{11}）对节理裂隙（U_{12}）、褶皱构造形态（U_{13}）重要度分别赋值为 9 和 7，节理裂隙（U_{12}）对褶皱构造形态（U_{13}）重要度赋值为 1/5。地质因素判断矩阵见表 3-7。

表 3-7　地质因素判断矩阵表

指标	U_{11}	U_{12}	U_{13}
U_{11}	1	9	3
U_{12}	1/9	1	1/5
U_{13}	1/3	5	1

气候因素中，根据隧道区域内气象资料显示，区内气温最低月份为 1 月，约为 9.5 ℃，最高月份为 7 月，约为 31 ℃。降水集中于雨季（6~9 月），遇暴雨、大暴雨天气，每小时降雨量可达 30~40 mm，降雨补充储水多存在于隐蔽溶腔处，对隧道涌水发生会产生一定影响，按照表 3-4 危险程度划分，应属于中危险区，但隧道建设区内旱季降雨量较少，按照表 3-4 危险程度划分，应属于低危险区，综合旱雨季降水条件，评定营盘山隧道降水条件对涌水发生影响为较危险等级。气温对于涌水致灾的影响主要表现在其对水的蒸发量的影响，由于区内气温变化幅度大致在 10~25 ℃，按照表 3-4 危险程度划分，应属于较危险区。

综合致灾因素评分建议和营盘山隧道气候条件，对判断矩阵中各因素重要度赋值，其中气温（U_{21}）对降水（U_{22}）重要度赋值为 1/7。气候因素判断矩阵见表 3-8。

表 3-8　气候因素判断矩阵表

指标	U_{21}	U_{22}
U_{21}	1	1/7
U_{22}	7	1

水文因素中，营盘山隧址区地下水类型主要为孔隙水、基岩裂隙水、岩溶水，其中松散堆积层孔隙水主要分布于大的冲沟及支沟的沟谷地段第四系全新统冲洪积层的碎石类土中，多以潜水形式存在，与溪流等地表水体互补，具备藏浅、补给源近、透水性强、水量丰富等特点。少量孔隙水赋存于斜坡地段第四系全新统的崩坡基层、坡残积层块、碎石土和粉质粘土等松散堆积层中，以降水补给为主要来源，受地形控制，富水性差，在测区范围内未发现该类地下水泉点出露，大多以点滴状、浸润状形式产出，所以区内孔隙水贫乏，地下水水位较低，致灾风险较小，按照表 3-4 地下水水位危险程度划分，应属于低危险区。

对于基岩裂隙水，区内岩体裂隙发育不均，而导致含水层富水性不均一，该类地下水并非为具有连通性的裂隙潜水，没有统一的地下水位，因此基岩裂隙水作为水文影响因素，对营盘山隧道涌突水影响较小。

第3章 营盘山隧道岩溶涌水致灾因素风险评价

对于岩溶水，营盘山隧道 ZK24+570—ZK27+140、K24+570—K27+160、2 号送风井、2 号排风井段分部地层为白云岩、白云质灰岩、灰岩，岩溶水主要赋存于碳酸岩的溶洞、溶隙、溶孔、溶沟中。ZK25+060—ZK27+980、K25+080—K28+060 段地表岩溶发育，YPS-ZKC02 钻探揭露孔深 52～62 m 段岩溶及溶蚀裂隙发育，钻进时漏水，且与地表出漏的岩溶泉点地下水相连通，呈一定的水力联系。因此水文因素中岩溶水对营盘山隧道的涌水发生影响最大，溶腔内水压受埋深影响，营盘山隧道最大埋深 883 m，溶腔水压力不低于 1.5 MPa，按照表 3-4 危险程度划分，应属于高危险区。

根据隧道涌水致灾因素评分排序建议，承压水压力条件、潜水地下水水位影响因素评分分别为 1.92、1.83，两者影响性差别不大，但营盘山隧道中地下水水位较低，对隧道的影响明显小于承压水压力，因此对致灾因素评分建议以及营盘山隧道水文条件综合分析，对判断矩阵中各因素重要度赋值，承压水压力条件（U_{31}）对潜水地下水水位（U_{32}）重要度赋值为 5。水文因素判断矩阵见表 3-9。

表 3-9 水文因素判断矩阵表

指标	U_{31}	U_{32}
U_{31}	1	5
U_{32}	1/5	1

施工因素中，营盘山隧道按照初支完成和钻探扰动进行风险评定，均属于较危险区，两者危险程度相同，隧道涌水致灾因素评分排序中施工扰动、支护措施影响因素评分分别为 0.91、1.12，支护对涌水影响较大，综合致灾因素评分建议和营盘山隧道条件，对判断矩阵中各因素重要度赋值，施工扰动（U_{41}）对支护措施（U_{42}）重要度赋值为 1/3。施工因素判断矩阵见表 3-10。

表 3-10 施工因素判断矩阵表

指标	U_{41}	U_{42}
U_{41}	1	1/3
U_{42}	3	1

营盘山隧道最大埋深 883 m，隧道长度 11.28 km，按照表 3-4 危险程度划分，应分别属于高危险区和中危险区，两者危险程度差别不大。隧道涌水致灾因素评分排序中，隧道埋深、隧道长度影响因素评分分别为 0.83、0.25，埋深对涌水影响较大，综合致灾因素评分建议和营盘山隧道条件，对判断矩阵中各因素重要度赋值，隧道埋深（U_{51}）对隧道长度（U_{52}）重要度赋值为 5。其他因素判断矩阵见表 3-11。

表3-11　其他因素判断矩阵表

指标	U_{51}	U_{52}
U_{51}	1	5
U_{52}	1/5	1

2. 计算指标所占权重

以一级指标为例，通过对列向量归一化计算得到权重，再通过 CR 值判定权重合理性，计算过程如下。

$$A=\begin{bmatrix} 1 & 9 & 2 & 5 & 7 \\ 1/9 & 1 & 1/7 & 1/5 & 1/3 \\ 1/2 & 7 & 1 & 3 & 5 \\ 1/5 & 5 & 1/3 & 1 & 3 \\ 1/7 & 3 & 1/5 & 1/3 & 1 \end{bmatrix}, \quad A'=\begin{bmatrix} 0.512 & 0.360 & 0.544 & 0.524 & 0.429 \\ 0.057 & 0.040 & 0.039 & 0.021 & 0.020 \\ 0.256 & 0.280 & 0.272 & 0.315 & 0.306 \\ 0.102 & 0.200 & 0.091 & 0.105 & 0.184 \\ 0.073 & 0.120 & 0.054 & 0.035 & 0.061 \end{bmatrix}$$

$$\overline{W}=\begin{bmatrix} 2.369 \\ 0.177 \\ 1.429 \\ 0.682 \\ 0.344 \end{bmatrix}, \quad 权向量：W=\begin{bmatrix} 0.474 \\ 0.035 \\ 0.286 \\ 0.136 \\ 0.069 \end{bmatrix}, \quad Aw=\begin{bmatrix} 2.527 \\ 0.179 \\ 1.523 \\ 0.710 \\ 0.345 \end{bmatrix}$$

判断矩阵的最大特征值 $\lambda=5.19$，$CI=0.058$，$CR=0.064<0.1$，故一致性符合要求。一级指标体系权重及 CR 值见表3-12。

表3-12　一级指标体系权重及 CR 值表

	对各列向量归一化（w_{ij}）					w_i	权重值	λ	CI	CR
	U_1	U_2	U_3	U_4	U_5					
U_1	0.512	0.360	0.544	0.524	0.429	2.369	0.474			
U_2	0.057	0.040	0.039	0.021	0.020	0.177	0.035			
U_3	0.256	0.280	0.272	0.315	0.306	1.429	0.286	5.19	0.058	0.064
U_4	0.102	0.200	0.091	0.105	0.184	0.682	0.136			
U_5	0.073	0.120	0.054	0.035	0.061	0.344	0.069			

对相应二级指标进行权重计算，所得权重及 CR 值见表3-13至表3-17。

表 3-13 地质因素指标体系权重及 CR 值表

	对各列向量归一化 (w_{ij})			w_i	权重值	λ	CI	CR
	U_{11}	U_{12}	U_{13}					
U_{11}	0.692	0.600	0.714	2.007	0.669	3.03	0.015	0.016
U_{12}	0.077	0.067	0.048	0.191	0.064			
U_{13}	0.231	0.333	0.238	0.802	0.267			

表 3-14 气候因素指标体系权重及 CR 值表

	对各列向量归一化 (w_{ij})		w_i	权重值	λ	CI	CR
	U_{21}	U_{22}					
U_{21}	0.125	0.125	0.250	0.125	2	0	0
U_{22}	0.875	0.875	1.750	0.875			

表 3-15 水文因素指标体系权重及 CR 值表

	对各列向量归一化 (w_{ij})		w_i	权重值	λ	CI	CR
	U_{31}	U_{32}					
U_{31}	0.833	0.833	1.667	0.833	2	0	0
U_{32}	0.167	0.167	0.333	0.167			

表 3-16 施工因素指标体系权重及 CR 值表

	对各列向量归一化 (w_{ij})		w_i	权重值	λ	CI	CR
	U_{41}	U_{42}					
U_{41}	0.25	0.25	0.5	0.25	2	0	0
U_{42}	0.75	0.75	1.5	0.75			

表 3-17 其他因素指标体系权重及 CR 值表

	对各列向量归一化 (w_{ij})		w_i	权重值	λ	CI	CR
	U_{51}	U_{52}					
U_{51}	0.833	0.833	1.667	0.833	2	0	0
U_{52}	0.167	0.167	0.333	0.167			

3. 影响因素权重排序

对一级指标及二级指标进行权重计算完成后，对各指标权重进行综合排序，排序结果见表3-18。

表3-18 指标因子权重分配综合排序表

一级指标	二级指标	一级权重	二级权重	总权重	排名
地质因素	断裂破碎带宽度	0.474	0.669	0.317	1
	节理裂隙		0.064	0.030	9
	褶皱构造形态		0.267	0.127	3
气候因素	气温	0.035	0.125	0.004 4	11
	降水		0.875	0.031	8
水文因素	承压水压力条件	0.286	0.833	0.238	2
	潜水地下水水位		0.167	0.048	6
施工因素	施工扰动	0.136	0.25	0.034	7
	支护措施		0.75	0.102	4
其他因素	隧道埋深	0.069	0.833	0.057	5
	隧道长度		0.167	0.012	10

由权重排名可知，营盘山隧道中可能导致涌突水灾害的各因素中，影响性排序为：断裂破碎带宽度>承压水压力条件>褶皱构造形态>支护措施>隧道埋深>潜水地下水水位>施工扰动>降水>节理裂隙>隧道长度>气温。

对比岩溶地区涌突水影响因素危险性排序，认为排名前五位的为主要因素，后六位的为次要因素。营盘山隧道可能导致涌突水灾害的主要因素中，地质因素超过水文因素占据主动，水文因素次之。其中，断裂破碎带宽度仍为第一致灾因素，褶皱构造形态影响加大；水文因素影响较大的因素为承压水压力，潜水地下水水位影响减弱，另外，隧道埋深对营盘山隧道涌水灾害影响增加。

第 4 章 营盘山隧道富水岩溶涌水机制

岩溶隧道涌水突泥灾害的发生是一个十分迅速的过程，从安全岩柱失稳到小股岩溶水喷出再到形成洞内大规模涌水，用时较短。纵观国内外岩溶隧道病害案例，人员及设备损失都是因撤离不及时所致。隧道突水涌泥灾害因其前期征兆不明显性、灾害扩展迅速性、灾害影响范围大、后期处理困难、灾害处理后围岩力学损伤不可恢复等特点，一直是国内外富水岩溶地区修建隧道的头等难题。在岩溶隧道开挖时，如何判断掌子面前方安全岩柱的最小厚度，对即将失稳岩体施加何种加固措施，涌水事故及隧道涌水灾害发生后，如何对隧道涌水量进行计算来为隧道内排水提供依据等问题亟待解决。

4.1 岩溶分级分类

4.1.1 岩溶地质分布

中国是岩溶大国，根据中国岩溶地貌分布图，岩溶地貌在我国各地均有不同程度的分布，其中在我国云南、广西、四川、贵州等省份分布较多。因其构造多样性、结构复杂性等多方面，原因形成了许多著名景观，这也为工程建设带来巨大难题。

4.1.2 溶腔分类

溶腔是岩溶地貌一种常见的表现形式，是经溶蚀性地下水长期侵蚀的地下自然结构产物。其产生过程如式（4-1）所示，岩石中的碳酸钙类物质遭遇溶有二氧化碳的岩溶水、裂隙水就会发生化学作用变成可溶性更高的碳酸氢钙，溶有碳酸氢钙的岩溶水、裂隙水在周围物理条件（如温度、湿度、压强等）改变时，就会分解成可溶性较低的碳酸钙，在自重作用下沉积下来[27]。

$$CaCO_3 + H_2O + CO_2 \xrightleftharpoons[]{\text{温度、压力}} Ca^{2+} + 2HCO_3^- \tag{4-1}$$

溶腔因所处物理环境、化学环境、受侵蚀时间不同，形成的溶腔也不尽相同。根据工程需要，国内外学者对溶腔进行了详细的划分。

按溶腔充填形式划分，可分为无充填溶腔、半充填水溶腔、半充填泥沙岩溶腔、半充填泥沙岩水混合物溶腔、全充填水溶腔、全充填泥沙岩溶腔、全充填泥沙岩水混合物溶腔。

根据溶腔形成状态划分，可分为溶穴型、裂隙型、管道型及溶洞四种溶腔。

按其在隧道施工过程中是否对其揭露，可划分为隐伏溶腔和揭露溶腔。隐伏溶腔是指在隧道施工过程中未对其揭露但其存在又对隧道结构有影响。揭露溶腔在隧道开挖过程中位置距离隧道较近或半处于、全处于隧道开挖面掘进方向处。

按溶腔最大涌水量划分，可分为特大型涌水型溶腔、大型涌水型溶腔、中型涌水型溶腔、小型涌水型溶腔、微型涌水型溶腔[28]。具体分类方式如表4-1所示。

表4-1 最大涌水量溶腔分类

涌水量/（m³/h）	溶腔分类	涌水量/（m³/h）	溶腔分类
>10 000	特大涌水型溶腔	100~1 000	中型涌水型溶腔
1 000~10 000	大型涌水型溶腔	0~100	小型涌水型溶腔

营盘山隧道掌子面前方溶洞属于大型高压全充填泥沙岩水混合物溶洞。

4.2 岩溶病害调研

岩溶隧道发生涌水涌泥灾害大多与隧道周围溶腔有关，本节通过调研选取国内外典型因高水压溶腔导致安全岩柱失稳进而引发隧道内涌水涌泥灾害案例进行统计分析[4-9,20,26-29]。

表4-2 岩溶隧道突水病害调研简表

序号	隧道名称	所属地区	最大涌水量/（m³/d）	危害
1	旧丹那隧道	日本	2.85×105	先后6次发生大型涌水
2	辛普伦隧道	瑞士/意大利	1.15×106	多次爆发大规模高温涌水
3	贝阿铁路北穆隧道	苏联	6×105	多次发生大型涌水
4	圆梁山隧道	中国重庆	4.32×105	先后爆发涌水涌泥达70余次
5	马鹿箐隧道	中国湖北	3×105	造成大量人员设备损伤
6	大华山隧道	中国湖北	450	隧道持续性涌水，积水无法排出
7	齐岳山隧道	中国湖北	4.06×105	多次爆发涌水涌泥

续表

序号	隧道名称	所属地区	最大涌水量/(m^3/d)	危害
8	大瑶山隧道	中国广东	2×10^4	涌出泥沙埋没道床,铁路中断
9	野三关隧道	中国湖北	2.6×10^5	造成"8·5"特大突水突泥事故
10	秀山隧道	中国重庆	10 000	隧道双线多处爆发大规模涌水
11	象山隧道	中国福建	1.75×10^5	造成大规模涌水并伴有塌方
12	华蓥山隧道	中国四川	1×10^5	隧道底板多处涌水
13	关角隧道	中国青海	3.3×10^4	多个斜井涌水涌泥
14	德江隧道	中国贵州	1.83×10^5	多处爆发大型涌水涌泥
15	鸿图嶂隧道	中国广东	4.85×10^4	持续涌水且多段大规模涌水

我们共调研了因安全岩柱失稳导致隧道内发生涌水涌泥灾害的隧道15座,调研结果表明:隧道内突发涌水涌泥灾害不仅影响隧道稳定性、延误工期,而且经常造成人员及设备大量伤亡,因此对安全岩柱厚度及隧道内积水对隧道稳定性影响的研究至关重要。

4.3 隧道突涌水划分

4.3.1 隧道出水源分类

隧道出水可分为隧道渗水,隧道漏水,隧道流水、隧道突水涌泥等四种出水方式。前三者在隧道开挖过程中及投入运营期间均易出现,后者主要为隧道修建工程中由于前期勘探不精确或施工扰动太大造成,主要发生在岩溶地质区或节理裂隙较为发育的高水压非岩溶区。

隧道渗、漏、流水是指在隧道开挖过程中破坏了岩体的初始渗流场,使隧道开挖洞周临空面形成"零水压面",围岩中的孔隙水,裂隙水等在自重和高水压作用下向"零水压面"渗透流动,在洞周裂隙临空面附近积聚渗出或流出。

隧道突水[3]是指隧道及地下结构工程在水位面以下施工时,大量水体及夹杂泥沙物的混合体沿结构附近围岩中的节理、裂隙、断层等结构面或溶腔与地下暗河等不良地质构造瞬时涌入施工工体内的一种地质灾害现象。

4.3.2 溶洞内水源分类

岩溶区隧道涌水主要与洞周溶洞有关,如圆梁山隧道在桐麻岭背斜和毛坝向斜施工时所遭遇的突水病害全部与其洞周附近的五个溶洞有关[29]。隧道遭遇溶洞发生涌水病害时灾害类型有大有小，这与隧址区溶洞大小、溶洞内充填水压及溶洞充填水水源有关。

溶洞内充填水水源可分为岩体渗水、裂隙补充水、地下暗河补充水。

经溶洞周围岩体渗水形成的充填水溶洞水压较小，洞内水压形成时间较长，经工程揭露后形成涌突水灾害危险性较低，瞬时突水量及涌水量较小，溶洞易于处理，不易形成隧道内积水。

裂隙补充水型溶洞内水压较大，洞内水压形成时间较短，经施工揭露后涌水量较大，易形成间歇性涌水灾害，且涌水量大小及涌水间隔受溶洞周围岩裂隙与节理发育程度影响大。当作隐伏溶洞出现时，溶洞对隧道稳定性影响较大，需对其进行整治。

溶洞与地下暗河相通导致涌水灾害变为岩溶隧道施工中最棘手问题[30]，纵观国内外大型岩溶隧道涌水灾害，其所揭露的溶洞都与地下暗河有一定联系。其涌水分为溶洞静水压+枯水期地下暗河动水压、溶洞静水压+汛期地下暗河动水压。此类型溶洞一经揭露必会导致隧道内涌水、积水灾害发生，使工期滞后。

营盘山隧道溶洞内水主要源于裂隙补充水和地下暗河补充水。

4.3.3 隧道涌水类型

隧道涌突水按隧道突水点突水水源可分为正常开挖渗流水及由于突水点附近围岩突然失稳导致的大规模涌水涌泥，隧道涌突水水量主要以后者为主。突水点围岩局部失稳引起的大规模突水导致突水点附近初始渗流场发生二次改变，由于上述原因，本项目在讨论隧道突水时只考虑后者。

隧道涌突水按照其突水方式不同可分为瞬时突水型、稳定突水型和季节性突水型三种形式[3]。

隧道瞬时突水多发生于隧道施工过程中且多与高压溶腔、富水软弱层、破碎带等不良地质有关。隧道在开挖工程中揭露溶腔或遭遇富水软弱层、破碎带，溶腔内高水压、软弱层及破碎带周围岩溶水沿揭露处喷涌而出，造成隧道内瞬时涌水涌泥。

隧道稳定性涌水是指隧道在穿越高压富水复杂岩层或破碎带时所遭遇的涌水灾害，且因其含水层含水量及涌水量稳定需对部分涌水点进行长期排放，极易加速涌水点周围围岩的溶蚀和损伤致使其渗透性增强[31]。

隧道季节性突水与隧址区降雨量息息相关。在枯水季节无涌水，但在汛期降雨量过大导致岩溶管道被冲开从而造成涌水灾害。此类灾害因其突发性、水量大，给隧道施工带来极大困扰。

4.4 岩溶隧道涌突水影响因素

岩溶区隧道突水受多种因素的影响、制约，其中既包括了地质因素，又包括了气象、施工等非地质因素。从突水条件来看，易发生突水的岩溶发育状况、地层、构造以及地下水动力分带等工程地质、水文地质指标均具有一定的共性。非地质因素是发生突水的最后诱导因素，而地质因素是突水的必要前提和基础条件。

4.4.1 地质因素

1. 地层因素

地层即岩性。在强岩溶地带容易发育岩溶管道，岩性越纯、单层厚度越大，岩溶发育越强烈，通常突水、突泥均发生在类似地层中，如图4-1所示。在强岩溶发育地区，潜藏的溶腔、溶潭往往储蓄大量的静态水，若与附近有水力联系，如地表水流、暗河等，则会形成庞大的水流补给系统。如宜万线马鹿箐隧道平导施工上覆溶腔水体压裂拱部围岩，便发生了特大涌水，由于与溶腔连通的暗河流域广、汇水面积大，先后发生了 5 次较大的突水涌泥地质灾害。

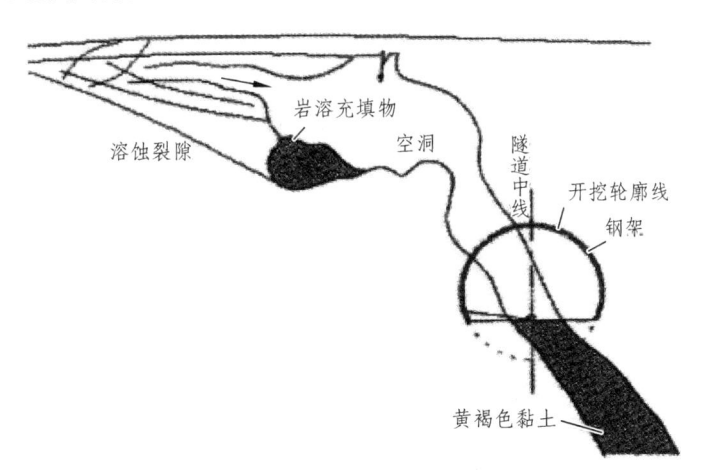

图 4-1 溶蚀裂隙--管道发育地层

2. 构造因素

构造往往作为岩溶水的储蓄器而存在，诸如断裂带、裂隙密集带以及向斜或背斜轴部等等。地下水沿可溶岩层面裂隙和节理裂隙流动产生溶蚀作用，裂隙被逐渐拓宽，从而形成裂隙岩溶蓄水形式，使得可溶岩层具有比较高的透水性和富水性。在岩层的拗折部位、向斜背斜构造的轴部或褶皱部位容易形成局部富水构造，如图 4-2 所示；断层面两侧岩石比较破碎，不仅具有一定蓄水空间，也是汇集附近岩体孔隙水、裂隙水和岩溶水的通道，尤其是活动性断层，其未胶结构造带和派生构造带常形成断层含水构造。如宜万线野三关 F18 断层切割、连通 3 号暗河，暗河出口标高高于隧道 220 m，最大流量为 328 204 m³/d；别岩槽隧道 F1 大断层地处茨竹垭断裂槽谷，埋深 320 m，地表溶蚀洼地、坍陷等沿断裂带发育，地表水汇集渗入地下形成管流，向马家坝方向汇集，成为庙坪暗河的一纵向分支，隧道开挖后，反向袭夺马家坝集水，预测该段正常涌水量 24 956 m³/d，最大涌水量 154 627 m³/d。超前探孔施测最大水压达 2.2 MPa，单孔涌水量达 200 m³/h。

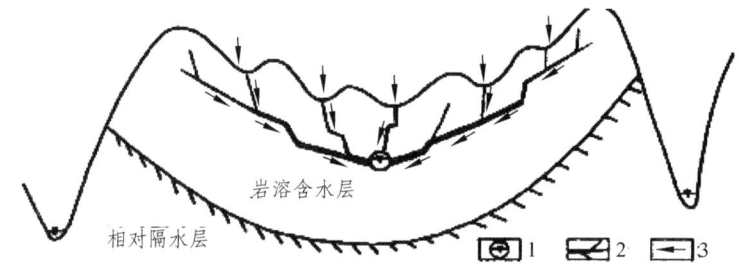

图 4-2 宜万线八字岭向斜汇水盆地

3. 发育暗河或大岩溶管道

岩层的层面和破碎带在地下水的溶蚀和侵蚀作用下，经过漫长的时间可以形成规模巨大的岩溶管道网络和地下河蓄水构造，如图 4-3 所示。

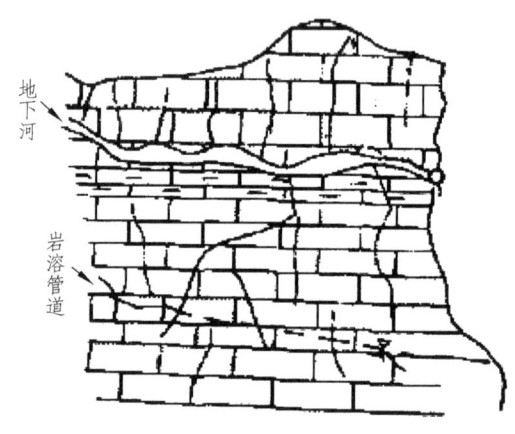

图 4-3 地下暗河及管道蓄水示意图

4. 地下水动力垂直分带

地下水动力垂直分带往往与突水具有密切联系。由于表层岩溶带和包气带往往无法存贮较大的水体，通常不会发生突水灾害；而季节变化带在降雨季节存在突水的风险；浅饱水带和压力饱水带聚集了地表和山体内部的岩溶水，当隧道施工打穿蓄水构造时，往往会发生重大突水灾害。

5. 其他因素

在岩层的交接带岩溶通常较为发育，这也是容易发生突水的位置，例如碳酸岩层和非碳酸岩层接触带往往岩溶发育，为富水地带，极易导致大型突水灾害的发生。层间岩溶蓄水类似于断层分隔型蓄水形式，主要由层间岩溶溶蚀而形成一定的蓄水空间结构。这种构造层间可溶岩的厚度有限，隔水岩石大多为页岩、砂岩、灰岩等，附近容易形成富水地带。

4.4.2 非地质因素

1. 气象因素

可溶岩被溶蚀作用的强弱和突、涌水，还受气温的高低、降雨的多少和强度大小等气象因素影响。气候的变化决定了气温的高低、总降水量、降水强度和降水量的季节分配、蒸发量以及地面径流量与渗透量之间的比例关系等。在低温条件下，水的溶蚀力、流动交替和岩溶作用反应速度都较小，岩溶发育过程缓慢；随着温度的升高，岩溶作用增强，降雨的多少和强度不仅影响水的渗透条件和水的运动交替，而且雨水通过空气和土壤层形成的游离 CO_2 也能使岩溶作用大大加强。因此，夏季雨量充沛，地表水径流和下渗容易转化为岩溶水，且携带大量泥砂，隧道容易发生突水涌泥，此外在暴雨季节，地层水位迅速上升，水压力增大，隧道突发涌水的可能性极大。

2. 施工因素

在隧道施工之前，岩体处于自然平衡状态，隧道开挖时扰动了岩体，形成临空面，使地下水的排泄有了新的通道，破坏了原有的补、径、排循环系统的平衡，加速了径流循环，同时也加剧了地下水对岩体的改造作用，尤其是深埋隧道，因水头高，地下水对围岩的改造作用更甚。地下岩溶水改造作用的突出体现是使岩体发生水力劈裂，导致岩体中裂隙的连通性增加，张开度增大，渗透能力随之增加，当充水裂隙法向方向受拉应力作用或者裂隙面上受剪应力作用时，不高的水压即可使其产生破裂，引起裂隙（尤其是剪切变形和位移）进一步扩展。另外，岩溶动水压力还能使裂隙面上的充填物发生变形和位移，也能导致裂隙的进一步扩展。扩展裂纹（或新产生的分支裂纹）使高压富水岩溶构造和隧道临空面直接连通后，局部隔水岩层的水力屏障作用被突破，地下水高压突出，造成突水、突泥灾害。

4.5 岩溶隧道涌突水机理

由于岩溶突水涉及流体力学、工程地质学、水文学、隧道施工力学等多个学科，目前仍然缺乏从力学角度来分析研究隧道施工诱发水压充填溶腔围岩破裂过程及突水和突泥机理，而这恰恰是能否正确和及时进行岩溶隧道灾水、突泥预报和采取有效治理措施的理论依据，故正确认识岩溶隧道突水、突泥发生机理对于突水突泥灾害的正确防治至关重要。

从力学角度来分析，岩溶裂隙水突出存在宏观和微观的力学机理，宏观方面主要表现为不同的突水类型，而在微观方面则表现为水对岩石的细观力学作用，这也是研究岩溶裂隙水突出的理论基础。

4.5.1 岩溶突水的微观机理分析

根据岩溶发生机理及突水中岩溶水作用的力学效应分析，岩溶水和水压在岩溶隧道突水破坏过程中对围岩的微观破坏作用主要体现在以下五个方面：

1. 岩溶水对裂隙岩体的软化溶蚀作用

岩溶水对裂隙岩体具有软化和溶蚀的双重作用，会导致灾水结构面的萌生和岩体强度的降低，当隧道掌子面前方或周边存在隐伏含水岩溶构造时，隧道与含水构造间的防突岩层往往在突水前处于饱和水状态。饱和水岩石、原始湿度岩石和干燥岩石的强度是不同的，饱和水岩石的强度最低，特别是被岩溶水溶蚀严重的软弱岩石的强度受含水率的影响更大，有些软弱岩石浸水后甚至会崩解从而丧失强度。在岩溶水溶蚀条件下，饱和水状态下的岩石强度 σ_w 与干燥岩石强度 σ_d 关系见式（4-2）：

$$\sigma_w = \eta k_w \sigma_d \ (k_w < 1) \tag{4-2}$$

式中：η 为防突岩层范围内岩石强度折减系数，取值大小与岩石溶蚀程度和突水面岩石湿度有关；k_w 为岩石软化系数，其大小主要取决于岩石的岩性。

2. 岩溶水压对裂隙岩体的有效应力作用

岩溶区隧道围岩中普遍存在着孔隙、节理、裂隙等细观尺度和宏观尺度的最小型非连续面，岩溶发育段甚至还存在更大规模的断层面和沉积层面，这些都是岩溶突水的潜在通道。本书主要分析细观尺度和宏观尺度的小型非连续面中岩溶水压力作用，该作用主要表现在有效应力和软化两方面，岩体裂隙、孔隙中的水压作用比较复杂，很难分析计算单个裂隙或孔隙中的水压效应，但综合的力学效应可采用式（4-3）表达：

$$\Delta \tau = \sigma(\tan\varphi - \tan\varphi_w) + p\tan\varphi_w + C - C_w \tag{4-3}$$

式中：$\Delta\tau$ 为岩溶地下水引起裂隙岩体抗剪强度的降低值；σ 为正应力；p 为岩溶水压；C、φ 分别为浸水前裂隙岩体的凝聚力和内摩擦角；C_w、φ_w 为浸水后裂隙岩体的凝聚力和内摩擦角。对于隧道底板的岩溶承压水，由于承压水的水压 p 与其埋深成正比，而隧道开挖后底板岩层铅直向卸压，此时，水压 p 对裂隙岩石强度的影响更加突出。

3. 岩溶水压在断层中的水楔效应

根据前述分析可知，部分甚至大部分大型、特大型突水与断层发育有关，岩溶水在导通隧道的断层中对断层面的水楔作用是水压作用的研究重点。图 4-4 中，有一小倾角的逆断层，它与隧道掌子面的相对位置在图中可见，隧道底板灰岩承受岩溶水压 p 作用。在隧道开挖前，隧道底板上作用着原始垂直向地应力作用，断层处于闭合状态，断层中无水及水压作用。当隧道开挖时，开挖范围内底板岩层垂直向地应力 σ_0 解除，而在开挖区四周分布着的支承压力 $\sigma(x)$ 作用于隧道底板，开挖区范围内的底板岩层会因 σ_0 的解除而产生弹性从而恢复变形，即垂直向的上升位移，这会引起断层面之间的相对位置发生变化，岩溶承压水则会渗入原为闭合的断层面内，即对断层面的法向压应力，从而引起断层面的法向位移，使承压水进一步向上导升。在这一过程中，水在压力的作用下，会像楔子一样逐渐沿断层面向上"挤"，这就是岩溶水压的水楔效应。

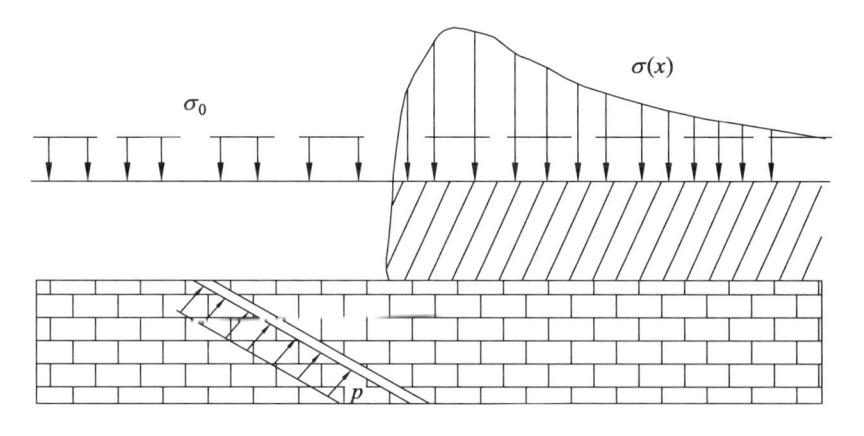

图 4-4 岩溶水压在导通断层中的水楔效应

4. 水流的冲刷扩径作用

在隧道突水，尤其是高压岩溶隧道突水中，高压岩溶水流对突水通道的萌生、发育至成形的过程中起到了有力的推动作用。水流的冲刷扩径作用是指突水过程中突水通道在水流的冲刷下使孔径逐渐扩大的力学作用。

5. 水压对突水量的决定性影响

岩溶隧道高压突水时具有大流量特征，具体考虑以下两种情况：

（1）石灰岩中岩溶水源为溶洞-裂隙网络型，动储量充足。水压能完全用于克服突水通道的管道阻力和转化为水的动能，则根据伯努利（Bernoulli）能量方程，可推得突水口处的岩溶水流速，见公式（4-4）：

$$v = \sqrt{2g\left(\frac{p_w}{\gamma_w} - \Delta h\right)} \quad (4\text{-}4)$$

由上式可以看出，水流速度 v 随水压 p 的增大而增大。因此，可以得出水压决定了突水量 Q 的大小，对其具有动力控制作用的结论。

（2）岩溶突水通道足够大，岩体为溶蚀裂隙网络型，水压全部消耗于渗流途径中，则根据 Darcy 定律，有

$$Q = KA\frac{\Delta H}{l_t} \quad (4\text{-}5)$$

式中：Q 为渗流量；K 为渗透系数；A 为渗流断面积；ΔH 为水头差；l_t 为渗流长度。

上式可写成公式（4-6）：

$$Q = \frac{KA}{\gamma_w} \cdot \frac{p}{l_t} \quad (4\text{-}6)$$

由上式可以看出流量 Q 与岩溶水压 p 成正比。

综上所述，岩溶隧道突水是一个岩溶水对裂隙岩体不断作用的渐进过程，不论何种突水机理都包含着岩溶水对裂隙岩体的软化作用、溶蚀作用，岩溶水对突水通道的冲刷扩径作用等等，这些微观力学作用组成了岩溶隧道突水的基本力学机理。

4.5.2 岩溶突水的宏观机理分析

有学者对某深埋隧道进行了突水机理分析，结合该隧道发生的大流量突水部位、突水量、突水对隧洞围岩的破坏性、岩溶水压力等情况，将有代表性的突水分为渗水型、

纯劈裂型、综合破坏型三种类型。渗水型突水主要是揭露溶腔裂隙、地下暗河等富水岩溶构造引起的，地下水对围岩没有进一步破坏，该突水模式是由于隧道施工开挖直接揭穿岩溶构造而引发的突水；纯劈裂型突水是岩溶水在内部高水头岩溶水压作用下对围岩产生劈裂作用导致的水流突涌而出；综合破坏型突水是岩溶水压力与围岩二次应力重分布共同作用下致使隧道与隐伏岩溶构造间防突岩层破坏（包括防突岩层的抗拉、剪破坏及水压劈裂破坏等），丧失了隔水能力而发生的突水灾害。

1. 纯劈裂型突水

如前所述，渗水型突水主要是隧道开挖过程中揭露溶腔、裂隙、地下暗河等富水岩溶构造引起的，突水的动因是隧道掘进时客观上对防突岩层的主动破坏，并且在线路一定的情况下，这种破坏是无法避免的，除非遇到难以处理的特大型高压富水充填溶腔改线才有可能避免，因此为了防止该类型突水，应重在加强隧道掌子面前方一定范围内溶腔的超前预报、探测，提前锁定溶腔，在预留足够岩墙厚度的情况下，及时采取引排、泄水等工程措施，予以通过。

在自然状态下，岩体内储水空隙所占空间有限，岩石平均容重也大于地下岩溶水，且地下岩溶水面一般在地表以下，某点的地应力一般大于该处的岩溶水压力，在地应力环境的共同作用下，一般不会发生水力劈裂现象，此时岩溶水压力的作用主要是减小岩体中的有效应力。隧道开挖后，在裂隙岩体内部形成新的临空面，当岩溶水压力较高时，认为围岩二次应力重分布的作用已完成或忽略其作用，在岩溶水高压作用下围岩劈裂导致突水事故发生，即发生纯劈裂型突水，相关文献叙述了两种纯劈裂型突水的情况，并分别给出了相应情况下 I 类应力强度因子的计算公式。

2. 综合破坏型突水

现有文献研究岩溶隧道围岩突水机理时大多考虑了二次应力的影响，即现在研究较多的还是综合型破坏突水。综合型破坏突水的发生条件是在岩溶水压力和隧道开挖后岩体二次应力的共同作用下防突岩层破坏，根据地质条件、水文地质条件及防突岩层裂隙发育情况的不同，防突岩层可能发生拉、剪破坏水压劈裂破坏、关键块失稳破坏等不同形式的破坏，根据防突岩层的破坏形式不同，可将综合破坏型突水分为拉剪破坏突水、劈裂突水、剪切破坏突水、关键块失稳突水等四种情况。

（1）拉剪突水。

隧道与周围隐伏富水岩溶构造间存在板状局部隔水屏障岩体——防突岩层，该岩层处于二次应力环境中，同时承受岩溶水压力的作用，通常将其简化为两端固支梁或四周固支的板，在上述荷载作用下计算其危险截面处的拉、剪应力，当这些力学控制参数超过防突岩层的抗拉、剪强度时，岩梁或岩板局部被破坏，沟通富水岩溶构造和隧道，导致水压传递和岩溶突水。

（2）剪切破坏突水。

对于软弱围岩或节理裂隙发育的岩溶隧道，岩溶突水基本符合为摩尔-库仑强度理论，即当软弱围岩中或节理裂隙面上某点的任一平面上的剪应力达到抗剪强度时，就认为该点已发生剪切破坏，该点也即处于极限平衡状态。表达式为：

$$\tau_f \leqslant \tau_R \tag{4-7}$$

$$\tau_f = \sigma \cdot tg\varphi + C \tag{4-8}$$

式中：τ_f 为某一溶隙或节理面上充填物的剪应力；τ_R 为该节理面充填物的抗剪强度；σ 为作用在剪切面上的法向应力；C 为溶隙或节理面上充填物的黏聚力（内聚力）；φ 为充填物的内摩擦角。

（3）劈裂破坏突水。

岩溶地层中存在较多的节理、裂隙，在某些情况下，其破坏主要为裂隙在水压力作用下的劈裂破坏。岩溶区灰岩具有较明显的脆性，应用考虑小范围屈服的线弹性断裂力学可以较好地分析处于高压富水溶腔附近的裂隙脆性岩石的突水机制。在线弹性断裂力学中，其核心问题是如何计算裂纹的应力强度因子，当应用线弹性断裂力学分析突水机制时，其核心问题是根据裂纹的应力强度因子和岩石的断裂韧度值确定发生水压劈裂的临界水压力。

（4）关键块失稳突水。

在高压、富水比较坚硬的岩溶地层中开挖隧道，围岩被节理和裂隙切割成各种类型的空间镶嵌块体，在隧道开挖以前，这些块体处于自然平衡的状态下，隧道开挖以后，出于围岩应力释放和岩溶高水压的作用，使关键块体失去稳定，从而引起连锁反应，导致防突岩层中与关键块体相邻的其他块体变形和坍塌，结果更多的块体发生大位移使得隧道与岩溶含水构造连通，引发隧道涌水突泥。

针对典型的关键块体，可用赤平投影与实体比例投影方法分析关键块体位置及形状，按极限平衡方法分析高压水作用下隔离体的稳定性。当隧道掘进在断层破碎带、软弱夹层以及节理和裂隙互相切割的地层中时，应特别注意隧道掉块和坍塌引发涌水突泥。可采用裂隙调查分析岩体节理等结构面的分布情况，根据隧道走向，用赤平投影判断可能出现的关键块体，掌子面经过时，予以加固或清除，对大面积的散体结构，可采用预注浆加固。

综合破坏型突水中的四种突水模式是相互联系的,很难说一次突水过程中只包含一种突水模式,只能说以某一种突水模式为主,有时不同突水模式之间互为条件,比如拉剪突水模式在岩梁或岩板上形成局部裂纹后,后续突水模式有可能为劈裂突水或者剪切破坏突水;再比如在岩溶隧道断续结构围岩中存在岩桥等隔水屏障,当在较高的岩溶水压力持续作用下,隧道开挖诱使水力屏障部位起裂扩展,发生劈裂,后续在岩溶水压力作用下,裂隙面上的充填物产生大的剪切变形和位移,发生剪切破坏突水。不同模式的综合破坏型突水的四种情况在前提条件上表现出一定的连续性和递进关系,比如完整防突岩层一般发生拉剪突水;不完整防突岩层,当上面分布的是非贯通型裂纹时,一般在裂纹末端发生劈裂破坏突水,而当弱面贯通含水岩溶构造和隧道临空面时,发生的大多是弱面剪切破坏突水;当裂隙分布较多,防突岩层被分割得更加破碎时,一般发生关键块失稳突水。

4.5.3 营盘山隧道涌水机制分析

隧道施工过程中,采用爆破等开挖手段对掌子面附近围岩扰动较大,隧道开挖导致掌子面及围岩由初始三向受力状态变为二向受力状态。如图4-5所示,随纵向开挖进展,开挖扰动区与掌子面前方溶腔围岩破碎区距离减少,围岩对安全岩柱的抗剪力降低。在前方溶洞内水压、围岩抗剪力、围岩挤压应力及岩柱自重等组合应力作用下,安全岩柱处于失稳边缘。

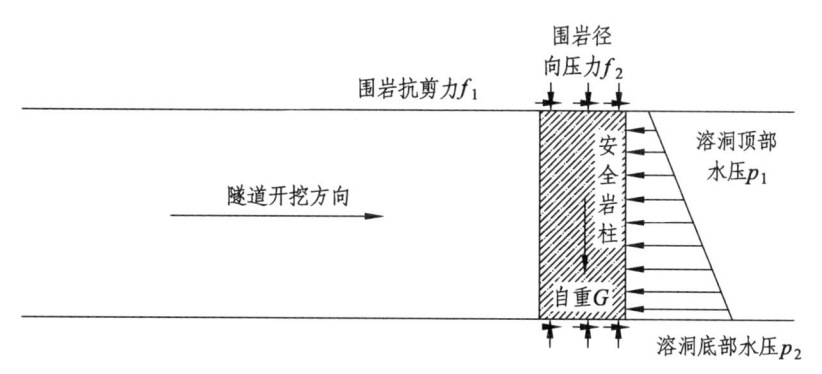

图 4-5 安全岩柱受力分析图

围岩对安全岩柱抗剪力大小是通过围岩与安全岩柱环向接触面积、围岩径向压力及围岩之间黏聚力决定的。围岩之间黏聚力一定,掌子面不断推进,安全岩柱厚度值不断减小,围岩对与安全岩柱环向接触面积随安全岩柱厚度值的减小呈线性降低,但溶洞内水压不变。当围岩抗剪力降低至溶洞内水压力大小时,安全岩柱处于失稳边缘。掌子面继续向前推进，围岩抗剪力继续降低且已小于溶洞内水压力，安全岩柱失稳，隧道内发生突水涌泥灾害。

在营盘山隧道开挖前，虽对隧址区进行勘探，但由于隧道围岩破裂度、节理裂隙走向、围岩强度呈各向异性，并不能很好地判断最小安全岩柱厚度。关键岩块缺失导致安全岩柱失稳，缺失点处成为安全岩柱最薄弱部位，溶腔内高压水、水泥沙岩混合物从缺失点处涌出，缺失点部位在涌出水流冲击下迅速扩大，形成营盘山岩溶隧道突水涌泥灾害。

4.6 隧道涌突水量计算

营盘山隧道2#斜井涌水与常见隧道涌水情况有较大差异。常见隧道开挖过程中涌水点部位与隧道进口处或出口处高差相差不大，隧道可做到自然排水，隧道内不易形成积水或积水量不大。但营盘山隧道2#斜井排风井斜井口与主洞高差高达148.3 m，斜井平均纵坡坡度为10%，斜井与两线主洞已贯通且均开挖达500 m以上，斜井与主洞已形成巨大的"斜T型存水器"，利用斜井的自然排水能力只能排出涌出斜井口的部分水体，对于储存在斜井与主洞的水体仍然无法排出。因此，对于斜井工区涌水量、积水量的计算至关重要。根据营盘山隧道地质勘察资料及《公路隧道设计规范》并结合相应涌、积水量计算理论对营盘山隧道涌、积水量总结如下。

1. 工程类比法

依据与营盘山隧道隧址区相似水文地质的花椒箐隧道涌水量[23]，对营盘山隧道斜井涌水量进行工程类比估算[32]。如式（4-9）所示：

$$Q = q_0 \omega_0 l \tag{4-9}$$

式中，Q为营盘山隧道预测段涌水量（m³/d）；q_0为花椒箐隧道对应段单位长度涌水量，取80.95 m²/d；ω_0为营盘山隧道与花椒箐隧道面积比，取1.2；l为营盘山隧道预测段长度，取505 m。经计算，营盘山隧道2#斜井工区涌水量为49 055.7 m³/d。

2. 裘布依公式

因隧道断面较大、涌突水灾害发生突然，因此隧道涌突水灾害发生时针对其开展的涌水量监测较为困难，往往采用涌水量计算公式预测隧道涌水量[33]，具体见式（4-10）。

$$Q_s = L \cdot K \frac{H^2 - h^2}{R - r} \tag{4-10}$$

式中，Q_s 为营盘山隧道预测涌水量；L 为隧道通过含水体的长度，取 505 m；K 为渗透系数，取 1.728 m/d；H 为仰拱以上潜水含水体厚度，取 138.5 m；h 为隧道外水柱高度，一般考虑水跃值，$h = (0.5 \sim 0.75)H$，取 83.1 m；R 为影响半径，取 200 m；r 为 1/2 隧道最大横断面宽度，取 6.85 m。经计算，营盘山隧道 2#斜井工区涌水量为 55 465.12 m³/d。

3. 古德曼公式

隧道涌水量预测还可用古德曼公式进行计算[33]，具体见式（4-11）：

$$Q_0 = L \frac{2\pi \cdot K \cdot H}{\ln \dfrac{4H}{d}} \qquad (4\text{-}11)$$

式中，Q_0 为营盘山隧道预测涌水量；L 为隧道通过含水体的长度，取 505 m；K 为渗透系数，取 1.728 m/d；H 为静止水位至隧道横断面等价圆中心距离，取 150 m；d 为隧道横断面等价圆直径，取 12 m。经计算，营盘山隧道 2#斜井工区涌水量为 210 080 m³/d。

4.7 安全岩柱理论计算方法

4.7.1 基于弹性厚板理论模型

由于板体的厚跨比不同，弹性板理论分为弹性薄板理论和弹性厚板理论，结合安全岩柱工程问题，选用弹性厚板理论更贴近于实际情况[5]。根据围岩强度不同，可将安全岩柱简化为固支梁模型与简支梁模型。

1. 固支梁模型

对于围岩物理力学参数较好的围岩（如Ⅰ、Ⅱ、Ⅲ级围岩），选用固支梁模型较为贴合工程实际。固支条件下安全岩柱径向弯矩与环向弯矩分别如式（4-12）（4-13）所示。

$$M_r = \frac{pD^2}{64}\left[(1+\mu) - (3+\mu)\frac{4r^2}{D^2} + \frac{8\mu}{5(1-\mu)}\left(\frac{2S}{D}\right)^2\right] \qquad (4\text{-}12)$$

$$M_\theta = \frac{pD^2}{64}\left[(1+\mu) - (3+\mu)\frac{4r^2}{D^2} + \frac{8\mu}{5(1-\mu)}\left(\frac{2S}{D}\right)^2\right] \qquad (4\text{-}13)$$

当 $\left[\dfrac{16\mu}{5(1-\mu)^2}\right]\left(\dfrac{2S}{D}\right)^2 > 1$ 时[34]，最大弯矩在 $r = 0$ 处，最大弯矩则为：

$$M_{\max} = M_r = M_\theta = \frac{pD^2}{64}\left[(1+\mu)+\frac{8\mu}{5(1-\mu)}\left(\frac{2S}{D}\right)^2\right] \quad (4\text{-}14)$$

此时，安全岩柱的计算公式为：

$$S = \sqrt{\frac{15(1-\mu^2)D^2}{\dfrac{160\sigma_t(1-\mu)}{p}-96(1+\mu)}} \quad (4\text{-}15)$$

当 $\left[\dfrac{16\mu}{5(1-\mu)^2}\right]\left(\dfrac{2S}{D}\right)^2 < 1^{[34]}$ 时，最大弯矩在 $r = D/2$ 处，最大弯矩值为：

$$M_{\max} = M_\theta = \frac{pD^2}{64}\left[\frac{8\mu}{5(1-\mu)}\left(\frac{2S}{D}\right)^2 - 2\mu\right] \quad (4\text{-}16)$$

最小安全岩柱厚度值计算公式为：

$$S = \sqrt{\frac{15\mu(1-\mu)D^2}{\dfrac{80\sigma_t(1-\mu)}{p}-48\mu}} \quad (4\text{-}17)$$

式中，M_r 为安全岩柱径向弯矩（kN·m）；p 为掌子面前方溶洞水压力，取 1.5 MPa；D 为岩溶隧道最大横断面洞径，取 13.7 m；μ 为安全岩柱泊松比，取 0.2；S 为最小安全岩柱厚度（m）；M_θ 为安全岩柱环向弯矩（kN·m）；$M_{\max}$ 为安全岩柱最大弯矩（kN·m）；σ_t 为安全岩柱抗拉强度，取 1.5 MPa。营盘山隧道安全岩柱按式（4-15）及（4-17）可得其厚度值分别为 14.5 m 及 2.88 m。

2. 简支梁模型

对于围岩物理力学参数较差的围岩（如Ⅳ、Ⅴ围岩），选用简支梁模型更贴合工程实际[5,35]。

简支条件下安全岩柱径向弯矩与环向弯矩用式（4-18）（4-19）表达。

$$M_r = \frac{pD^2}{64}(3+\mu)\left(1-\frac{4r^2}{D^2}\right) \quad (4\text{-}18)$$

$$M_\theta = \frac{pD^2}{64}\left[(3+\mu)-(1+3\mu)\frac{4r^2}{D^2}\right] \quad (4\text{-}19)$$

弯矩在 $r = 0$ 处最大，最大弯矩值为：

$$M_{\max} = M_r = M_\theta = \frac{pD^2}{64}(3+\mu) \tag{4-20}$$

在简支条件下安全岩柱厚度值为：

$$S = \sqrt{\frac{3p(3+\mu)D^2}{32\sigma_t}} \tag{4-21}$$

式中，M_r 为安全岩柱径向弯矩（kN·m）；p 为掌子面前方溶洞水压力，取 1.5 MPa；D 为岩溶隧道最大横断面洞径，取 13.7 m；μ 为安全岩柱泊松比，取 0.3；S 为最小安全岩柱厚度（m）；M_θ 为安全岩柱环向弯矩（kN·m）；$M_{\max}$ 为安全岩柱最大弯矩（kN·m）；σ_t 为安全岩柱抗拉强度，取 1.0 MPa。简支梁模型下安全岩柱厚度值按式（4-21）计算为 9.3 m。根据营盘山隧道地勘资料，选用简支梁模型更贴合现场实际情况。

4.7.2 基于突变理论模型

1. 尖点突变模型

基于突变理论，推导不考虑破碎带条件下安全岩柱失稳突水判别公式如式（4-22）所示[4]。

$$8\left[\frac{L}{2\pi}\sqrt{\frac{L}{EI}\left(\frac{4EI\pi^2}{L^2}-N\right)}\right]^3 + 27\left[\frac{L^2}{2\pi}\sqrt[4]{\frac{4L}{EI\pi^2}}(p-q)\right]^2 = 0 \tag{4-22}$$

式中，L 为安全岩柱跨距（m）；E 为安全岩柱弹性模量（GPa）；I 为安全岩柱惯性矩（m⁴）；N 为边界约束力（kN）；p 为支护力（kN）；q 为溶洞内水压均布荷载（kN）。

2. 双点突变模型

对于隔水性较好的围岩，高水压虽然是导致安全岩柱失稳的主要原因，但由于渗流场在围岩表现得不明显，钻爆开挖等动荷载扰动也是诱发安全岩柱失稳突水的原因之一。在动荷载作用下安全岩柱失稳判据如式（4-23）所示[4]。

$$4\left[\frac{16(3k_0^2\Omega^2-p^2)}{27a^2}\right]^3 + 27\left\{\frac{16[8p(p^2+9k_0^2\Omega^2+81aF^2)]}{729a^3}\right\}^2 = 0 \tag{4-23}$$

式中，k_0 为阻尼比；Ω 为安全岩柱自震频率（rad/s）；p 为安全岩柱频率、结构系数等函数；a 为安全岩柱结构系数；F 为安全岩柱振幅、自振频率等函数。

4.7.3 安全岩柱理论判据

根据营盘山隧道现场钻探及物探资料结合相应安全岩柱理论判据，对营盘山隧道安全岩柱计算结果如下所示。

1. 最大拉应力判据

《材料力学》第一强度理论对材料所受最大拉应力界限有明确定义，即如果材料所受最大拉应力超过材料许用应力，材料即发生破坏。则安全岩柱最大拉应力破坏判据如式（4-24）所示[36]。

$$\sigma_1 \leqslant [\sigma] \qquad (4\text{-}24)$$

式中，σ_1 为安全岩柱所受最大拉应力（MPa）；$[\sigma]$ 为安全岩柱许用应力（MPa）。

2. 折叠突变模型

基于富水岩溶安全岩柱破坏模式，从势能函数角度建立安全岩柱折叠突变模型，对最小安全岩柱厚度进行计算[12]。最小安全岩柱厚度与开挖面周围围岩的弹性模量、黏聚力、泊松比等力学参数以及隧道开挖最大跨度有关。

$$l = \sqrt[3]{\frac{3a^3(1-\mu)q}{40E}} \qquad (4\text{-}25)$$

式中，l 为最小安全岩柱厚度（m）；a 为隧道最大 1/2 跨度，取 6.85 m；q 为前方溶洞水压，取 1.5 MPa；E 为隧道围岩弹性模量，取 1.8 GPa；μ 为安全岩柱泊松比，取 0.3。经式（4-25）计算安全岩柱厚度值为 0.24 m。

3. 安全岩柱"两带"理论

在爆破施工环境下，安全岩柱厚度可分为爆破开挖扰动岩体损伤带 L_c 和水压致裂带 L_w，即式（4-26）。

$$L = L_c + L_w \qquad (4\text{-}26)$$

式中，L_c 可通过现场试验、经验估算获得，且爆破开挖对掌子面前方扰动深度不超过 1.5 m[37]。水压致裂带厚度 L_w 可通过现场钻探试验得到，取 1.5 m。经式（4-26）计算安全岩柱厚度值为 3 m。

4. 安全岩柱"三区"理论

隧道开挖掌子面前方存在充填溶洞时，安全岩柱最小厚度由开挖引起掌子面周围围岩扰动区、掌子面前方围岩裂隙区和两区之间完整围岩稳定区三部分组成[38]。最小安全岩柱厚度计算公式如式（4-27）所示。

$$h_s \geqslant h_1 + \frac{1}{\pi}\left(\frac{k_{IC}}{1.12 P_w}\right)^2 + h_3 \qquad (4\text{-}27)$$

式中，h_s 为最小安全岩柱厚度（m）；h_1 为开挖引起掌子面周围围岩扰动区，取 1.5 m；h_3 为掌子面前方围岩裂隙区，取 1.5 m；k_{IC} 为岩石断裂韧度，取 1.0 MPa；P_w 为裂隙水压，取 1.5 MPa。经式（4-27）计算最小安全岩柱厚度值为 3.11 m。

第 5 章 营盘山隧道富水岩溶段开挖安全岩柱确定

营盘山隧道涌水后,主洞及斜井淹没时间长达两年,为确定长时间浸水状态对隧道内围岩的性质影响,开展不同浸水时长下的岩石物理及力学性质试验,试验主要包括岩石成分分析,探究不同浸水时长下岩石密度、含水率变化情况以及不同浸水时长下岩石三轴压缩试验。通过试验获得围岩浸水后的各项物理及力学性质指标,得到浸水时长影响下围岩物理及力学参数变化规律。

5.1 物理性质测试

5.1.1 岩石成分分析

采用 XRD 试验对岩石成分进行分析,XRD 全称 X 射线衍射,是岩石定性、定量分析中的常用手段。

1. 试验仪器

对营盘山隧道岩芯成分分析使用的是 Rigaku X 射线全自动衍射仪(XRD),设备较新,实验结果真实可靠。主要规格及技术指标:射线发生器最大输出功率 2.7 kW,管压 20~55 kW,管流 5~60 mA,角仪测量圆直径 401 mm,可用角范围 $3°\leqslant 2\theta \leqslant 100°$,重复精度 0.001°。主要功能及特色为物相定性分析。试验仪器如图 5-1 所示。

2. 试验步骤

(1) 研磨:对切割钻芯过程中破碎掉落的岩块进行取样,将岩石样品放入研钵中进行充分研磨,研钵如图 5-2 所示。

图 5-1　X 射线全自动衍射仪　　　　　　图 5-2　研钵

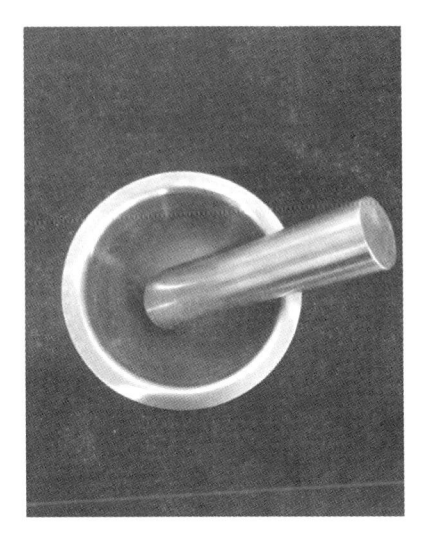

（2）收集与装样：X 射线扫描检测对于岩石晶末样品的颗粒大小有严格的要求，矿物及化学成分分析要求岩石样品颗粒大小为 200 目，使用专用筛盘对研磨的样品进行筛选，将样品筛选到干净 A4 纸上后使用收集管对其进行收集，再把收集试管编号后放入收集袋中备用。扫描测试时将研磨的岩石粉末装进特质载玻片中，使用刮刀将表层粉末样品刮均匀。试样收集与装样如图 5-3 及图 5-4 所示。

（3）检测：将试样放入 X 射线全自动衍射仪中进行扫描检测，扫描过程如图 5-5 所示。

图 5-3　岩样粉末收集　　　　　　图 5-4　岩样粉末装样

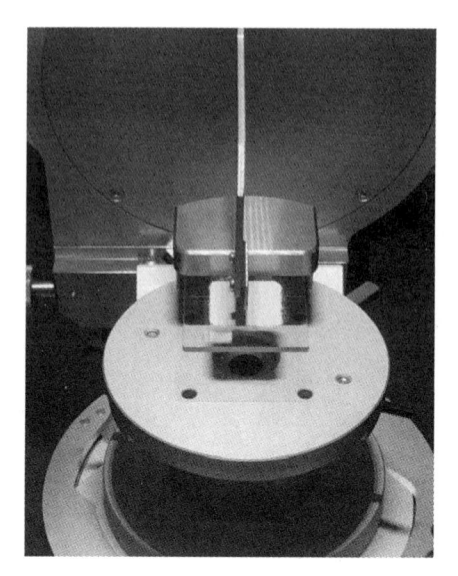

图 5-5　XRD 扫描检测

3. 粉晶-X 射线衍射结果及成分分析

白云岩、灰岩粉晶-X 射线衍射成分光谱分别见图 5-6 和图 5-7。

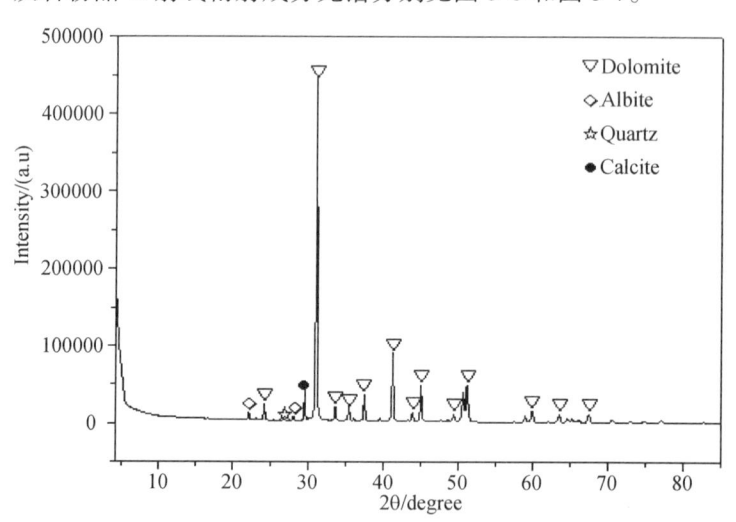

图 5-6　白云岩粉晶-X 衍射成分定性

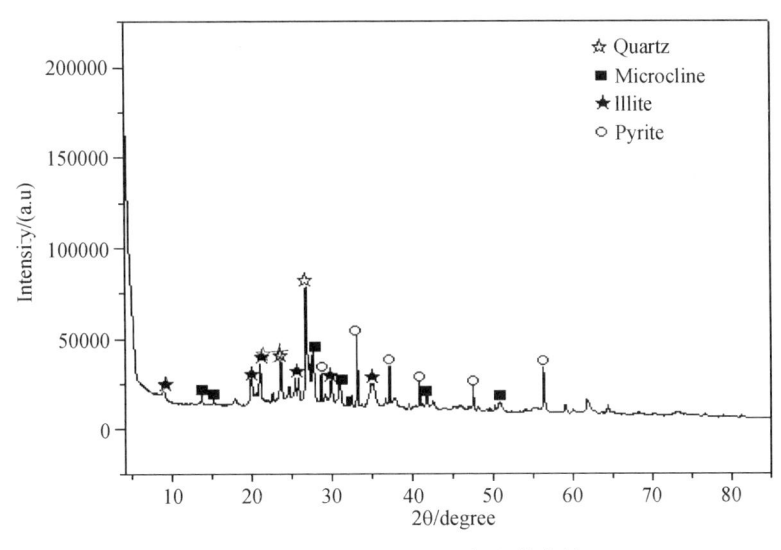

第5章 营盘山隧道富水岩溶段开挖安全岩柱确定

图 5-7 灰岩岩粉晶-X 衍射成分定性

由图 5-6、5-7 可知，该白云岩主要成分有：$CaMg(CO_3)_2$（白云石）、$Ca(CO_3)$、SiO_2（石英）、$Na(AlSi_3O_8)$（钠长石）等；该灰岩主要成分有：$K(AlSi_3O_8)$（斜长石）、$K[Al_4Si_2O_9(OH)_3]$（伊利石）、FeS_2（硫化铁）、SiO_2（石英），采用质量分数和 RIETVELD 法对两种岩石成分进行定量分析，结果如图 5-8 所示。

(a) 白云岩成分定量图 　　(b) 灰岩成分定量图

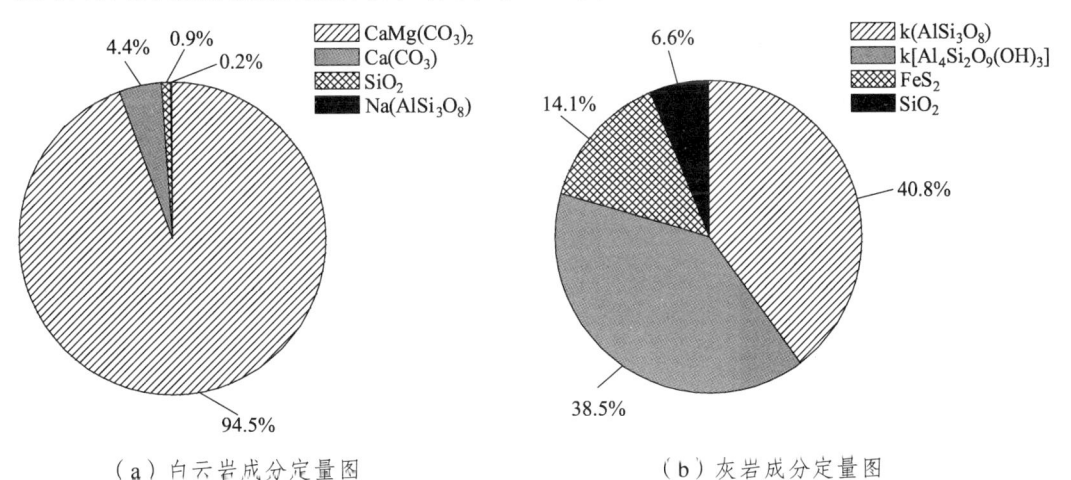

图 5-8 白云岩、灰岩成分定量图

由图 5-8 可知，该白云岩成分 $CaMg(CO_3)_2$（白云石）、$Ca(CO_3)$、SiO_2（石英）、$Na(AlSi_3O_8)$（钠长石）等含量占比分别为 94.5%、4.4%、0.9%、0.2%。该灰岩成分 $K(AlSi_3O_8)$

（斜长石）、K[Al₄Si₂O₉(OH)₃]（伊利石）、FeS₂（硫化铁）、SiO₂（石英）等含量占比分别为 40.8%、38.5%、14.1%、6.6%。

研究表明，Mg^{2+}、Ca^{2+} 占比在白云岩成岩作用中起明显作用，其占比指标按照 0.4/0.6/0.8 的划分标准，可将白云岩成岩级别划分为甚低级、低级、中级、高级四个等级，由定性及定量结果可看出，该白云岩 Mg/Ca 摩尔比为 0.956∶1，其成岩等级为高级，成岩作用较强，白云岩晶体结晶度较高，吸水性较弱。灰岩成分和含量占比中，斜长石与伊利石占比较高，其属于硅酸盐类矿物，相比白云岩中占比较高的碳酸盐矿物岩更易吸水，因此灰岩其吸水性高于白云岩。

5.1.2 密度测试

岩石、矿物的密度，是指单位体积物质的质量，其单位为 g/cm^3 或 kg/m^3。采用量积法对试样进行密度测定，试样选用尺寸为直径 50 mm、高度 100 mm 的圆柱体试件。

1. 试验仪器

密度试验中所用到的试验仪器有电子天平（电子秤量程为 0.1 g）、游标卡尺（精度 ±0.02 mm/0.001″）、烘干箱等。仪器设备如图 5-9 ~ 5-11 所示。

图 5-9　电子天平　　　　图 5-10　游标卡尺　　　　图 5-11　烘干箱

2. 试验步骤

（1）使用电子天平测量试样天然质量。
（2）使用游标卡尺对岩石试样高度和直径进行测量。

（3）依据《工程岩体试验方法标准》规定，将所测试试样放入烘干箱后在 105 ℃ 温度下进行 24 h 的烘干。

（4）使用电子天平测量试样烘干后的质量。

3. 计算公式

岩石天然密度计算公式如下：

$$\rho = \frac{m}{V} \tag{5-1}$$

式中：ρ —— 岩石天然密度，g/cm³；

　　　m —— 岩石质量，g；

　　　V —— 岩石体积，cm³。

计算值应精确至 0.01。

岩石干密度计算公式如下：

$$\rho_d = \frac{m_s}{V} \tag{5-2}$$

式中：ρ_d —— 岩石干密度，g/cm³；

　　　m_s —— 岩石中固体的质量，g；

　　　V —— 岩石体积，cm³。

计算值应精确至 0.01。

4. 密度测试结果

对加工好的试样进行天然密度与干密度计算，计算结果汇总见表 5-1。白云岩试件编号为"A"，灰岩试件编号为"B"。

表 5-1 岩石试样天然密度计算表

试样编号	直径/mm	高度/mm	试件烘干前质量/g	试件烘干后质量/g	天然密度/(g/cm³)	干密度/(g/cm³)
A-M-1	50.28	100.32	577.36	557.45	2.90	2.80
A-M-2	50.27	100.27	564.91	541.04	2.84	2.72
A-M-3	50.27	100.21	594.39	548.67	2.99	2.76
B-M-1	50.26	100.25	520.84	381.68	2.62	1.92
B-M-2	50.28	100.30	497.62	414.02	2.50	2.08
B-M-3	50.27	100.25	491.22	415.64	2.47	2.09

由密度试验结果可知，白云岩的天然密度约为 2.91 g/cm³，干密度约为 2.76 g/cm³；灰岩的天然密度约为 2.53 g/cm³，干密度约为 2.03 g/cm³。由此可得，白云岩的天然密度与干密度均略高于灰岩。

5.1.3 不同浸水时长下的含水率变化

1. 实验仪器及步骤

（1）使用电子天平（见图 5-1）对试样烘干前质量进行测量，电子天平量程为 0.1 g。
（2）使用烘箱对试样在 105～110 °C 温度下烘 24 h。烘干箱如图 5-11 所示。
（3）将试件从烘箱中取出，放入干燥器内冷却至室温，称量烘干后试件质量。
（4）计算试件含水率。

2. 测试试样浸水时长

试件浸水时长分别为天然状态、浸水 10 d、浸水 30 d、浸水 60 d、浸水 90 d。

3. 计算公式

$$\omega = \frac{m_0 - m_s}{m_s} \tag{5-3}$$

式中：ω——含水率，%；
　　　m_0——烘干前质量，g；
　　　m_s——烘干后质量，g。
计算值应精确至 0.001。

4. 含水率测试结果

对不同浸水时长的白云岩和灰岩进行含水率测试，白云岩和灰岩含水率测量值分别见表 5-2 和表 5-3。

表 5-2　白云岩含水率变化

试件编号	浸水时长/d	烘干前质量/g	烘干后质量/g	含水率/%	平均含水率/%
AH-1	天然状态	167.6	167.4	0.12	0.12
AH-2		71.5	71.4	0.14	
AH-3		132.4	132.3	0.08	
AH-4		176.9	176.7	0.11	
AH-5		76.5	76.4	0.13	

续表

试件编号	浸水时长/d	烘干前质量/g	烘干后质量/g	含水率/%	平均含水率/%
AH-1	10	168.4	167.1	0.78	0.55
AH-2		71.7	71.2	0.70	
AH-3		132.9	132.1	0.61	
AH-4		177.2	176.5	0.40	
AH-5		76.6	76.4	0.26	
AH-1	30	168.3	167.1	0.72	0.61
AH-2		70.3	68.2	0.57	
AH-3		132.9	132.1	0.61	
AH-4		177.1	175.5	0.90	
AH-5		76.6	76.4	0.26	
AH-6	60	127.9	127.0	0.71	0.64
AH-7		168.0	166.9	0.66	
AH-8		70.4	69.9	0.72	
AH-9		177.4	176.6	0.45	
AH-10		76.8	76.3	0.66	
AH-6	90	127.7	126.8	0.72	0.63
AH-7		168.3	167.2	0.66	
AH-8		70.6	70.1	0.72	
AH-9		177.8	176.9	0.50	
AH-10		76.5	76.1	0.56	

对白云岩的浸泡时间与含水率进行统计，作出岩石含水率随时间变化曲线，并选用指数函数对其最终饱和含水率进行函数拟合，如图 5-12 所示。

选用指数函数形式对浸水时长-岩石含水率曲线进行拟合，函数表达式为 $y = 0.604\ 79 - 0.493\ 04e^{(-x/6.546\ 79)}$，拟合方程中 y 是含水率变量，x 是浸水时间变量，拟合的相关系数 $R^2 = 0.984\ 54$，拟合误差较小，拟合结果较准确。由图 5-12 可知，当浸泡时间超过 30 d 后，白云岩含水率数值趋于稳定，饱和含水率为 0.60% 左右。

$$w = 0.60479 - 0.49304\, e^{(-t/6.54679)}$$
$$R^2 = 0.98454$$

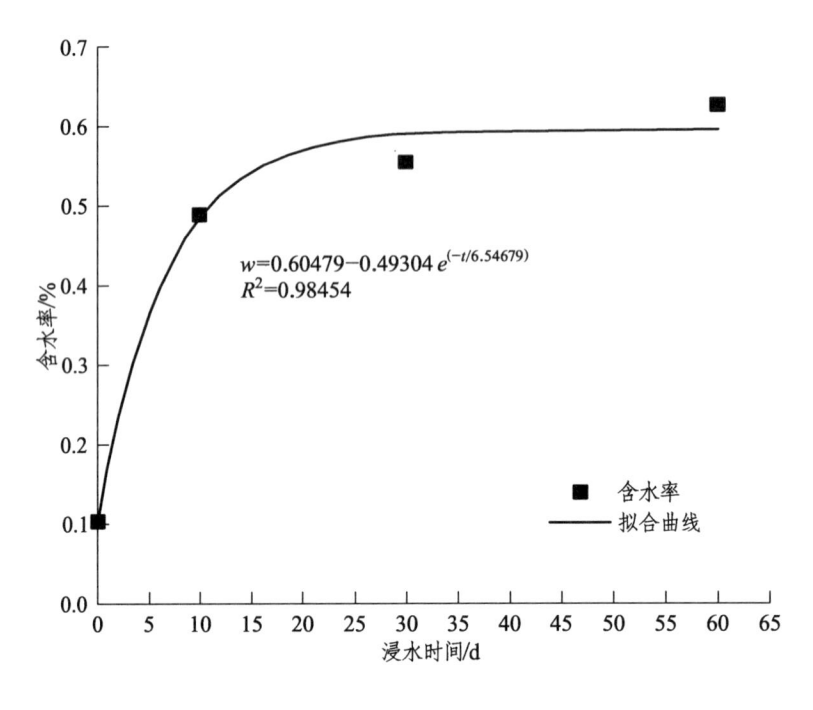

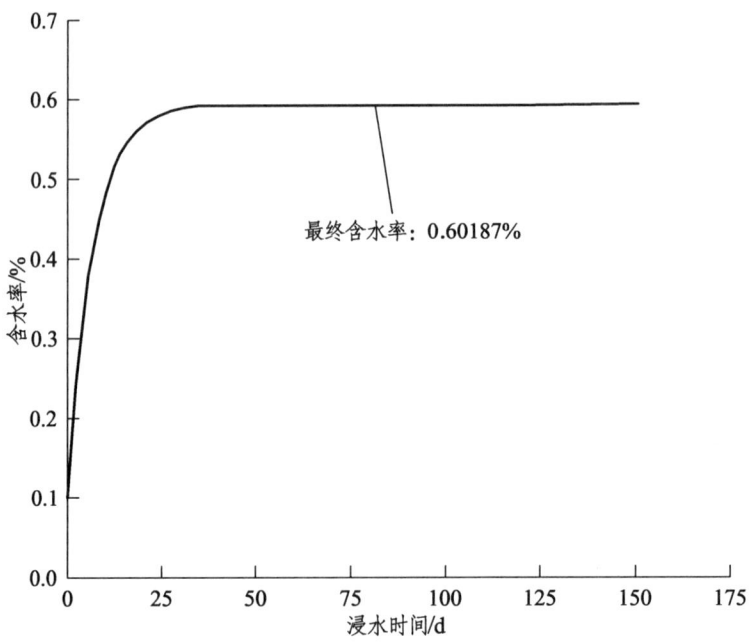

最终含水率：0.60187%

图 5-12　白云岩含水率随浸水时间变化曲线

表 5-3 灰岩含水率变化

试件编号	浸水时长/d	烘干前质量/g	烘干后质量/g	含水率/%	平均含水率/%
BH-1	天然状态	127.9	118.3	8.12	7.08
BH-2		121.9	114.4	6.56	
BH-3		208.2	197.8	5.26	
BH-4		74.9	69.2	8.24	
BH-5		69.9	65.2	7.21	
BH-1	10	130.6	118.7	10.03	8.04
BH-2		122.6	114.5	7.07	
BH-3		208.3	198.0	5.20	
BH-4		76.5	69.3	10.39	
BH-5		70.5	65.4	7.49	
BH-1	30	130.8	117.4	11.41	9.35
BH-2		109.4	101.1	8.21	
BH-3		158.7	149.7	6.01	
BH-4		76.0	67.9	11.93	
BH-5		70.3	64.4	9.16	
BH-1	60	130.9	117.5	11.32	9.50
BH-2		110.3	100.9	9.36	
BH-3		157.9	147.8	6.82	
BH-4		76.6	68.3	12.17	
BH-5		70.8	65.6	7.85	
BH-1	90	130.4	117.5	10.98	9.36
BH-2		107.5	99.5	8.04	
BH-3		160.7	148.7	8.07	
BH-4		76.5	67.5	13.33	
BH-5		70.9	66.6	6.39	

对灰岩的浸泡时间与含水率进行统计，作出灰岩含水率随时间变化曲线，如图 5-13 所示。

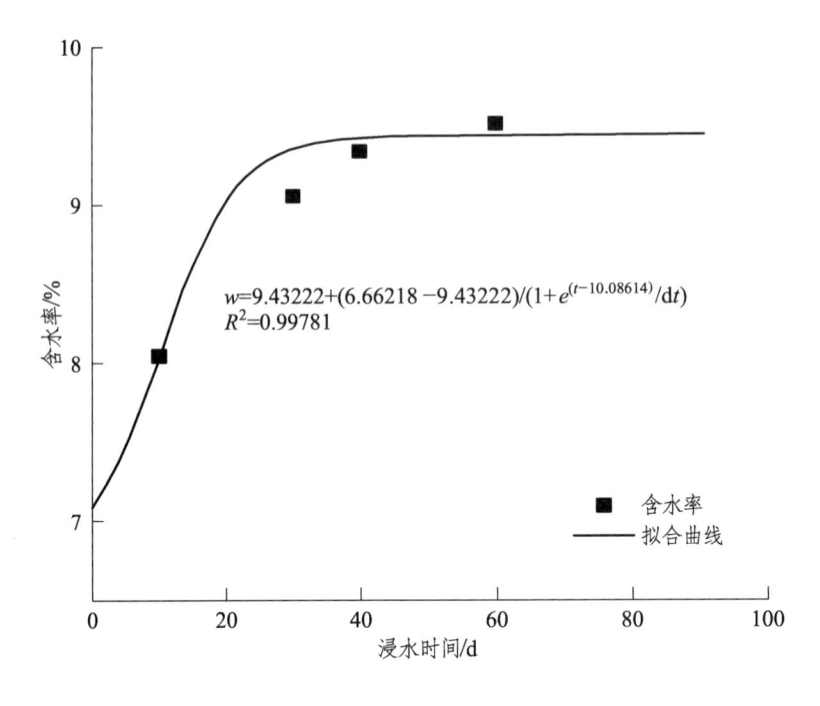

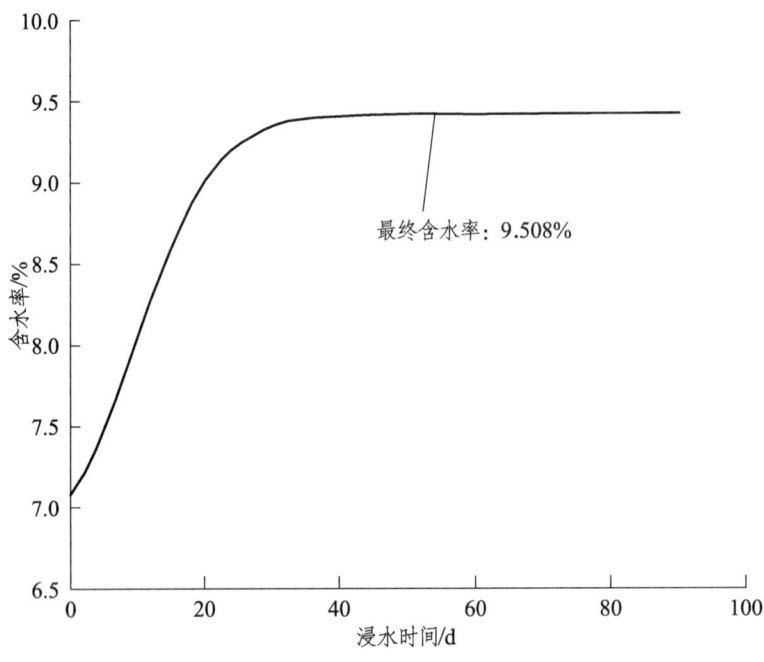

$w=9.43222+(6.66218-9.43222)/(1+e^{(t-10.08614)}/\mathrm{d}t)$
$R^2=0.99781$

最终含水率：9.508%

图 5-13　灰岩含水率随浸水时间变化曲线

选用指数函数形式对浸水时长-岩石含水率曲线进行拟合，函数表达式为 $y=$

9.432 22 + (6.662 18 − 9.432 22) / (1 + e^{(x − 10.086\ 14)}/d_x)，拟合的 $R^2 = 0.997\ 81$，拟合误差较小，拟合结果较准确。由图 5-13 可知，当浸泡时间超过 60 d 后，灰岩含水率数值趋于稳定，饱和含水率为 9.51% 左右。

由含水率计算结果可知，在相同浸水时长条件下，灰岩含水率明显高于白云岩，天然状态白云岩饱和含水率不足 1%，灰岩饱和含水率约为 10%，白云岩饱和含水率远低于灰岩饱和含水率。白云岩在由天然状态到浸水 10 d 过程含水率增长率约为 373%，浸水 10 d 后各阶段含水率增长率约为 8%，灰岩浸水过程各阶段含水率增长率较为平均，约为 10%，表明白云岩含水率在浸水初期增长较快，且吸水饱和时间明显小于灰岩。

5.2　不同浸水时长三轴压缩实验

对营盘山隧道内岩石试样进行不同时间的浸水后进行三轴压缩试验，获得试样黏聚力和内摩擦角以及残余黏聚力和内摩擦角（如有峰后残余强度）等物理力学参数并绘制偏应力应变曲线，分析浸水时间对试件力学性能的影响规律，结合隧道岩体情况进行岩体强度的预测。

1. 试验仪器

营盘山隧道围岩三轴压缩试验主要使用 TAW2000M 岩石多功能试验机进行测试。TAW2000M 岩石多功能试验机其加载系统可施加轴向与环向三维静动力荷载。试验机的控制由计算机系统操控，可实现轴向位移、轴向试验力、轴向变形控制以及围压、孔隙水压、孔隙水流量测量、渗透压力控制，操控性强，测量准确。试验机如图 5-14 所示。

图 5-14　TAW2000M 岩石多功能试验机

2. 实验步骤

（1）对试件进行编号，测量试件高度和直径并记录，试验试件如图 5-15 所示。

（2）对试样套热塑管、做隔油处理，热塑管长度选择大于试件长度的 1/2，方便后续安装压垫。

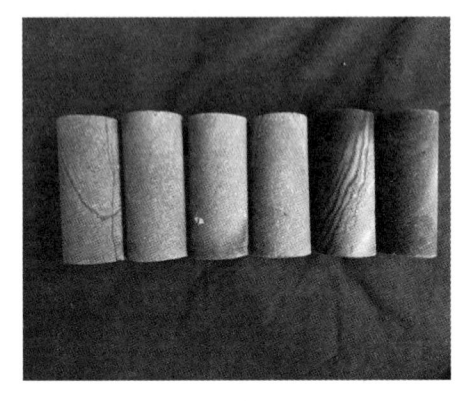

（a）白云岩　　　　　　　　　（b）灰岩

图 5-15　试验试件图

（3）选择直径与试件直径一致的上下压垫分别装入热塑管前后端，使其与试件上下端部贴合，而后使用热风枪将热塑管吹至与试件及压垫完全贴合，使上下压垫中试件部分为真空状态。然后安装横向、纵向位移传感计，首先使用六角螺钉将传感计下部 O 型圈固定在下压垫部位，而后在试件中部套上径向位移传感计，再将上部 O 型圈固定在上压垫部位，安装好的试样如图 5-16 所示。

图 5-16　套管加引伸计后试样

（4）将已经安装好的试件放置在试验机压力釜中心底座上，试件上部安装圆形压片，如图 5-17 所示。放置安装完成后将位移传感计数据线接入试验机，打开压力釜阀门，连接油箱减压阀与气泵加压气管，对压力釜进行充油，充油完成后关闭压力釜阀门、气泵电源和气泵阀门，同时关闭面板上的阀门。启动试验控制程序，以 0.01 MPa/s 的速率施加侧压力至设定围压。

图 5-17　试件放入压力釜

（5）达到围压要求后以 0.05 MPa/s 的加载速率施加轴向压力，直至试件发生破坏。

（6）打开压力釜回油阀门和气泵电源及阀门，将压力釜内油排净后打开压力釜并拆下传感计及垫片，剪掉热缩管后对破坏的试样进行收集，分析试件破坏特征并装袋保存。试件典型破坏特征以剪切劈裂破坏为主，如图 5-18、图 5-19 所示。

图 5-18　白云岩试件典型破坏特征

图 5-19　灰岩试件典型破坏特征

3. 测试试样

三轴压缩试样统计表如表 5-4 所示。

表 5-4　三轴压缩试样统计表

岩性	试件编号	围压/MPa	浸水时长/d
白云岩	A1	5	5
	A2		30
	A3		90
	A4	10	5
	A5		30
	A6		90
	A7	15	5
	A8		30
	A9		90
灰岩	B1	5	5
	B2		30
	B3		90
	B4	10	5
	B5		30
	B6		90
	B7	15	5
	B8		30
	B9		90

4. 试验成果整理

三轴压缩采用莫尔库仑准则计算岩样的内摩擦角与黏聚力，计算公式如下：

$$\sigma_1(\sqrt{f^2+1}-f)-\sigma_3(\sqrt{f^2+1}+f)=2c \tag{5-4}$$

$$f=\tan\phi \tag{5-5}$$

式中：σ_1——最大主应力，MPa；

σ_3——最小主应力，MPa；

c——黏聚力，kN/m²；

ϕ——内摩擦角，°。

根据三轴压缩试验结果，分别绘制 5 MPa、10 MPa、15 MPa 三种围压条件下各浸水时常状态下白云岩、灰岩的应力-应变曲线图（如图 5-20 ~ 5-25 所示）。

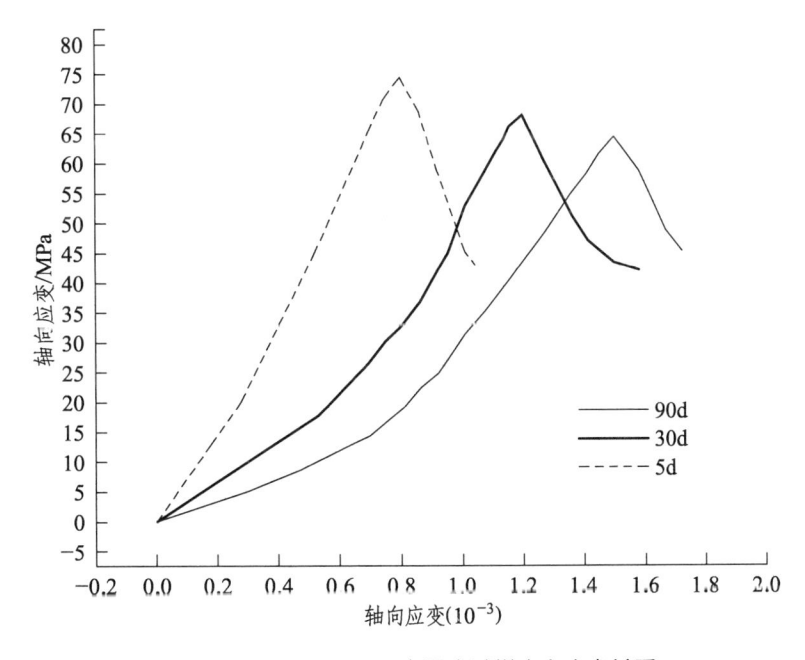

图 5-20 围压 5 MPa 下白云岩试样应力应变关系

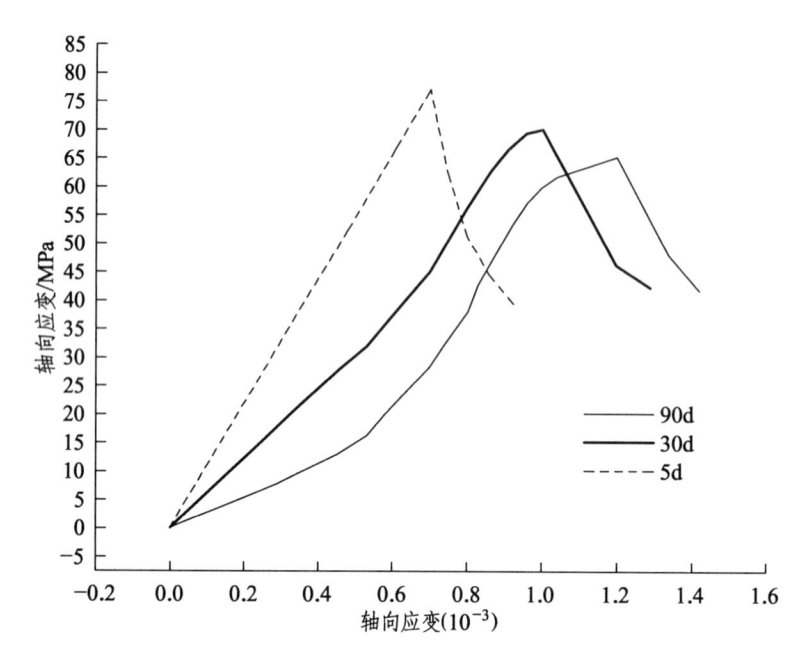

图 5-21　围压 10 MPa 下白云岩试样应力应变关系

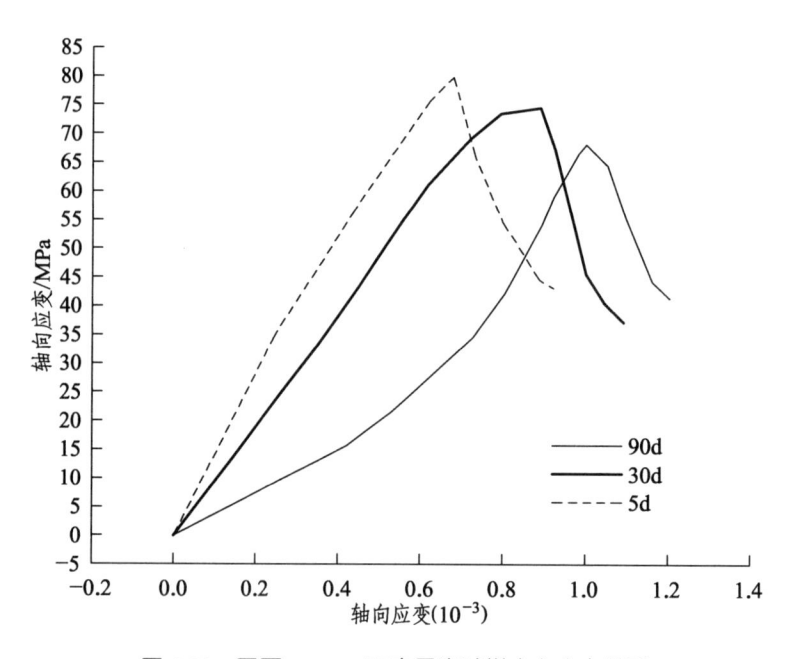

图 5-22　围压 15 MPa 下白云岩试样应力应变关系

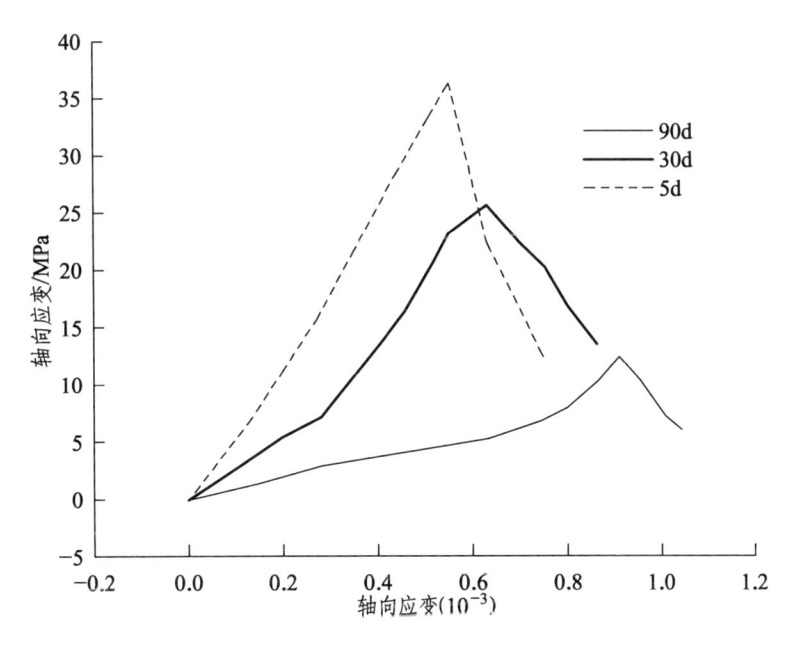

图 5-23 围压 5 MPa 下灰岩试样应力应变关系

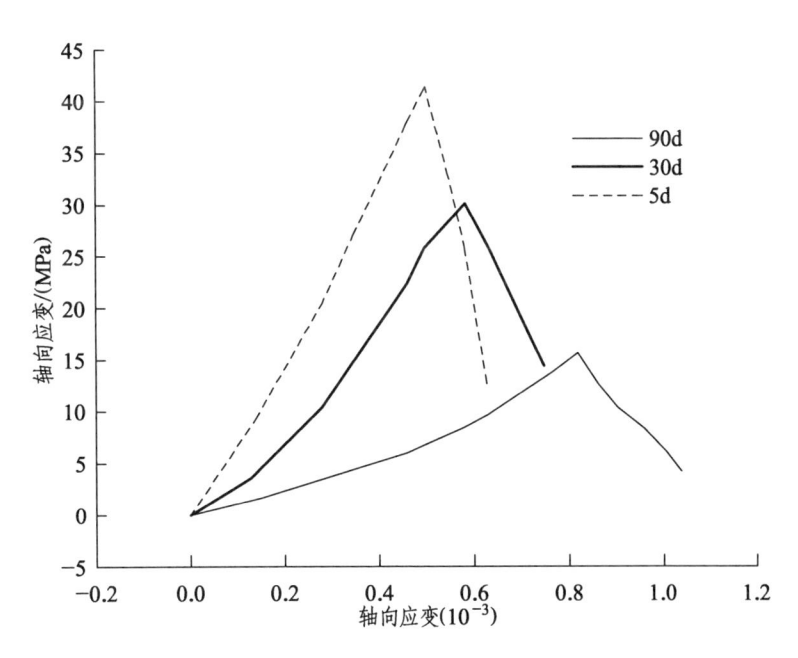

图 5-24 围压 10 MPa 下灰岩试样应力应变关系

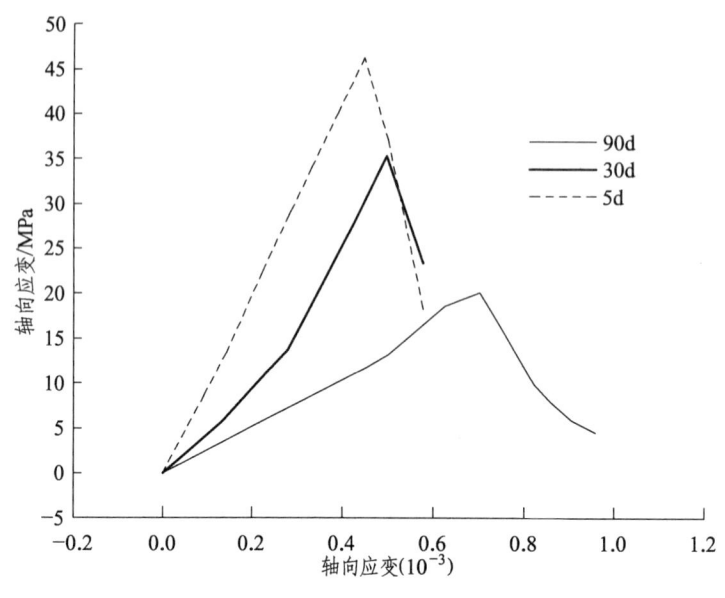

图 5-25　围压 15 MPa 下灰岩试样应力应变关系

5. 破坏模式分析

白云岩试件破坏呈现明显的弱面剪切破坏特征，轴压加载后，试件内部应力逐渐增大，内部微裂纹和孔隙被压密并形成闭合，达到弱结构面最大承载应力附近时，试件沿弱结构面形成裂隙，随着轴向应力的继续增大，裂隙逐渐发育形成断面，断面以轴向为主，在岩石残余强度变形阶段，试件软弱结构面发生断裂。试件纵向断面起终点大致位于试件端面中部，断面走向与水平面夹角为 70°左右，横向断面不明显。

灰岩试件典型破坏特征中，塑性变形破坏明显，应力达到峰值应力之前，试件内部裂隙被压密并重分布，属于弹性变形阶段，应力达到峰值应力附近时，裂隙开始发育，此阶段属于塑性变形阶段，当应力持续增加并达到试件的残余强度附近时，试件沿断裂面轴向断为两半，轴向断裂面与水平方向夹角约为 80°，横向断面发育较弱。部分试件受端部效应影响，破坏断面为圆锥状，试件底部均未出现裂隙。轴压加载后，轴向应力逐渐增大，试件内部应力状态改变，由于试件端面与垫板间存在摩擦，泊松效应受到约束，两端形成锥形压缩区，应力达到峰值应力附近时，裂隙会逐渐产生并由中部向两端发育。随着应力的增加，在残余强度变形阶段，裂隙逐渐发育形成断面，试件中部受拉出现横向断面，断面长度较短。

6. 抗压强度特征分析

由图 5-20～5-22 可得，白云岩试件浸水时长 5 d 时，围压 5 MPa，试件的峰值抗压强度为 75 MPa，围压 10 MPa，试件的峰值抗压强度为 78 MPa，围压 15 MPa，试件的峰值抗压强度为 80 MPa；浸水时长 30 d 时，围压 5 MPa，试件的峰值抗压强度为 68 MPa，围压 10 MPa，试件的峰值抗压强度为 70 MPa，围压 15 MPa，试件的峰值抗压强度为 75 MPa；浸水时长 90 d 时，围压 5 MPa，试件的峰值抗压强度为 64 MPa，围压 10 MPa，试件的峰值抗压强度为 66 MPa，围压 15 MPa，试件的峰值抗压强度为 69 MPa。

由图 5-23~5-25 可得，灰岩试件浸水时长 5 d 时，围压 5 MPa，试件的峰值抗压强度为 37 MPa，围压 10 MPa，试件的峰值抗压强度为 42 MPa，围压 15 MPa，试件的峰值抗压强度为 47 MPa；浸水时长 30 d 时，围压 5 MPa，试件的峰值抗压强度为 26 MPa，围压 10 MPa，试件的峰值抗压强度为 30 MPa，围压 15 MPa，试件的峰值抗压强度为 36 MPa；浸水时长 90 d 时，围压 5 MPa，试件的峰值抗压强度为 13 MPa，围压 10 MPa，试件的峰值抗压强度为 16 MPa，围压 15 MPa，试件的峰值抗压强度为 20 MPa。

由此可知，白云岩峰值抗压强度明显高于灰岩，围压相同时，试件浸水时间越长，峰值抗压强度越低，其中白云岩浸水时间 90 d 后峰值强度较浸水 5 d 时减小 15% 左右，灰岩峰值强度减小了 60% 左右，灰岩抗压强度受浸水时间的影响较大。此外，试件浸水时间相同时，试件峰值抗压强度均随围压的增大而增大，可见岩石的受力状态也是影响其抗压强度的重要因素。

7. 抗剪强度特征分析

通过上述试验数据绘制白云岩、灰岩的摩尔应力圆及强度包络线，如图 5-26、图 5-27 所示。计算得到其各自抗剪强度指标。

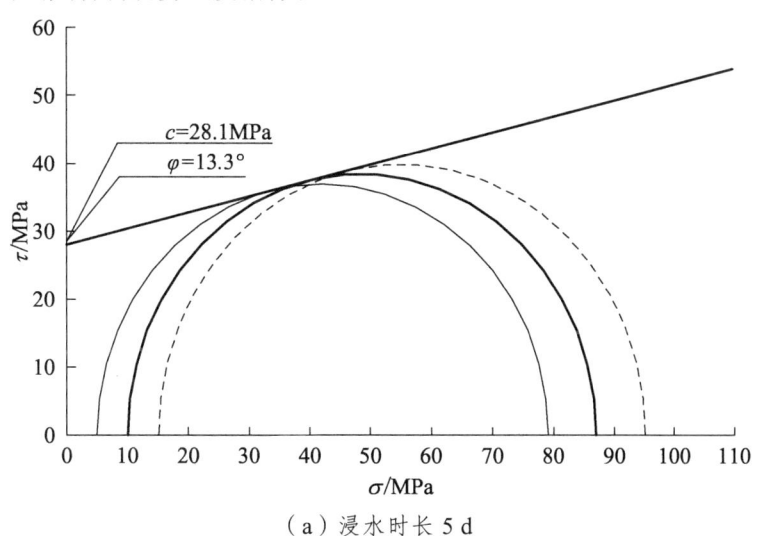

（a）浸水时长 5 d

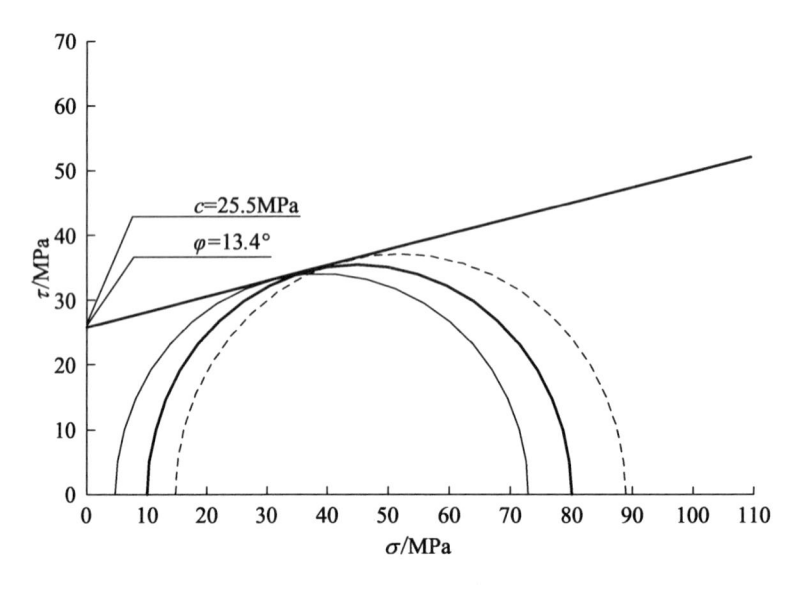

（b）浸水时长 30 d

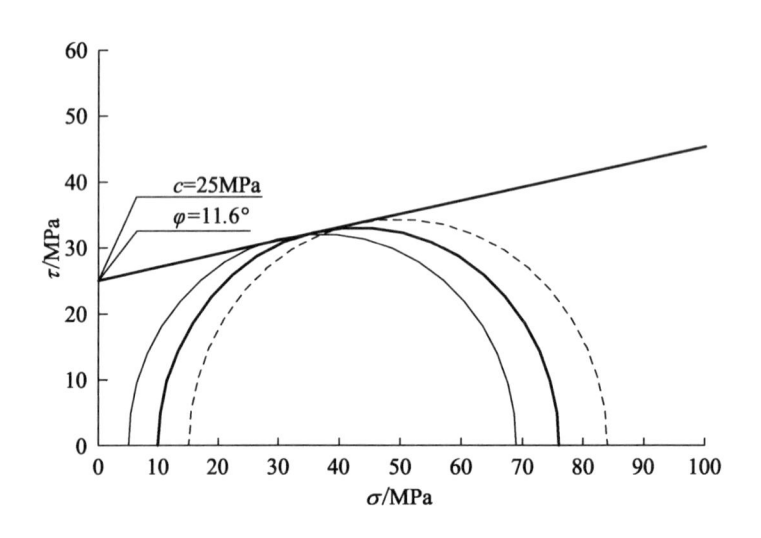

（c）浸水时长 90 d

图 5-26　白云岩摩尔应力圆及强度包络线

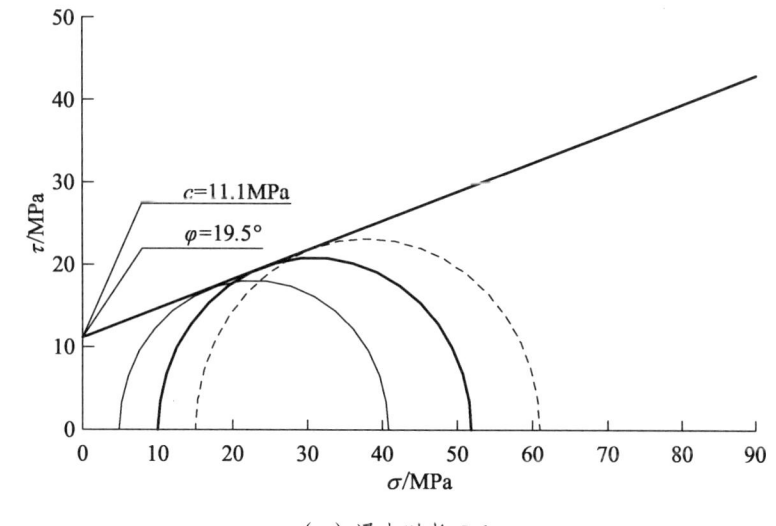

第5章 营盘山隧道富水岩溶段开挖安全岩柱确定

(a) 浸水时长 5 d

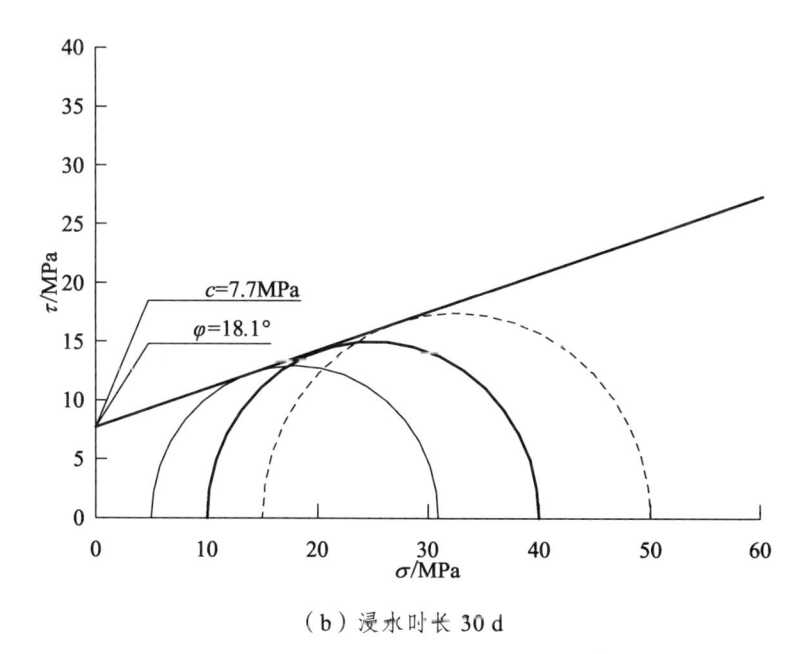

(b) 浸水时长 30 d

（c）浸水时长 90 d

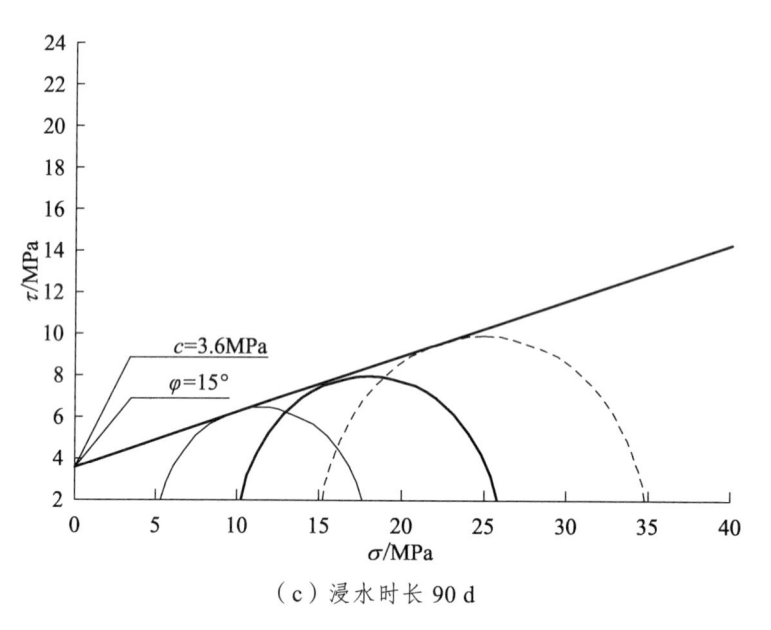

图 5-27　灰岩摩尔应力圆及强度包络线

根据图 5-26、图 5-27 得到不同浸水时间下白云岩、灰岩的抗剪强度指标，见表 5-5。

表 5-5　白云岩、灰岩抗剪强度指标

岩性	浸水时长/d	黏聚力/MPa	内摩擦角/°
白云岩	5	28.1	13.3
	30	25.5	13.4
	90	25	11.6
灰岩	5	11.1	19.5
	30	7.7	18.1
	90	3.6	15

由表 5-5 可知，随着浸水时长的增加，白云岩与灰岩的黏聚力和内摩擦角总体上呈现减小的趋势，浸水使其抗剪强度降低。根据含水率试验可知，白云岩与灰岩分别在 30 d 和 60 d 后含水率趋于稳定，但其抗压强度和抗剪强度在浸水 30 d 和 60 d 后并未呈现稳定的趋势，由此可知试件浸水时间对其物理和力学性质的影响并不等效，浸水时长对岩石力学性质的影响更为持久。

5.3 深埋高水压岩溶地层隧道掘进安全岩柱厚度

为分析不同埋深下岩溶隧道围岩稳定性,采用有限元软件 MIDAS GTS NX 进行模拟,建立模型尺寸为 80 m×80 m×45 m,隧道开挖高度为 11.8 m,隧道开挖面最大宽度为 13.8 m,隧道空间位于模型中心部位,模型尺寸满足 3~5 倍隧道洞径。具体模型见图 5-28。

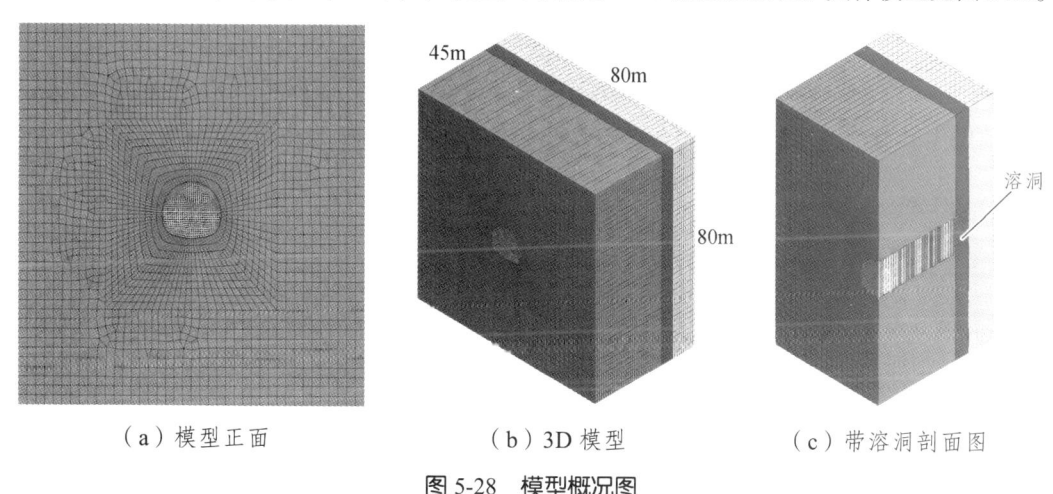

(a)模型正面　　　　(b)3D 模型　　　　(c)带溶洞剖面图

图 5-28　模型概况图

5.3.1　模型参数

模型围岩参数根据室内试验所得岩石物理和力学指标确定,模型中初期支护采用 C25 喷混凝土,围岩采用实体单元进行模拟,初支、临时仰拱、中隔壁均采用板单元进行模拟。模型具体参数见表 5-6。模型初始地应力只考虑自重应力场。

表 5-6　模型参数表

模拟材料	弹性模量/GPa	容重/(kN/m³)	泊松比	黏聚力/MPa	内摩擦角/°
围岩	43	28.5	0.3	25	11.6
初支	28	23	0.2	—	—

5.3.2　边界条件及模拟溶洞概况

1. 位移边界条件

模型前后左右四面施加法向位移约束,模型底部施加竖直方向的位移约束。模型顶面为自由边界面,模型中围岩以自重形式施加边界条件,超过模型顶面围岩以压力形式施加在模型顶面上。

2. 渗流边界条件

模型四周设置为等总水头边界,各点总水头相等,模型侧面及底面设置为不透水边界。隧道开挖掌子面及洞周均视为自由渗透面,施加零压力水头。

3. 溶洞大小及位置

由于岩溶发育的不规则性,在数值模拟中精确模拟溶洞的形状及其充填状态较为困难,故模拟时将溶洞形状简化为隧道开挖面大小,位于隧道掌子面正前方,纵向长度 5 m。

4. 溶洞水压

溶腔为高压充水型溶腔。溶洞内充填水以等效水压力模拟,运用 MIDAS GTS NX 中静力荷载命令,通过改变压力值改变模型溶洞内水压。

5.3.3 模拟工况

计算选取溶洞水压 2 MPa、2.5 MPa、3 MPa 三种工况进行模拟,按隧道埋深 300 m、600 m、900 m 三种工况进行计算,采用全断面开挖,每次开挖 1 m,初支滞后 1 m 施作,隧道埋深选取 300 m、600 m、900 m,以确定不同溶洞水压力及不同埋深下的安全岩柱厚度。工况划分见表 5-7。

表 5-7 模拟工况表

溶洞水压/MPa	隧道埋深/m
2	300
	600
	900
2.5	300
	600
	900
3	300
	600
	900

5.4 安全岩柱厚度及围岩稳定性影响分析

5.4.1 安全岩柱失稳判据

1. 塑性区贯通准则

溶洞安全岩柱厚度是指隧道开挖面与周围溶腔或者局部高裂度破碎区之间未全部发生塑性变形岩体的距离。依据溶腔与开挖隧道位置的关系，可将安全岩柱分为上部安全岩柱、底部安全岩柱、侧部安全岩柱和前方安全岩柱。

安全岩柱将隧道开挖面与附近溶腔分割开，对隧道开挖施工有重大影响，尤以前方安全岩柱厚度影响最大。

塑性区即在隧道开挖过程中围岩产生塑性变形的区域。掌子面前方塑性区与溶洞塑性区贯通是在进行数值模拟计算安全岩柱厚度时常用的方法。塑性区贯通如图 5-29 所示，塑性区贯通准则是确定安全岩柱厚度的方法之一。

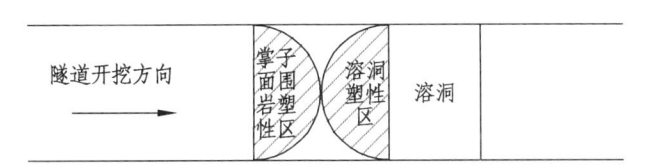

图 5-29 安全岩柱塑性区贯通简图

2. 掌子面位移突变准则

隧道掌子面位移突变准则是基于尖点突变理论模型，用于监测隧道稳定性的一种直观判断准则，在数值模拟中，把掌子面纵向挤出最大位移监测点作为关键点，用关键点的位移判断围岩稳定的状态，这就是位移突变判据。在这个判据中，考虑掌子面挤出位移，来建立势函数。定义第 k 步开挖隧道掌子面关键节点位移模 $D(k)$ 为：

$$D(k) = \sum_{k}^{n} u \qquad (5\text{-}6)$$

式中，u 为掌子面上设置的监测点的挤出位移值；k 为开挖步数，n 为从洞口开挖到特定监测点的开挖步数。通过数值模拟计算得到掌子面挤出位移模序列，$D(k)$ 表示位移模随开挖过程中卸载步的变化。

选取从 k 到 n 所有的掌子面在开挖作用下挤出位移数据，每开挖一步都有对应的位

移变化，将这些位移变化和开挖步拟合成曲线，并将曲线表达式计为泰勒级数形式，截取至 4 次项，则

$$S = \sum_{i=1}^{4} a_i t^i \tag{5-7}$$

式中，$a_i = \sum_{i=1}^{4} \frac{\partial^i f}{\partial t^i}$。

令 $t \to x - \frac{a_3}{4a_4}$，则可将式（6-2）化为尖点突变的标准势函数形式：

$$V(x) = x^4 + ux^2 + vx \tag{5-8}$$

式中，$u = \frac{a_2}{a_4} - \frac{3a_3^2}{8a_4^2}$，

$v = \frac{a_1}{a_4} - \frac{a_2 a_3}{2a_4^2} + \frac{a_3^3}{8a_4^3}$。

平衡曲面方程 M 为：

$$\frac{\partial V}{\partial x} = 4x^3 + 2ux + v \tag{5-9}$$

根据尖点分叉集理论，得到分叉集方程为：

$$d = 8u^3 + 27v^2 \tag{5-10}$$

式（5-11）即为岩体位移突发失稳的充要判据。当 $d>0$ 时，掌子面处于稳定状态；$d=0$ 时，则处于稳定与非稳定的临界状态；$d<0$ 时，则处于不稳定状态。上述状态可反映围岩的稳定性，可由此来判别隧道的稳定性，进而确定安全岩柱厚度。显然，只有当 $u \leqslant 0$ 时，系统才可能跨越分叉集发生突变。

5.4.2 塑性区影响分析

按照塑性区贯通准则，溶洞与掌子面之间岩层塑性区贯通时的岩层厚度作为安全岩柱厚度，分析不同隧道埋深和不同溶洞水压条件下对安全岩柱厚度的影响。溶洞水压分别为 2 MPa、2.5 MPa、3 MPa 时，各埋深下塑性区贯通时隧道塑性区分布情况如图 5-30 ~ 5-32 所示。

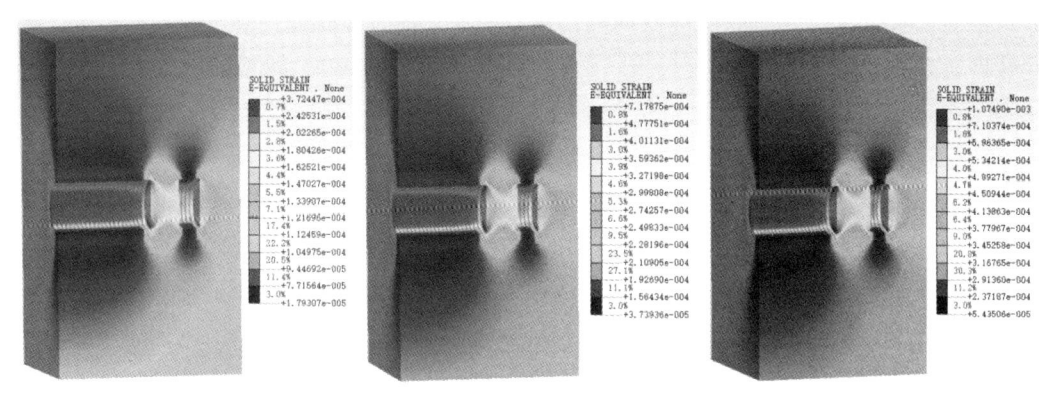

第5章　营盘山隧道富水岩溶段开挖安全岩柱确定

(a) 埋深 300 m　　　　　(b) 埋深 600 m　　　　　(c) 埋深 900 m

图 5-30　溶洞水压 2 MPa 下不同埋深安全岩柱塑性区贯通图

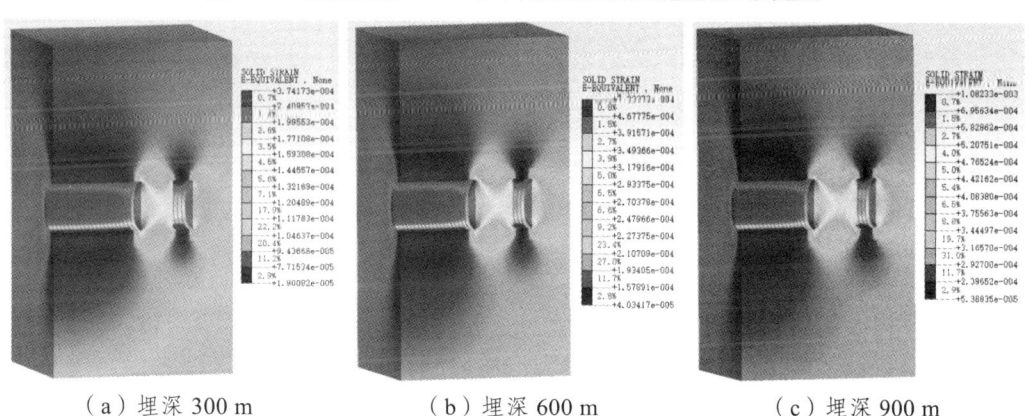

(a) 埋深 300 m　　　　　(b) 埋深 600 m　　　　　(c) 埋深 900 m

图 5-31　溶洞水压 2.5 MPa 下不同埋深安全岩柱塑性区贯通图

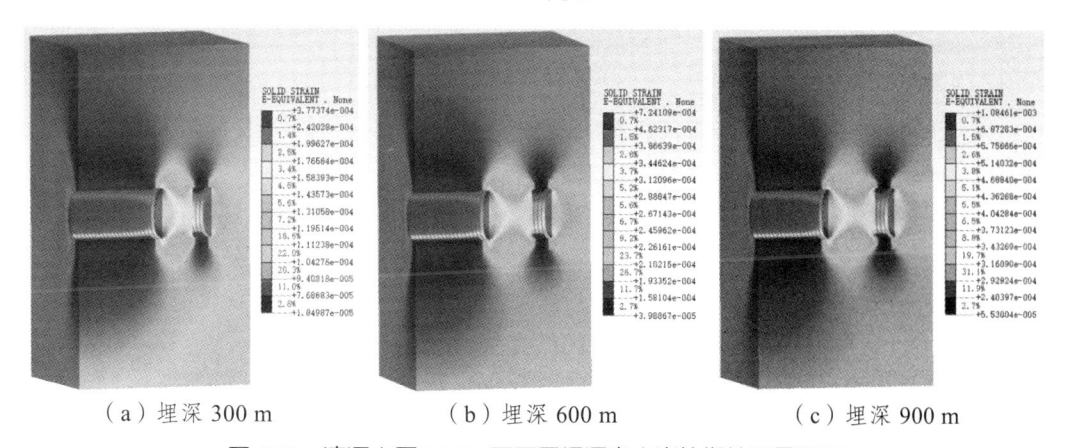

(a) 埋深 300 m　　　　　(b) 埋深 600 m　　　　　(c) 埋深 900 m

图 5-32　溶洞水压 3 MPa 下不同埋深安全岩柱塑性区贯通图

由图 5-30～5-32 可知，水压 2 MPa，隧道埋深分别为 300 m、600 m、900 m 时，塑性区贯通时安全岩柱厚度分别为 7 m、8 m、9 m；水压 2.5 MPa，隧道埋深分别为 300 m、600 m、900 m 时，塑性区贯通时安全岩柱厚度分别为 8 m、10 m、11 m；水压 3 MPa，隧道埋深分别为 300 m、600 m、900 m 时，塑性区贯通时安全岩柱厚度分别为 9 m、11 m、12 m。由此可得，安全岩柱厚度随隧道埋深和溶洞水压的增大而增加。

溶洞水压分别为 2 MPa、2.5 MPa、3 MPa 时，各埋深下安全岩柱塑性区贯通时掌子面塑性区分布情况如图 5-33～5-35 所示。分析不同埋深和溶洞水压下隧道内塑性应变区域，可以看出，不同水压和不同埋深下，隧道中塑性应变较大部位均为隧道拱腰和掌子面处，其中掌子面处拱顶和仰拱塑性应变值最大，掌子面中心位置最小，且塑性应变值从拱顶和仰拱依次向掌子面中心处递减。

(a) 埋深 300 m　　(b) 埋深 600 m　　(c) 埋深 900 m

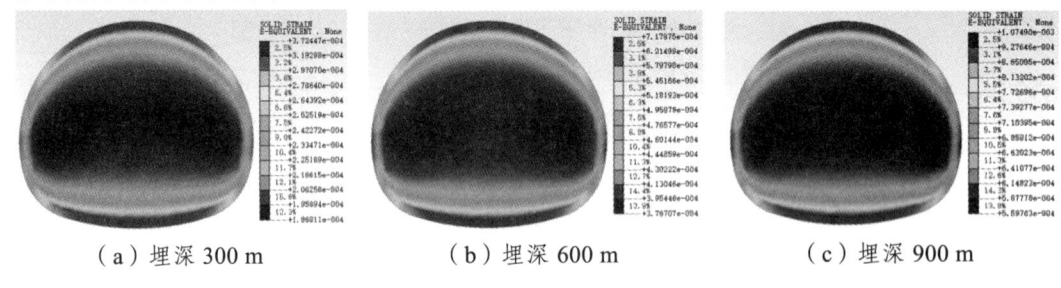

图 5-33　溶洞水压 2 MPa 下不同埋深安全岩柱塑性区贯通时掌子面塑性区分布图

(a) 埋深 300 m　　(b) 埋深 600 m　　(c) 埋深 900 m

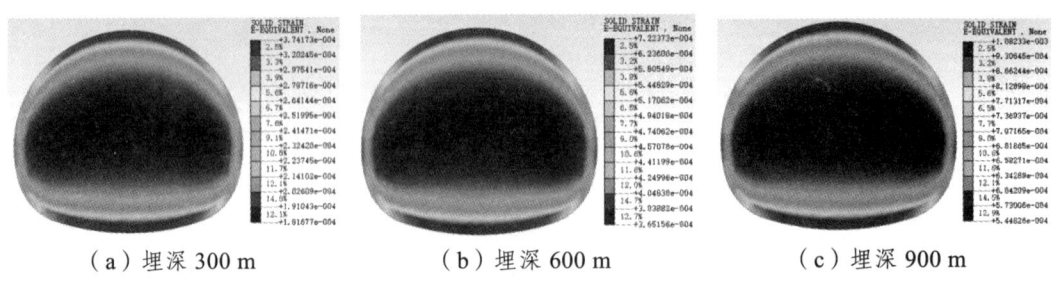

图 5-34　溶洞水压 2.5 MPa 下不同埋深安全岩柱塑性区贯通时掌子面塑性区分布图

(a) 埋深 300 m　　(b) 埋深 600 m　　(c) 埋深 900 m

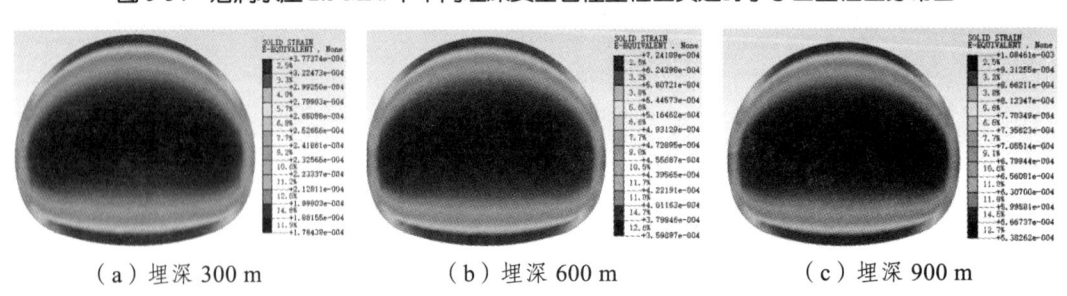

图 5-35　溶洞水压 3 MPa 下不同埋深安全岩柱塑性区贯通时掌子面塑性区分布图

分析塑性应变随隧道埋深和溶洞水压的变化情况，由图 5-33~5-35 可知，水压 2 MPa 时，300 m、600 m、900 m 各埋深下，掌子面塑性应变最大值分别为 0.000 372、0.000 718、0.001 07，两阶段塑性应变增长率约为 93.01%和 49.03%；溶洞水压 2.5 MPa 时，300 m、600 m、900 m 各埋深下，掌子面塑性应变最大值分别为 0.000 374、0.000 722、0.001 08，两阶段塑性应变增长率约为 93.05%和 49.58%；溶洞水压 3 MPa 时，300 m、600 m、900 m 各埋深下，掌子面塑性应变最大值分别为 0.000 377、0.000 724、0.001 08，两阶段塑性应变增长率约为 92.04%和 49.17%。

由此可得，溶洞水压一定时，随着埋深增加，各部位塑性应变值也相应增大，且随着埋深越大，掌子面塑性应变增长速率越小，埋深由 300 m 增加至 600 m 掌子面塑性应变增长率约为埋深由 600 m 增加至 900 m 掌子面塑性应变增长率的 2 倍。隧道埋深一定时，随溶洞水压增大，各部位塑性应变值虽也相应增大，但增大幅度较小，仅为 1%左右，基本可视为不变。

5.4.3 掌子面纵向位移分析

溶洞水压为 2 MPa、2.5 MPa、3 MPa 时不同埋深下掌子面发生位移突变时纵向位移云图如图 5-36、图 5-38、图 5-40 所示。以掌子面中心位置作为监测点，监测各开挖阶段掌子面纵向位移，绘制掌子面纵向位移与溶洞距掌子面距离曲线，如图 5-37、图 5-39、图 5-41 所示。

（a）埋深 300 m　　　　（b）埋深 600 m　　　　（c）埋深 900 m

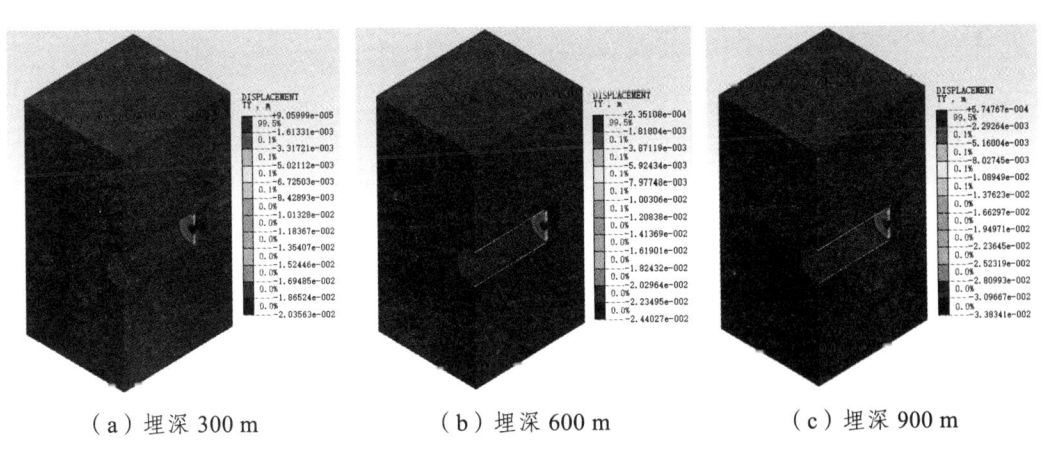

图 5-36　溶洞水压 2 MPa 时掌子面位移突变时不同埋深掌子面纵向位移云图

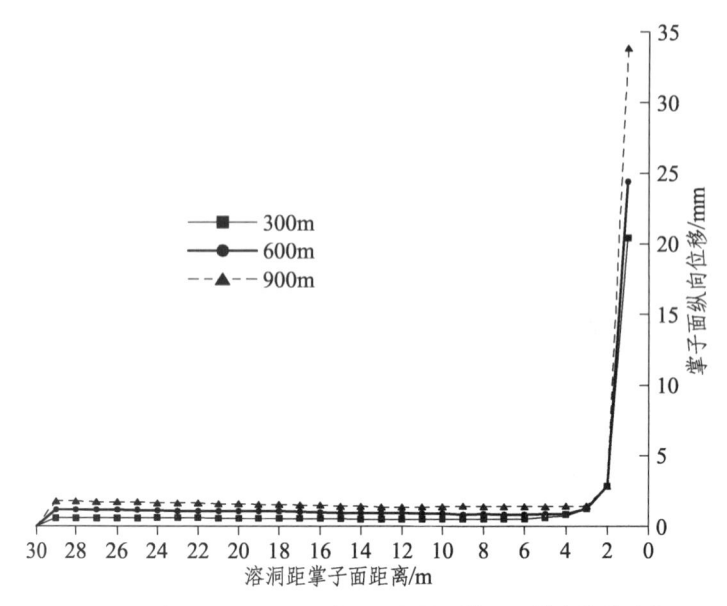

图 5-37 溶洞水压 2 MPa 时不同埋深下掌子面纵向位移变化

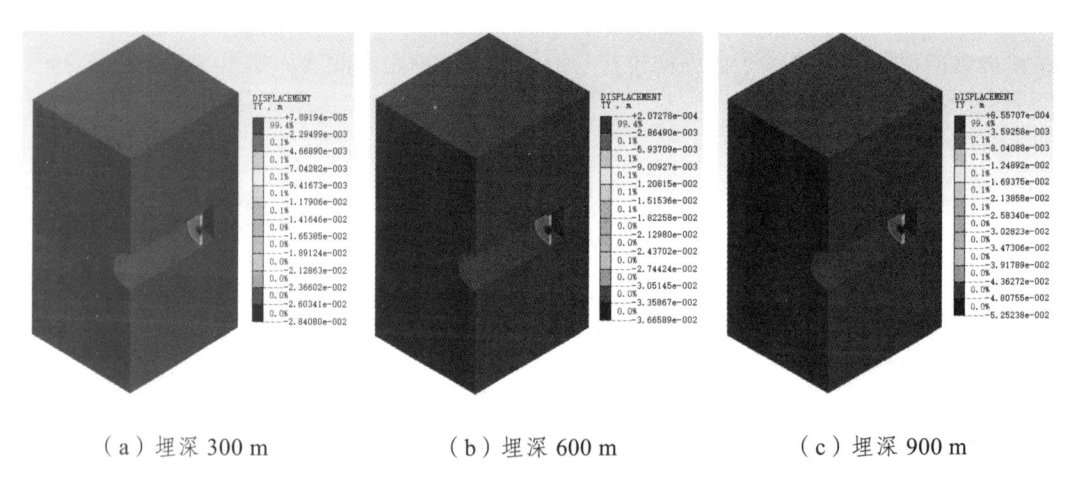

(a) 埋深 300 m　　　　(b) 埋深 600 m　　　　(c) 埋深 900 m

图 5-38 溶洞水压 2.5 MPa 时掌子面位移突变时不同埋深掌子面纵向位移云图

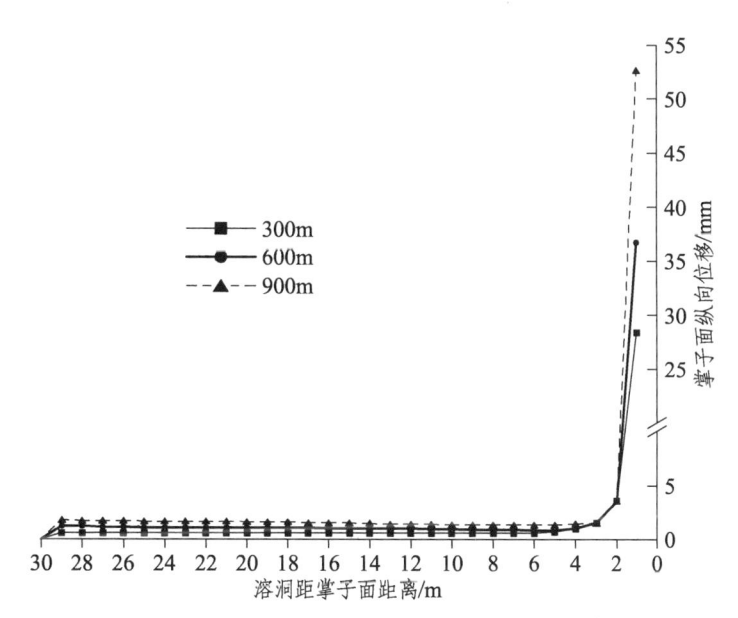

第5章 营盘山隧道富水岩溶段开挖安全岩柱确定

图 5-39 溶洞水压为 2.5 MPa 时不同埋深下掌子面纵向位移变化

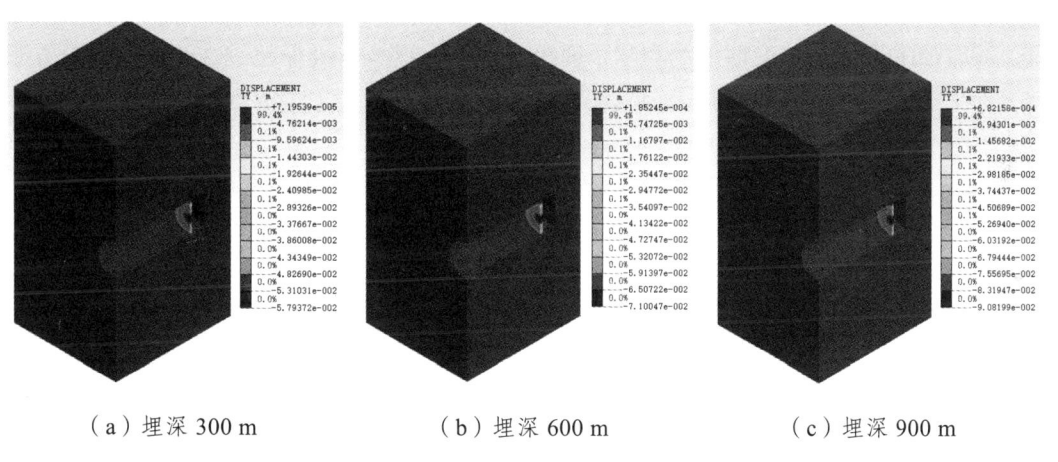

(a) 埋深 300 m

(b) 埋深 600 m

(c) 埋深 900 m

图 5-40 溶洞水压 3 MPa 时掌子面位移突变时不同埋深掌子面纵向位移云图

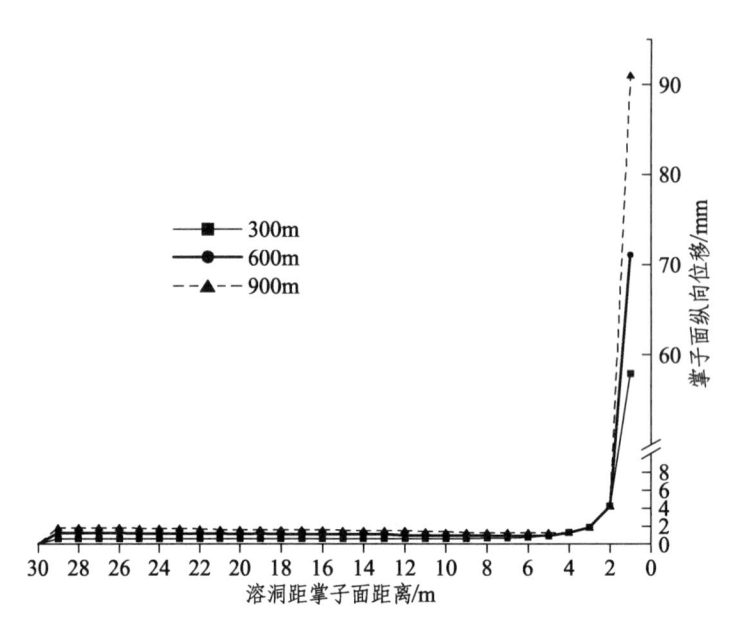

图 5-41　溶洞水压为 3 MPa 时不同埋深下掌子面纵向位移变化

由图 5-37、图 5-39、图 5-41 可知，受围岩力学性质影响，在各溶洞水压及埋深状态下，掌子面位移发生突变时溶洞和掌子面距离均在 1~4 m，埋深超过 200 m 的埋深条件下受制于地层结构法计算精度及收敛影响，若设置较小开挖步距则模拟计算量将急剧增加，因此，可采用数值模拟结果结合位移突变准则的方法，对掌子面发生位移突变时安全岩柱厚度进行精确判断。

由数值分析结果可知，溶洞距掌子面距离大于 10 m 时，掌子面纵向位移基本保持不变，因此，根据不同埋深下掌子面纵向位移变化，在溶洞距掌子面 1~10 m 内截取各监测点纵向位移，为精准确定掌子面位移突变位置，临近溶洞方向循环步距设为 0.1 m，根据式（5-7）（5-8）（5-9）构建掌子面纵向位移与溶洞距掌子面距离函数，通过式（5-10）（5-11）计算平衡曲面方程各指标，判断掌子面是否发生失稳，当掌子面失稳时对掌子面纵向位移变化曲线与平衡曲面方程进行拟合，对结果精确性进行验证。

掌子面位移突变计算结果见表 5-8，由于篇幅有限，本节仅截取掌子面位移突变时掌子面距溶洞距离以及与其相邻部分组计算数据。表中 P 为溶洞水压（MPa），H 为隧道埋深（m），D 为掌子面距溶洞距离（m），其余变量为位移突变准则公式各量。

第5章 营盘山隧道富水岩溶段开挖安全岩柱确定

表 5-8 基于位移突变准则掌子面位移突变计算表

P	H	D	a1	a2	a3	a4	u	v	d
2	300	3	−108.645	52.365	−6.524	0.367	−5.469	7.625	383.745
		2	−136.345	63.542	−12.785	0.515	−3.484	4.967	153.642
		1.9	−163.754	80.346	−18.632	0.945	−3.532	4.066	32.563
		1.8	−242.029	109.660	−21.398	1.518	−2.262	−0.379	−88.764
	600	3	−6.394	1.653	−0.186	0.008	−3.048	4.627	351.434
		2	−9.400	2.520	−0.293	0.013	−3.122	4.262	77.997
		1.9	−51.834	19.135	−3.061	0.179	−2.855	−0.897	−164.56
	900	3	−0.057	0.018	−0.002	0.001	−13.625	−27.656	416.051
		2.3	−0.365	0.288	−0.043	0.006	−5.347	−7.325	169.876
		2.2	−6.437	1.377	−0.355	0.014	−3.421	−3.895	89.351
		2.1	−12.781	4.020	−0.551	0.028	−2.480	0.838	−103.03
2.5	300	3	−5.004	1.141	−0.118	0.005	3.603	−3.963	798.127
		2.4	−7.215	1.896	−0.205	0.010	3.125	−3.126	529.703
		2.3	−9.845	2.458	−0.352	0.017	2.236	−1.215	129.360
		2.2	−13.403	3.702	−0.453	0.021	−0.491	−0.156	−0.294
	600	3	−4.920	1.127	−0.115	0.004	0.850	4.518	556.090
		2.8	−8.546	2.346	−0.382	0.010	2.368	−1.565	165.388
		2.7	−16.875	4.562	−0.575	0.017	−1.588	−1.269	11.446
		2.6	−20.250	5.933	−0.764	0.036	−2.280	−1.857	−1.425
	900	3	−2.880	0.734	−0.081	0.003	−6.309	−9.971	675.152
		2.9	−13.544	3.246	−0.487	0.012	2.513	2.896	99.607
		2.8	−19.402	5.875	−0.772	0.037	−3.588	−0.224	−368.26
3	300	4	−3.043	0.582	−0.050	0.002	6.751	−2.432	2 621.59
		3.3	−5.412	0.934	−0.089	0.003	3.113	−1.036	270.202
		3.2	−8.216	1.544	−0.158	0.007	−2.312	1.988	7.851
		3.1	−9.842	2.209	−0.219	0.008	−2.079	−1.371	−21.095
	600	4	−2.537	0.478	−0.040	0.001	0.006	4.832	630.339
		3.5	−10.364	1.983	−0.269	0.009	1.026	−2.34	156.472
		3.4	−16.346	2.964	−0.412	0.016	−3.125	−3.259	42.482
		3.3	−19.074	4.754	−0.521	0.021	−2.804	−1.794	−89.556
	900	4	−1.355	0.256	−0.021	0.003	−2.642	3.010	97.106
		3.9	−3.018	0.658	−0.063	0.002	−3.024	0.575	−212.25

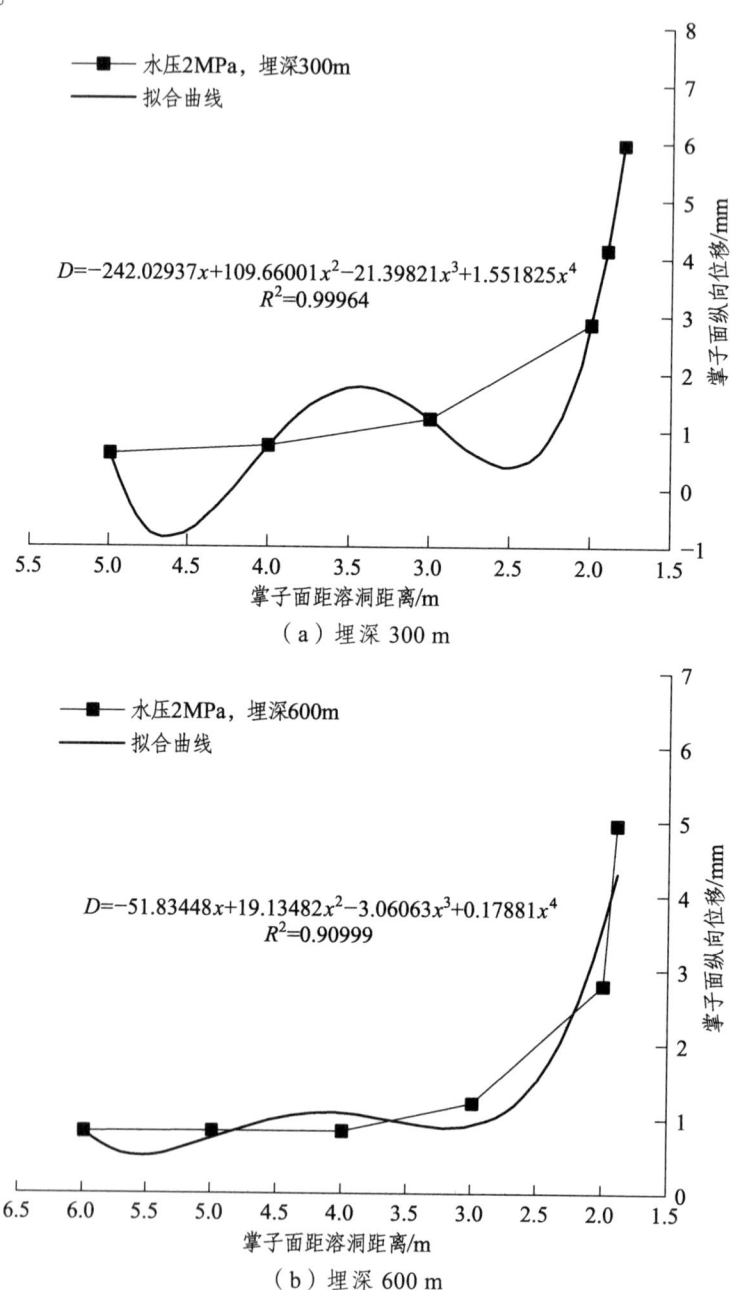

掌子面失稳时不同水压及不同埋深下掌子面纵向位移与平衡曲面方程拟合曲线如图 5-42～5-44 所示。掌子面纵向位移与平衡曲面方程拟合曲线拟合精确度均大于 0.9，拟合结果较准确。

$D=-242.02937x+109.66001x^2-21.39821x^3+1.551825x^4$
$R^2=0.99964$

（a）埋深 300 m

$D=-51.83448x+19.13482x^2-3.06063x^3+0.17881x^4$
$R^2=0.90999$

（b）埋深 600 m

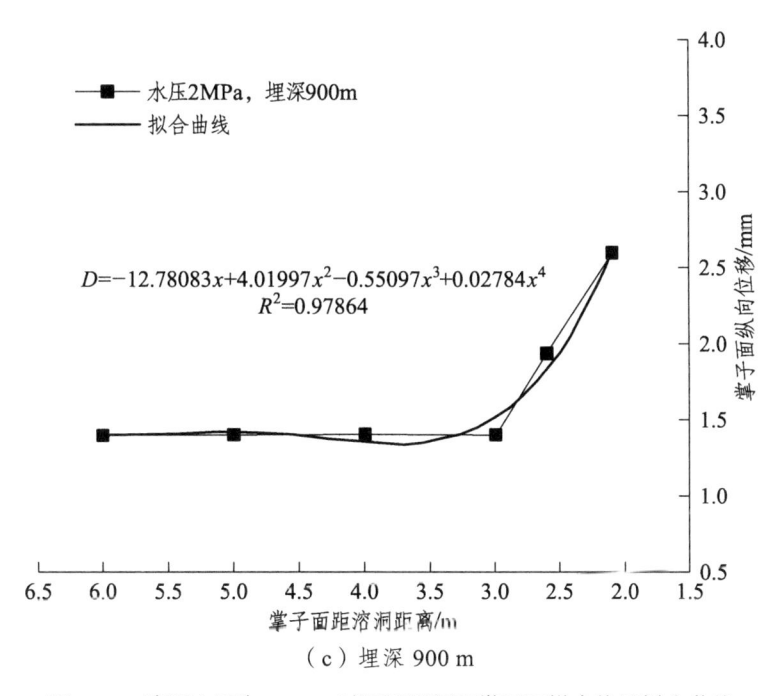

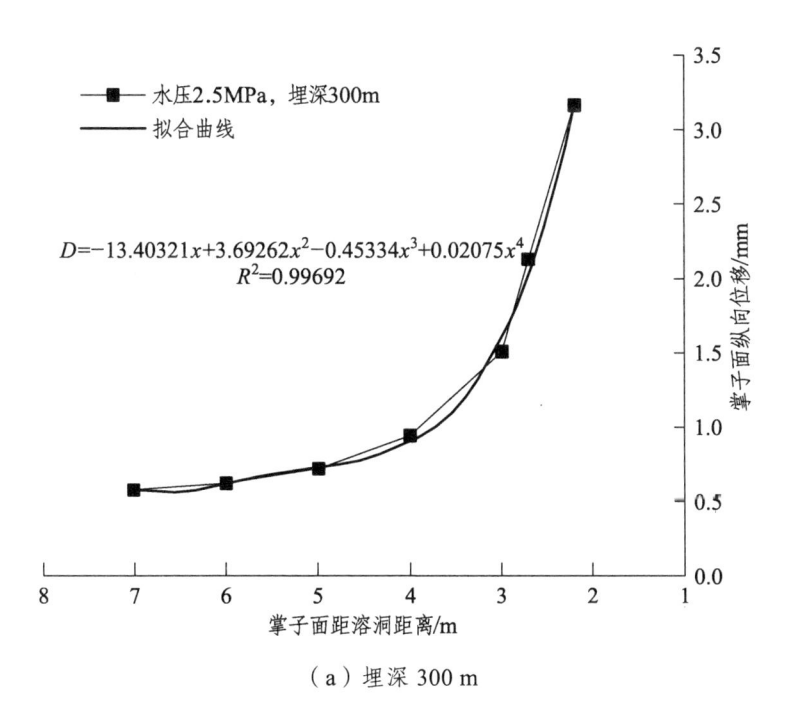

$D=-12.78083x+4.01997x^2-0.55097x^3+0.02784x^4$
$R^2=0.97864$

（c）埋深 900 m

图 5-42　溶洞水压为 2 MPa 时不同埋深下掌子面纵向位移拟合曲线

$D=-13.40321x+3.69262x^2-0.45334x^3+0.02075x^4$
$R^2=0.99692$

（a）埋深 300 m

(b) 埋深 600 m

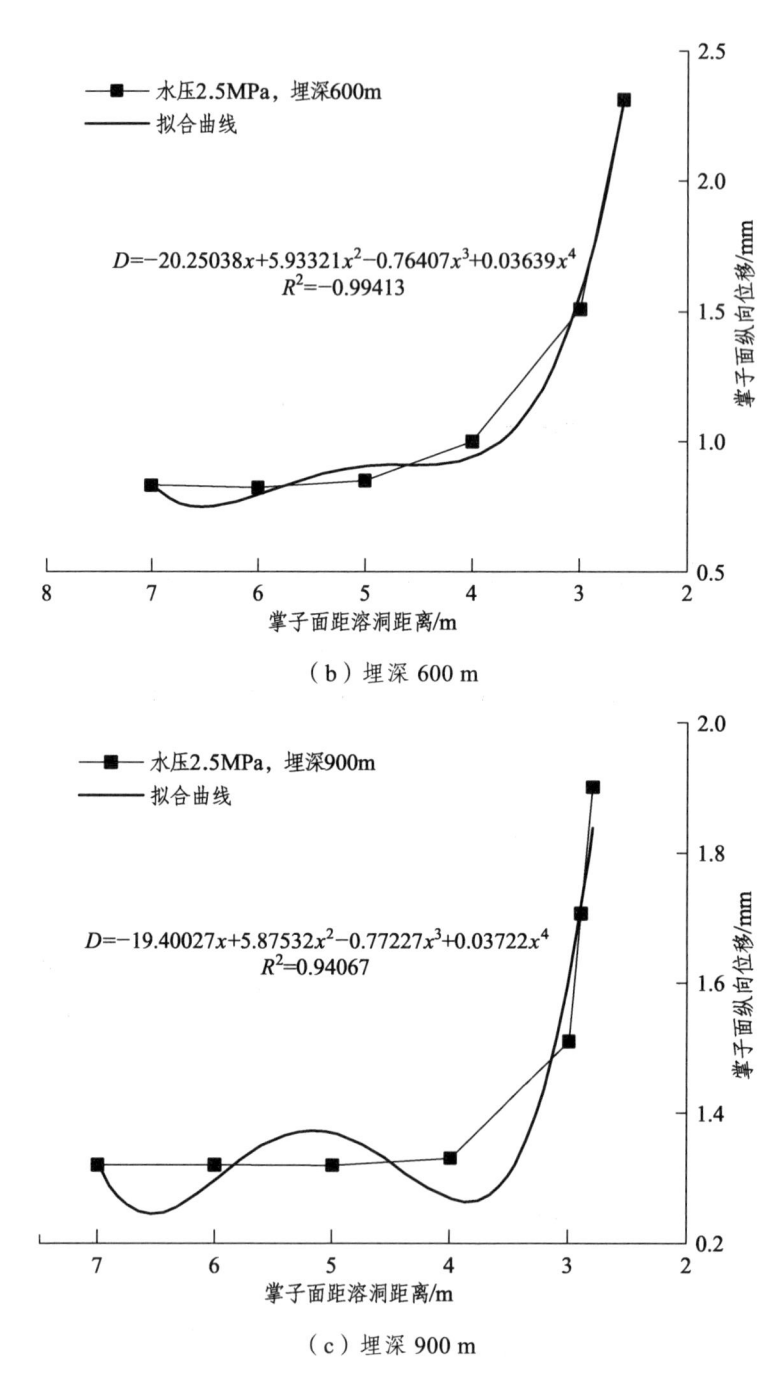

$D=-20.25038x+5.93321x^2-0.76407x^3+0.03639x^4$
$R^2=-0.99413$

(c) 埋深 900 m

$D=-19.40027x+5.87532x^2-0.77227x^3+0.03722x^4$
$R^2=0.94067$

图 5-43　溶洞水压为 2.5 MPa 时不同埋深下掌子面纵向位移拟合曲线

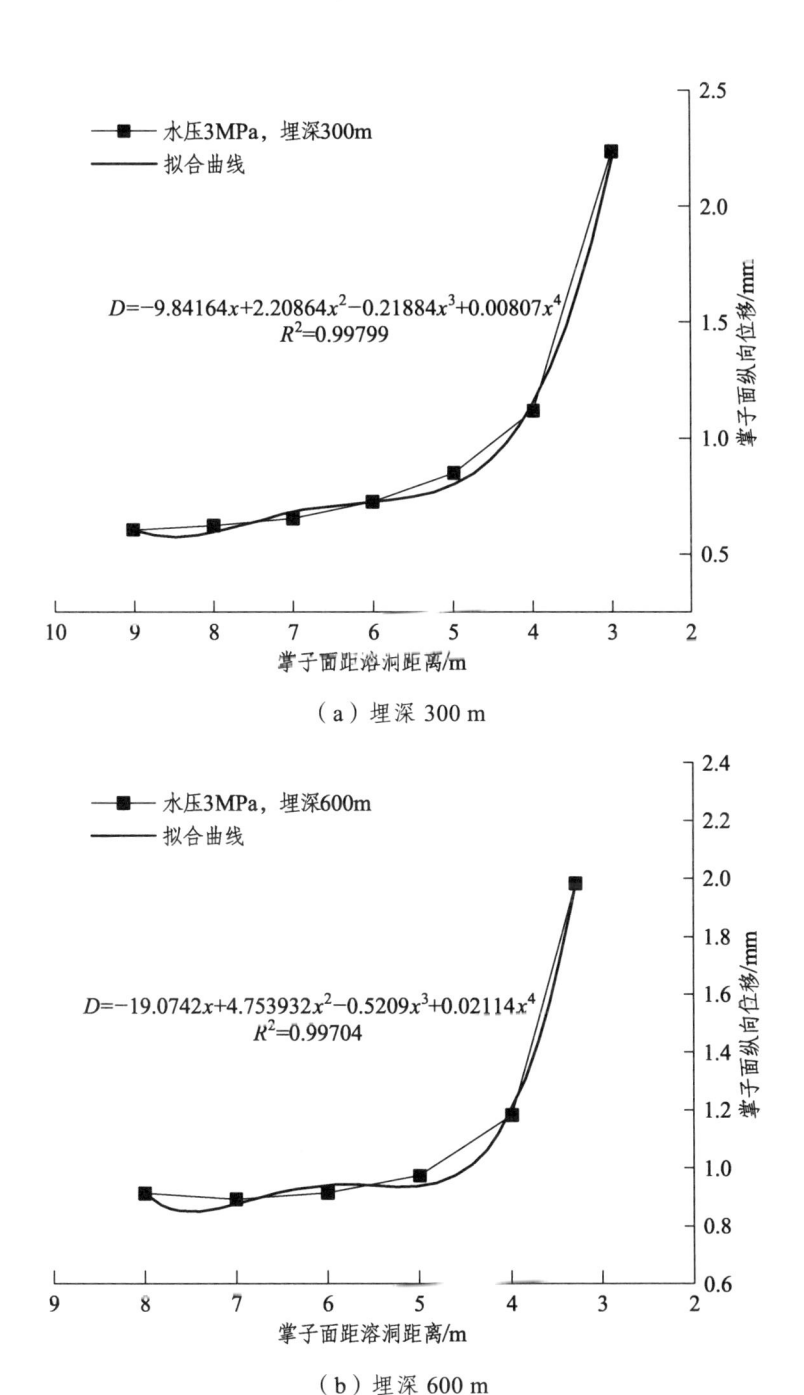

第5章 营盘山隧道富水岩溶段开挖安全岩柱确定

$D=-9.84164x+2.20864x^2-0.21884x^3+0.00807x^4$
$R^2=0.99799$

（a）埋深 300 m

$D=-19.0742x+4.753932x^2-0.5209x^3+0.02114x^4$
$R^2=0.99704$

（b）埋深 600 m

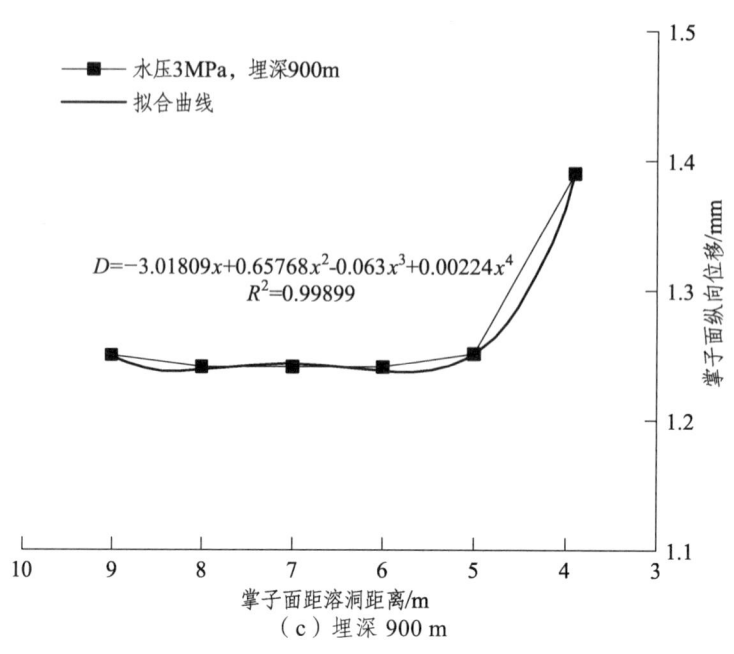

$$D=-3.01809x+0.65768x^2-0.063x^3+0.00224x^4$$
$$R^2=0.99899$$

图 5-44　溶洞水压为 3 MPa 时不同埋深下掌子面纵向位移拟合曲线

根据位移突变准则，溶洞水压为 2 MPa 时，位移突变后，埋深 300 m，安全岩柱厚度为 1.8 m；埋深 600 m，安全岩柱厚度为 1.9 m；埋深 900 m 时，安全岩柱厚度为 2.1 m。溶洞水压为 2.5 MPa 时，位移突变后，埋深 300 m，安全岩柱厚度为 2.2 m；埋深 600 m，安全岩柱厚度为 2.6 m；埋深 900 m，安全岩柱厚度为 2.8 m。溶洞水压为 3 MPa 时，位移突变后，埋深 300 m，安全岩柱厚度为 3.1 m；埋深 600 m，安全岩柱厚度为 3.3 m；埋深 900 m，安全岩柱厚度为 3.9 m。安全岩柱厚度随溶洞水压和隧道埋深的增加而增大。

塑性区贯通准则及位移突变准则下安全岩柱厚度对比如表 5-9 所示，对比可得两种准则下安全岩柱厚度均随溶洞水压和隧道埋深的增加而增大。各埋深及溶洞水压下位移突变准则所得安全岩柱厚度值均小于塑性区贯通准则所得安全岩柱厚度，最小安全岩柱厚度区间则介于两者之间。

表 5-9　不同溶洞水压及埋深下隧道安全岩柱厚度

溶洞水压/MPa	隧道埋深/m	位移突变准则下安全岩柱厚度/m	塑性区贯通准则下安全岩柱厚度/m	最小安全岩柱厚度区间/m
2	300	1.8	7.0	1.8～7.0
2	600	1.9	8.0	1.9～8.0
2	900	2.1	9.0	2.1～9.0

续表

溶洞水压/MPa	隧道埋深/m	位移突变准则下安全岩柱厚度/m	塑性区贯通准则下安全岩柱厚度/m	最小安全岩柱厚度区间/m
2.5	300	2.2	8.0	2.2～8.0
	600	2.6	10.0	2.6～10.0
	900	2.8	11.0	2.8～11.0
3	300	3.1	9.0	3.1～9.0
	600	3.3	11.0	3.3～11.0
	900	3.9	12.0	3.9～12.0

掌子面失稳时不同埋深及水压下纵向位移变化曲线如图 5-45 所示。

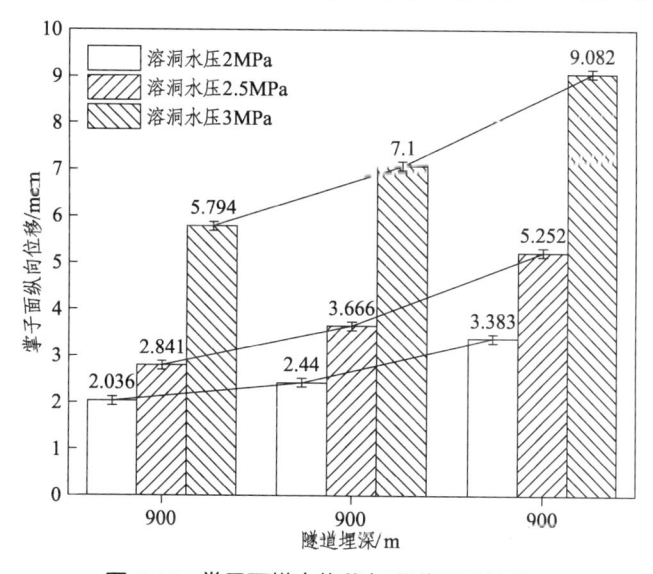

图 5-45 掌子面纵向位移与隧道埋深关系图

由图 5-45 可知，溶洞水压为 2 MPa 时，位移突变后，埋深 300 m 时，掌子面纵向位移为 2.036 cm，埋深 600 m 时，掌子面纵向位移为 2.440 cm，埋深 900 m 时，掌子面纵向位移为 3.383 cm；溶洞水压为 2.5 MPa 时，位移突变后，埋深 300 m 时，掌子面纵向位移为 2.841 cm，埋深 600 m 时，掌子面纵向位移为 3.666 cm，埋深 900 m 时，掌子面纵向位移为 5.252 cm；溶洞水压为 3 MPa 时，位移突变后，埋深 300 m 时，掌子面纵向位移为 5.794 cm，埋深 600 m 时，掌子面纵向位移为 7.100 cm，埋深 900 m 时，掌子面纵向位移为 9.082 cm。

综上可得：随着埋深增加，掌子面纵向位移也增加，且隧道埋深越大，掌子面纵向位移增幅也越大。埋深相同情况下，溶洞水压越大，掌子面纵向位移越大，且水压由 2.5 MPa 增加到 3 MPa 时掌子面纵向位移增幅大于水压由 2 MPa 增加到 2.5 MPa 时掌子面纵向位移增幅。

第6章 隧道长期浸水后隧道稳定性评价

营盘山隧道斜井高差近 150 m，左线正洞 ZK26+188 处掌子面发生涌水涌泥灾害后，正洞及斜井迅速被淹，且斜井洞口处不断有水涌出。虽对营盘山隧道涌水涌泥灾害施作一定处治措施，斜井洞口出水量减少，但斜井及正洞内仍存在大量积水，严重影响工程进度。针对上述情况，本章以营盘山隧道左线正洞及斜井洞内积水为工程背景，运用数值模拟方法分析隧道涌水前后、隧道积水、隧道分阶段排水及隧道内积水期间主洞及斜井部分初支脱落五个阶段隧道稳定性情况，为营盘山隧道排水提供技术支持。

6.1 分析模型

取营盘山隧道左线主洞 ZK26+188 涌水位置及排风井（送风井未与主洞贯通）涌水后积水段进行建模。主洞右线虽开挖一段距离，但其开挖方向及洞周附近并未发现溶洞，因此在建模时不予考虑。由图 6.1 可知，斜井及主洞大部分已开挖段未及时施作二衬，隧道内即发生涌水灾害。虽建模选取段主洞一部分已施作二衬，但距离斜井与主洞交叉连接处较远，因此建模时只考虑初支，不考虑二衬。

采用大型有限元软件 MIDDAS GTS NX 进行建模分析，具体模型尺寸为 300 m×100 m×300 m。模型中主洞长 50 m。斜井长 332 m，高差 40 m。底端斜井长 20 m，两端高差为 0。斜井宽 8 m，高 6.40 m，斜井断面如图 6-1 所示。

斜井进洞方向与左线主洞 ZK26+188 开挖方向在 XY 平面投影角度为 50°。斜井采用直墙式隧道断面。斜井与主洞连接处为正交连接。主洞断面与第 4 章中隧道断面一致，主洞与斜井均采用全断面法开挖。斜井与隧道连接形式及计算模型如图 6-2 所示。

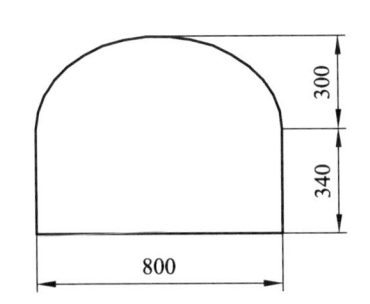

图 6-1 斜井断面图（单位：cm）

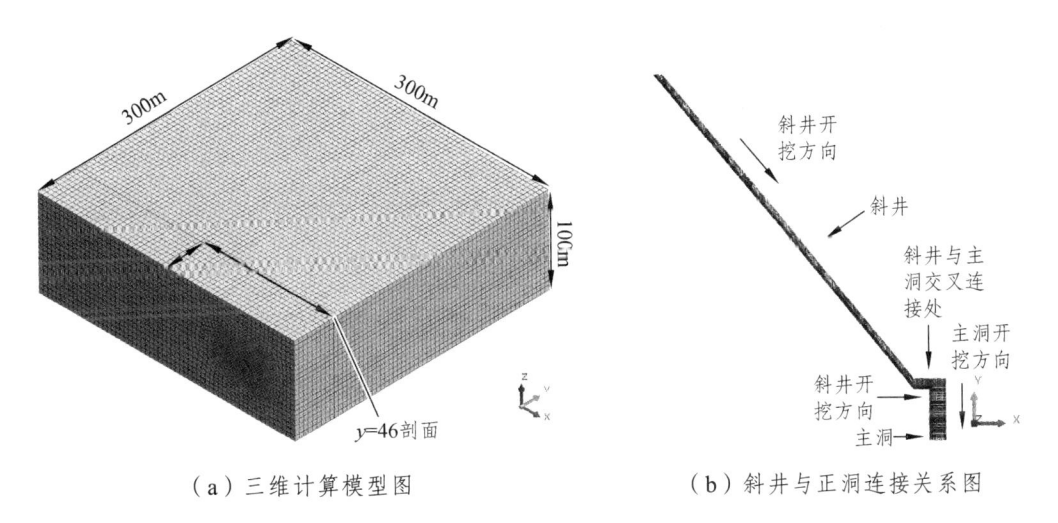

(a) 三维计算模型图　　　　(b) 斜井与正洞连接关系图

图 6-2 计算模型图

隧道埋深 200 m，模型上边界距主洞拱顶为 48 m，其余埋深以自重压力形式施加在模型顶面。

6.1.1 边界条件

1. 位移边界

在模型前、后、左、右、下边界施加法向位移约束，模型上边界为自由边界，不施加位移约束。

2. 渗流边界

与第 4 章中模型渗流边界相同，不考虑因斜井及主洞开挖导致地下水位下降等问题，即地表水供给量大于隧道开挖的排水量。左线主洞前方出现溶洞导致主洞及斜井涌水、积水。模拟时运用静水压模拟洞内水压。洞内水压由主洞仰拱处向斜井洞口处沿竖直方向线性递减。除3.4节外，隧道积水后主洞仰拱处水压均为1.5 MPa。

6.1.2 隧道涌、积、排水过程模拟

营盘山隧道涌水发生过程非常短暂，从人员及设备完全撤离到隧道内涌水涌出斜井口，仅用时不到1天。此后2#斜井及主洞长期处于被淹状态。斜井、斜井与主洞交叉连接处及主洞均只施加初支，初支厚20 cm。初支在施工时因施工工艺及所处富水环境导致初支强度及背后围岩挤压作用下初支渗透系数远大于C25混凝土原始渗透系数。掌子面围岩长期处于隧道积水状态下，其围岩强度力学损伤比较严重。

隧道围岩由于浸泡时间不同，其力学损伤程度亦不同。国内外学者对浸水岩石做了大量力学损伤试验，其中夏冬[39]以大水矿山为工程背景，根据广义Hoek-Brown准则对工程现场所取灰岩岩样进行不同浸水时间的力学损伤试验并对岩体损伤参数进行估算，得到不同浸水时间的岩石各项力学参数值。不同浸水时间围岩力学参数值如表6-1所示。

表6-1 大水矿山岩石（灰岩）不同涌水时间力学参数表

泡水时间	弹性模量/GPa	黏聚力/MPa	内摩擦角/°	泊松比
未浸泡	10.12	1.50	39.10	0.27
泡水1天	9.59	1.42	37.66	0.28
泡水7天	9.49	1.40	37.41	0.28
泡水14天	9.31	1.38	36.95	0.28
泡水30天	8.84	1.31	36.15	0.28
泡水60天	7.76	1.17	34.11	0.29
泡水90天	7.64	1.16	33.88	0.29

对表6-1中围岩各项力学参数进行回归方程拟合，并根据拟合曲线计算出泡水120天及泡水150天的围岩各项力学参数。大水矿山灰岩弹性模量、黏聚力、内摩擦角及泊松比拟合曲线如图6-3所示。

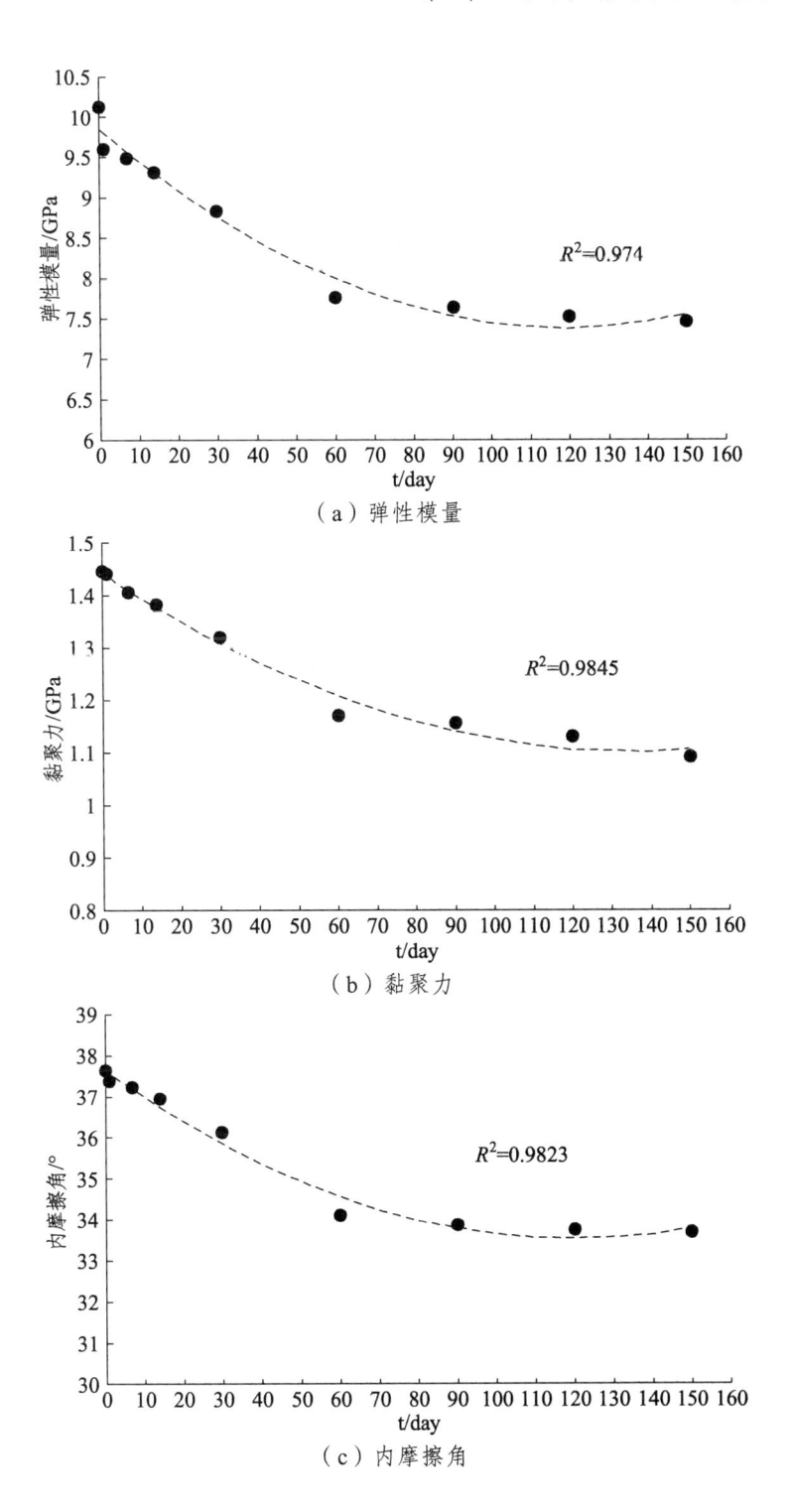

第6章 隧道长期浸水后隧道稳定性评价

(a) 弹性模量

(b) 黏聚力

(c) 内摩擦角

（d）泊松比

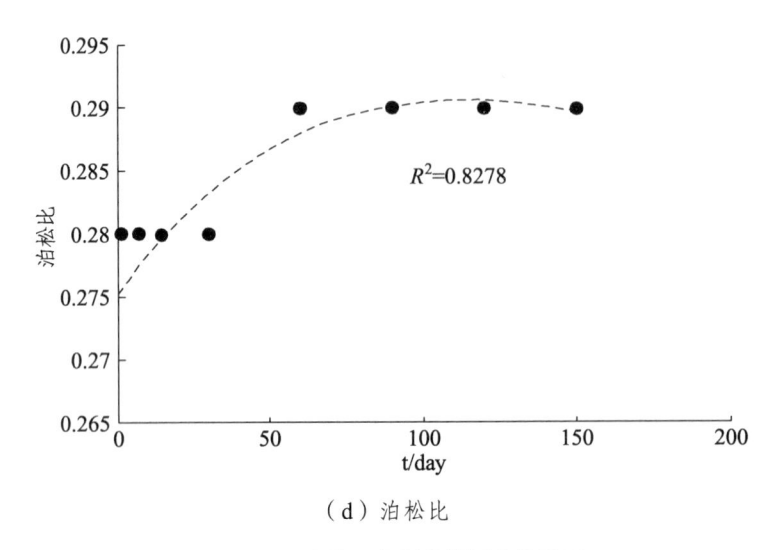

图 6-3　围岩物理力学参数拟合曲线图

以本项目第 4 章中围岩参数为基准，通过与大水矿山灰岩进行类比分析，得出营盘山隧址区围岩在不同泡水时间里的力学参数，营盘山隧址区围岩在不同泡水时间里的各项力学参数值如表 6-2 所示。

表 6-2　营盘山隧道不同泡水时间围岩力学参数表

泡水时间	弹性模量/GPa	泊松比	黏聚力/MPa	内摩擦角/°	泊松比
未浸泡	1.8	0.3	0.31	30	0.31
泡水 1 天	1.77	0.31	0.299	29.8	0.31
泡水 7 天	1.75	0.32	0.291	29.66	0.32
泡水 14 天	1.72	0.32	0.286	29.43	0.32
泡水 30 天	1.63	0.33	0.273	28.79	0.33
泡水 60 天	1.43	0.34	0.242	27.17	0.34
泡水 90 天	1.40	0.34	0.234	26.97	0.34
泡水 120 天	1.38	0.35	0.229	26.88	0.34
泡水 150 天	1.37	0.35	0.221	26.84	0.34

6.2 涌、排水前后隧道稳定性分析

6.2.1 围岩主应力分析

隧道涌水前后及排水后围岩最小主应力分布如图 6-4 所示。

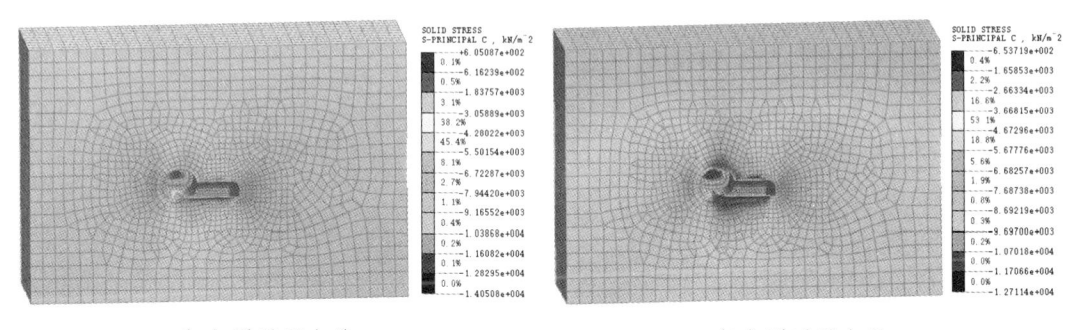

(a) 隧道涌水前　　　　　　　　(b) 隧道涌水后

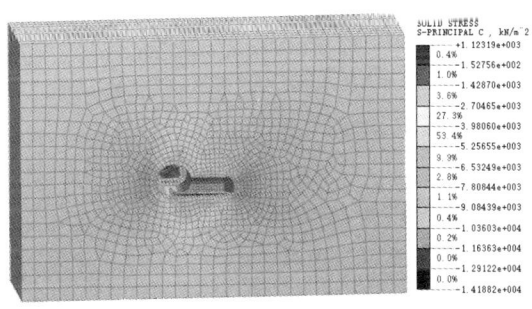

(c) 隧道排水后

图 6-4　隧道涌、排水前后围岩最小主应力云图（单位：kPa）

由图 6-4 可知，在隧道涌水之前，隧道围岩最大压应力在斜井与主洞交叉连接部位靠主洞一端拱腰处，最大压应力为 14.05 MPa。隧道内发生涌水后，由于洞内充水，有内水压力存在，隧道围岩压应力值有所降低，最大压应力值减小为 12.71 MPa，仍在拱腰部位。隧道排水之后，最大压应力值为 14.19 MPa，相比隧道涌水前有所增加，增加了 0.99%。

隧道内发生涌水灾害，主洞仰拱处水压高达 1.5 MPa。隧道排水之后，围岩强度在长时间浸水环境下相应降低，围岩各处压应力随围岩强度降低而有所增加，增加 1% 左右。由于初支存在约束围岩变形，围岩强度虽有所降低，但排水之后围岩压应力变化不大。

6.2.2 初支主应力分析

隧道涌水前后及排水后主洞、斜井与主洞交叉连接处、斜井部分初支最小主应力分

布如图 6-5 所示。

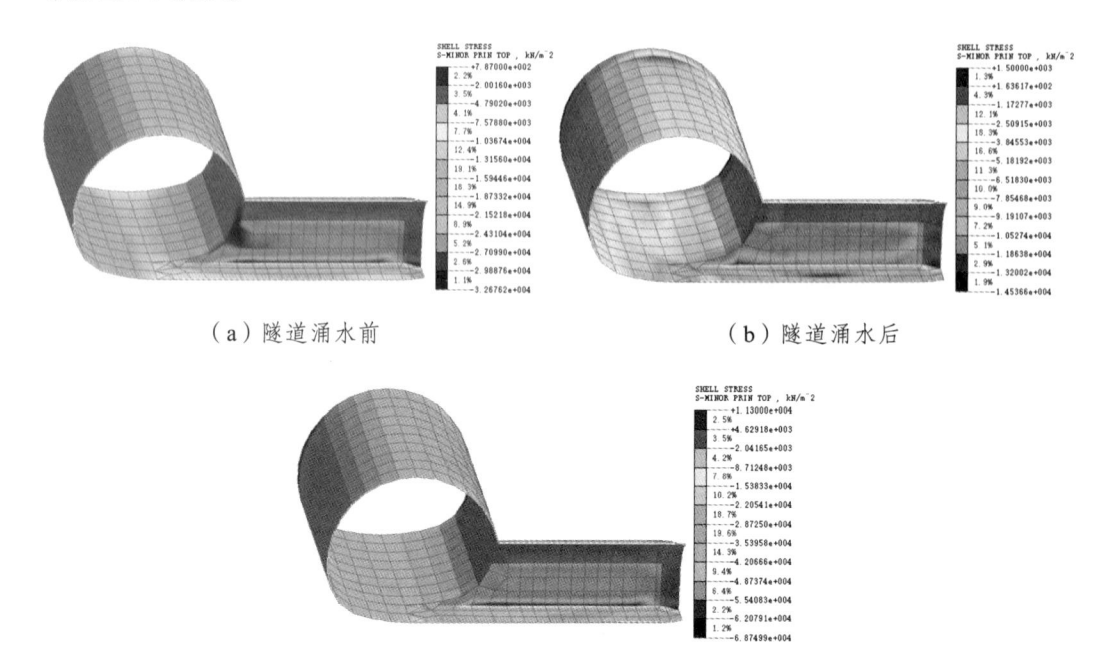

(a) 隧道涌水前

(b) 隧道涌水后

(c) 隧道排水后

图 6-5　隧道涌、排水前后初支最小主应力云图（单位：kPa）

由图 6-5 可知，隧道内涌水灾害发生前，主洞、斜井、斜井与隧道交叉连接处在各自拱腰处所受压应力为各自结构所受压应力最大处。且斜井与主洞交叉连接处最大压应力值已超过 C25 混凝土极限抗压强度，在此处应设置补强措施。

隧道内涌水灾害发生后，除斜井初支外，其余初支各处所受压应力均大幅下降，以主洞拱腰处为例，其由涌水前的 19 MPa 降低到 4.5 MPa 左右，可见隧道内积水有益于初支结构受力。斜井因采用"直墙式"洞径开挖，斜井仰拱处初支与斜井拱墙处初支并没有形成"环形封闭"。涌水灾害发生前，斜井仰拱处初支所受压应力显著大于主洞初支。涌水灾害发生后斜井仰拱处初支所受压应力较其余部位下降量较小。

隧道内排水后，初支各处所受压应力猛然增加，为未涌水前的 2～3 倍。涌水灾害发生前，斜井与主洞交叉连接处初支已处于混凝土破碎边缘。隧道内涌水，强大的水压力虽然改善初支受力环境，但隧道内的涌水也在强大水压下从初支开裂处渗入初支背后围岩，围岩开始浸水。围岩浸水时间增加，围岩强度相应降低，至隧道排水后，围岩已经历长时间的浸泡，其自承能力同样会减小。隧道排水后，强度降低后围岩在初支结构支撑下所受压应力并未发生大幅度增加，但初支所受压应力却较未涌水前发生了大幅度增长。

6.2.3 隧道洞周位移分析

隧道涌、积、排水前后围岩最小主应力分布如图 6-6 所示。

（a）隧道涌水前

（b）隧道涌水后

（c）隧道排水后

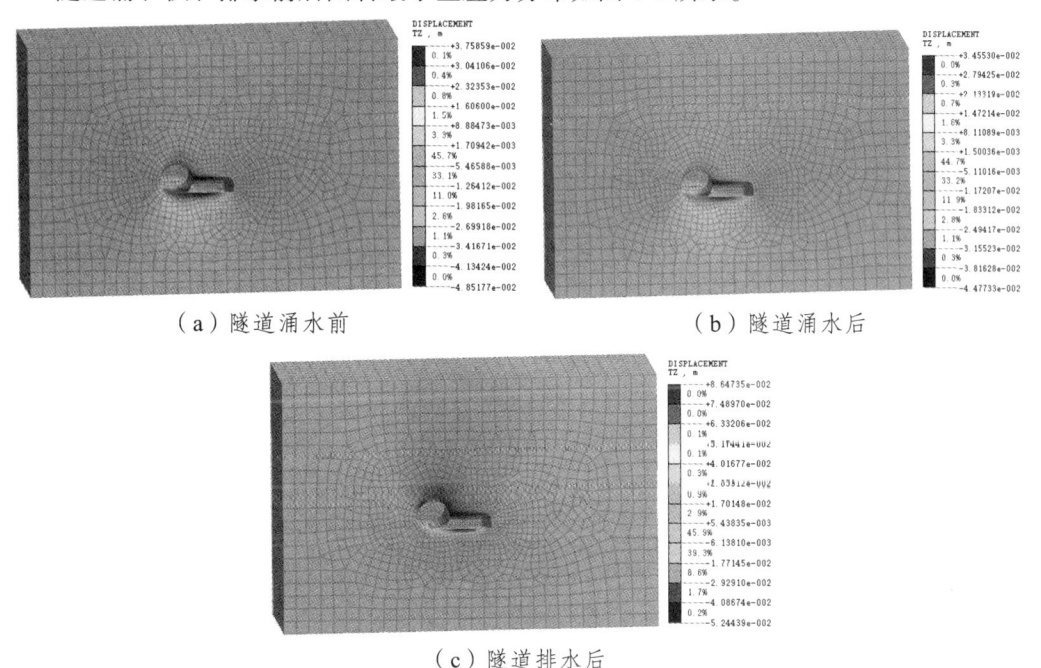

图 6-6　隧道涌、排水前后围岩竖直位移云图（单位：m）

如图 6-6 所示，隧道涌水前隧道内拱顶围岩沉降最大值位于斜井进主洞处，斜井断面与主洞断面连接处使初支不能"封闭成环"，最大沉降值为 4.85 cm。斜井与主洞交叉连接处较主洞、斜井仰拱处隆起量略大，隆起量为 3.75 cm。隧道内涌水后，隧道内各处拱顶沉降量和仰拱隆起量皆有所下降。最大沉降值为 4.47 cm，最大隆起值为 3.46 cm。分布位置与隧道未涌水之前相同，皆位于斜井与主洞交叉连接处。排水后隧道拱顶最大沉降量及发生沉降范围增大，最大沉降量为 5.24 cm，较涌水前增长 7.4%。隧道最大仰拱隆起部位与排水前两阶段不同，最大隆起量集中于斜井与隧道交叉连接部位仰拱处。隆起量为 8.65 cm，较涌水之前增长 131%。可见隧道内经过积水灾害之后，采用"直墙式"隧道断面仰拱隆起值变化较大，而土洞"马蹄形"隧道断面仰拱隆起值较小。

根据计算结果可知，隧道围岩在拱腰处水平位移最大。因斜井开挖方向、斜井与主洞交叉连接处开挖方向、主洞开挖方向不在同一方向，故选取主洞拱腰、斜井与主洞交叉连接处拱腰、斜井边墙提取其涌水前、涌水后、排水后各自水平位移，结果如图 6-7、6-8 所示。

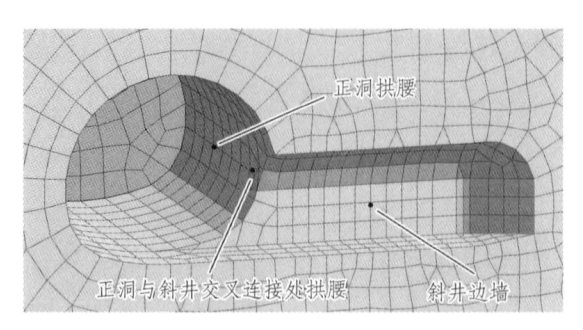

图 6-7　隧道各断面拱腰监测点布置图

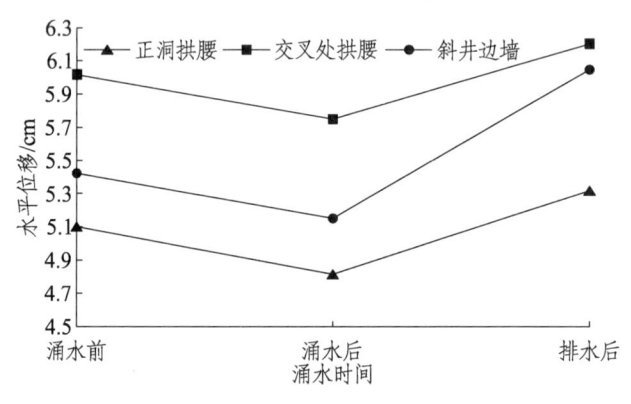

图 6-8　各监测点水平位移图

如图 6-8 所示,各监测点水平位移在隧道内发生涌水灾害后均不同程度地降低,隧道内排水工作完成后各监测点水平位移增幅较大,均超过涌水灾害发生前的水平位移量。

6.2.4　掌子面纵向位移分析

主洞掌子面在涌、积、排水过程中的纵向位移如图 6-9 所示。

（a）隧道涌水前　　　　（b）隧道涌水后　　　　（c）隧道排水后

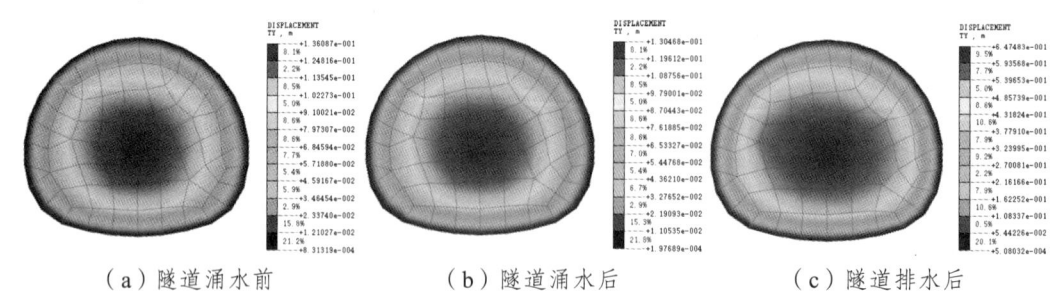

图 6-9　隧道涌、排水前后掌子面纵向位移云图（单位：m）

由图 6-9 可知,在隧道整个涌水、积水、排水过程中,主洞掌子面中心处为纵向位移最大处，涌水前掌子面中心纵向位移为 13.61 cm，涌水后为 13.05 cm，比涌水前的位移降低 4.11%。主洞掌子面围岩经长时间浸泡后强度降低、黏聚力下降。排水后掌子面中心纵向位移急剧增加，增至 64.74 cm，比隧道内涌水灾害发生前的纵向位移增加了 375.74%。因此，在隧道排水后应及时对主洞掌子面进行加固，防止排水后掌子面围岩出现局部塌方。

6.2.5 围岩塑性区分析

隧道涌水前、涌水后、排水后三个阶段围岩塑性区分布如图 6-10 所示。

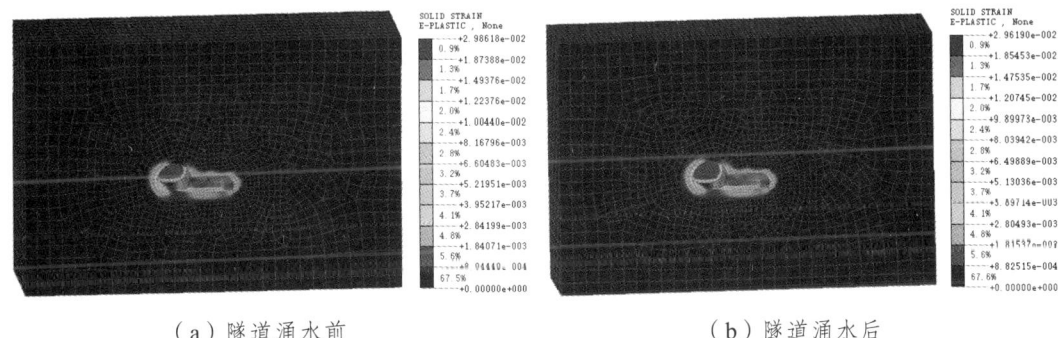

（a）隧道涌水前　　　　　　　　　　（b）隧道涌水后

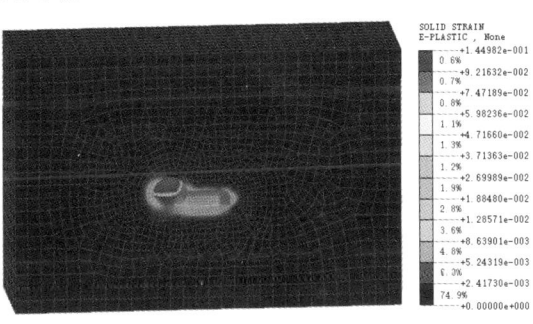

（c）隧道排水后

图 6-10　隧道涌、排水前后围岩塑性区分布图

如图 6-10 所示，围岩塑性区主要分布于掌子面处，主洞、斜井与主洞交叉连接处及斜井围岩各处。隧道涌水灾害发生前后，围岩塑性区分布及塑性应变值相差不大。围岩在开挖支护过程中便已产生塑性形变。隧道内发生涌水灾害，洞内水压虽能降低围岩形变量，但塑性变形是一种不可恢复变形，故涌水前后围岩塑性应变区域及最大塑性应变值相差不大。排水作业前主洞（两断面连接处）径向塑性深度范围为 2.98 m，位于拱腰处。"直墙式"斜井断面隧道最大径向塑性深度范围为 2.51 m，位于隧道底部。最大塑性应变值位于主洞掌子面中心处，最大塑性应变值为 0.029 9。隧道排水作业完成后，主洞

（两断面连接处）最大径向塑性深度范围增长较大，"直墙式"斜井断面隧道底部最大塑性应变范围增长至 3.62 m，最大塑性应变值仍位于掌子面中心处，增至 0.145。综上，可见隧道排水后，隧道安全性明显降低。

围岩由于长时间处于浸泡状态下，强度逐渐降低，隧道内进行排水作业后，围岩在无洞内高水压作用下其塑性应变范围及塑性应变值急剧增加，隧道处于相当危险的状态，故隧道排水后应对隧道进行适当加固。

通过分析得出：隧道发生涌水灾害后，隧道围岩、初支压应力，掌子面纵向位移，围岩洞周位移均不同程度地减小。隧道内长时间积水后进行排水作业，围岩应力变化明显，比隧道未发生涌水灾害前增加较多。在斜井与主洞连接处初支受力大，已超出混凝土极限抗压强度，应对其进行补强措施。

6.3 浸泡时间对隧道围岩稳定性影响分析

隧道涌、积水时间不同，隧道围岩稳定性亦有所不同。选取隧道内积水 1 天、积水 7 天、积水 14 天、积水 30 天、积水 60 天、积水 90 天、积水 120 天及积水 150 天共 8 种情况下隧道围岩浸泡后的物理力学参数值进行模拟，研究隧道内涌、积水灾害发生且持续时间不同对隧道稳定性的影响。

6.3.1 围岩主应力分析

通过汇总对比积水 1 天、积水 7 天、积水 15 天、积水 30 天、积水 60 天积水 90 天、积水 120 天及积水 150 天工况并进行分析，其中积水 30 天及积水 150 天的围岩主应力如图 6-11 所示。

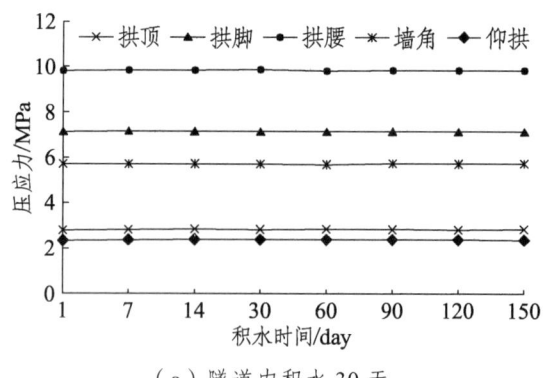

（a）隧道内积水 30 天

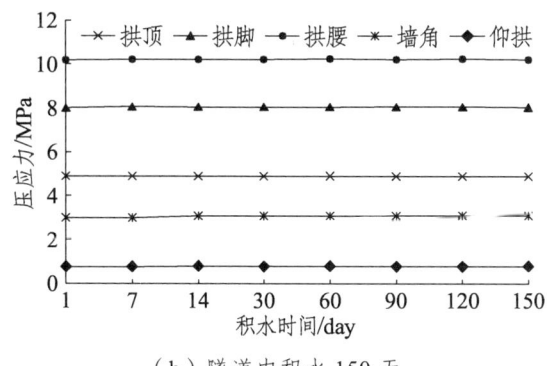

（b）隧道内积水 150 天

图 6-11　隧道积水不同时间围岩最小主应力图（单位：kPa）

如图 6-11 所示，隧道内发生涌水、积水后，隧道围岩在长时间浸泡环境下所受的压应力有所增加，但增幅不大，最大增加 1.34%，位置为斜井与主洞交叉连接拱腰处。围岩强度相应降低，其自承能力减小。由于隧道洞内水压力作用，围岩强度虽降低，但其压应力值增加不大。

研究主洞掌子面后 4 m 隧道断面及斜井距主洞 4 m 隧道断面拱顶、拱脚、边墙、墙角及仰拱五处主应力与积水时间的关系，结果如图 6-12 所示。

（a）主洞围岩与积水时间关系图　　（b）斜井围岩与积水时间关系图

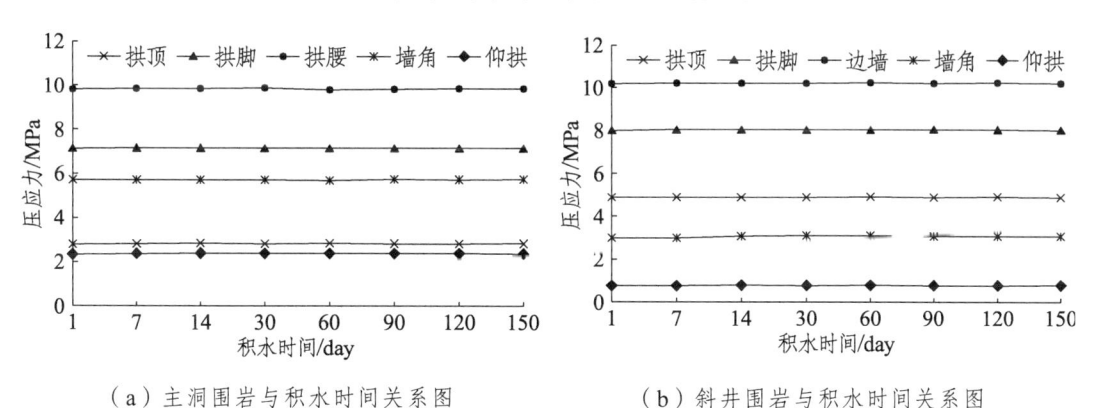

图 6-12　隧道围岩各位置压应力与积水时间关系图

隧道围岩长时间处于积水环境下，各位置压应力并未发生过于明显改变，以正洞拱腰处围岩为例，隧道内积水时间为 1 天时，其压应力值为 9.86 MPa，积水时间达到 150 天后，压应力值增长至 9.87 MPa，增长不足 1%。

在整个积水过程中，隧道主洞拱腰处与斜井边墙处压应力的数值为各自断面压应力最大值，均在 10 MPa 左右。由于隧道围岩在积水时间达到 60 天后其物理力学参数变化趋于稳定，隧道围岩压应力在积水 60 天后基本保持不变。以斜井边墙处围岩为例，在积水时间达到 150 天时，虽积水时间增加 90 天，但其压应力增量仅为涌水灾害发生后至积水 60 天这一过程增量的 23.74%。

6.3.2 初支主应力分析

与 6.3.1 小节相同，汇总对比分析积水 1 天、积水 7 天、积水 15 天、积水 30 天、积水 60 天、积水 90 天、积水 120 天及积水 150 天的工况，其中积水 30 天及积水 150 天初支主应力分布如图 6-13 所示。

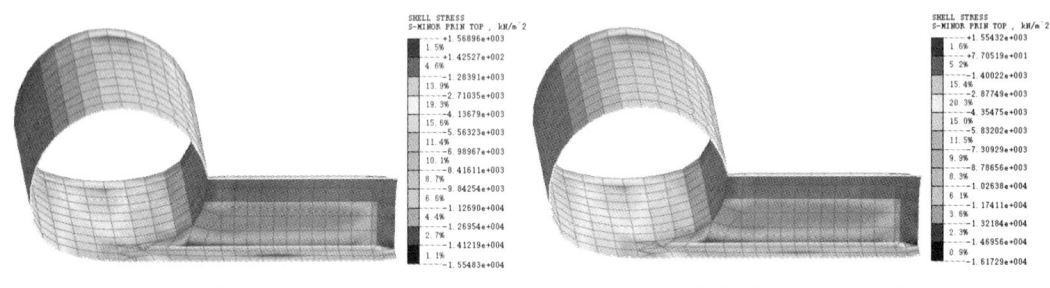

（a）隧道内积水 30 天　　　　　　（b）隧道内积水 150 天

图 6-13　隧道积水不同时间初支最小主应力云图（单位：kPa）

如图 6-13 所示，隧道内积水时间增加，初支背后围岩力学性能逐渐降低，初支所受压应力有所增加，但增加不大，增加 8.52%。与围岩压应力增长速率相比其增长较快。

研究正洞掌子面后 4 m 正洞断面及斜井距正洞 4 m 断面拱顶、拱脚、边墙、墙角及仰拱五处初支主应力与积水时间的关系，结果如图 6-14 所示。

隧道内涌水时间达到 60 天时，隧道围岩力学性能下降到一定值。涌水时间由 60 天增加到 150 天，初支所受压应力增加缓慢，初支逐渐稳定。

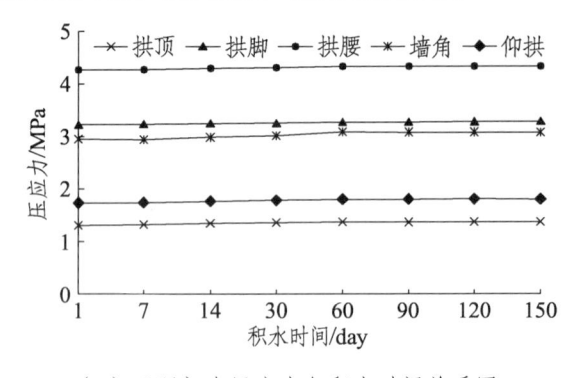

（a）正洞初支压应力与积水时间关系图

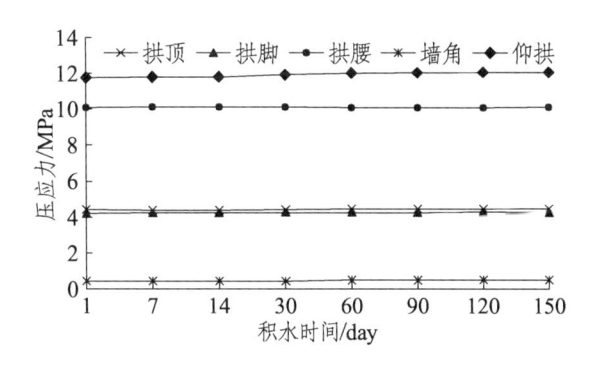

(b）斜井初支压应力与积水时间关系图

图 6-14　隧道初支各位置压应力与积水时间关系图

与隧道围岩压应力增量相比，初支所受压应力在隧道积水时段内增长速率较快。围岩强度降低。初支则不同，围岩强度降低，初支所受压应力增大，虽有隧道内水压作用，其压应力增长速率仍大于围岩压应力增长速率。

6.3.3　隧道洞周位移分析

汇总对比分析积水 1 天、积水 7 天、积水 15 天、积水 30 天、积水 60 天、积水 90 天、积水 120 天及积水 150 天工况，其中积水 30 天及积水 150 天围岩竖向位移如图 6-15 所示。

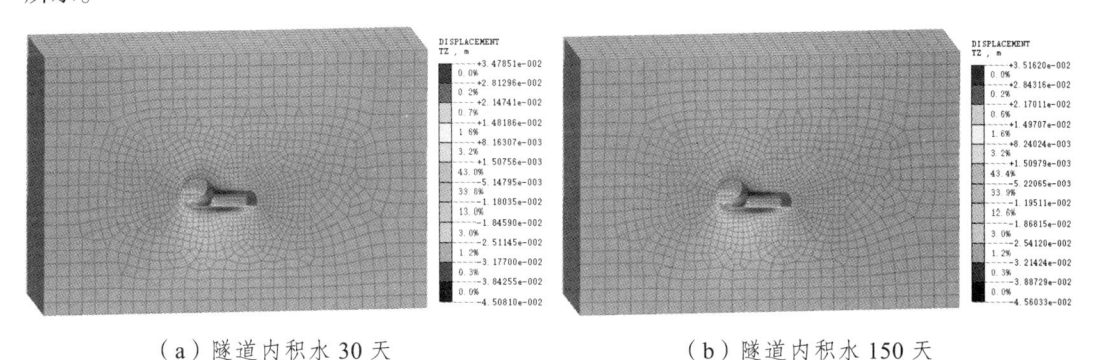

（a）隧道内积水 30 天　　　　　　　（b）隧道内积水 150 天

图 6-15　隧道积水不同时间围岩竖向位移云图（单位：m）

如图 6-15 所示，整个积水过程中，隧道内各段仰拱最大隆起量及拱顶最大沉降量增加不大，从积水灾害发生 1 天至积水时间达到 150 天，最大隆起增量及最大沉降增量皆不足 1 mm。可见围岩强度在隧道积水期间虽有所降低，但其竖向位移量增加不大，初支及隧道内水压起到很好的支撑作用。

选取隧道积水灾害期间正洞、斜井与正洞交叉连接处和斜井三个断面拱顶及仰拱六处位置进行竖向位移分析，如图6-16所示。

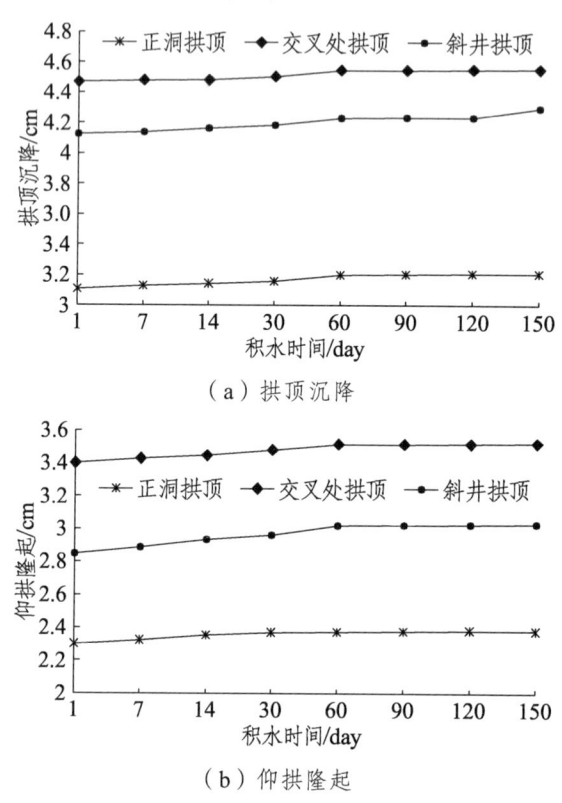

（a）拱顶沉降

（b）仰拱隆起

图6-16 隧道围岩竖向位移与积水时间关系图

由图6-16可知，隧道积水灾害发生期间，隧道各断面拱顶沉降值大于仰拱隆起值，且正洞与斜井交叉连接处竖向位移大于斜井及正洞竖向位移。隧道积水过程时，隧道竖向位移变化不大，以斜井为例，隧道内积水1天时，拱顶沉降量为4.12 cm，积水达到150天时，拱顶沉降量为4.3 cm，增加4.37%。隧道内积水150天时，仰拱隆起为2.85 cm，积水150天时仰拱隆起为3.03 cm，增加6.32%。

对正洞拱腰的斜井与正洞交叉连接处拱腰及斜井边墙进行水平位移分析，结果如图6-17所示。

隧道水平位移值在隧道积水时间段内增加较小，隧道内积水达150天时，水平位移相较于隧道积水1天时增加了1 mm左右，可见初支及隧道内水压对围岩水平位移制约效果较好。

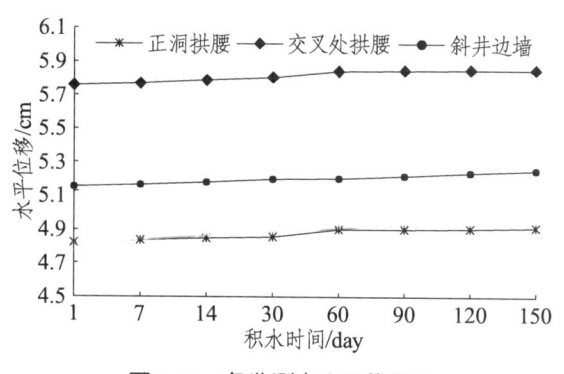

图 6-17 各监测点水平位移图

6.3.4 掌子面纵向位移分析

选取左洞 ZK26+188 涌水端掌子面不同积水时段纵向位移进行分析，不同积水时段掌子面纵向位移情况如图 6-18、6-19 所示。

（a）积水 30 天　　　　　　　　（a）积水 150 天

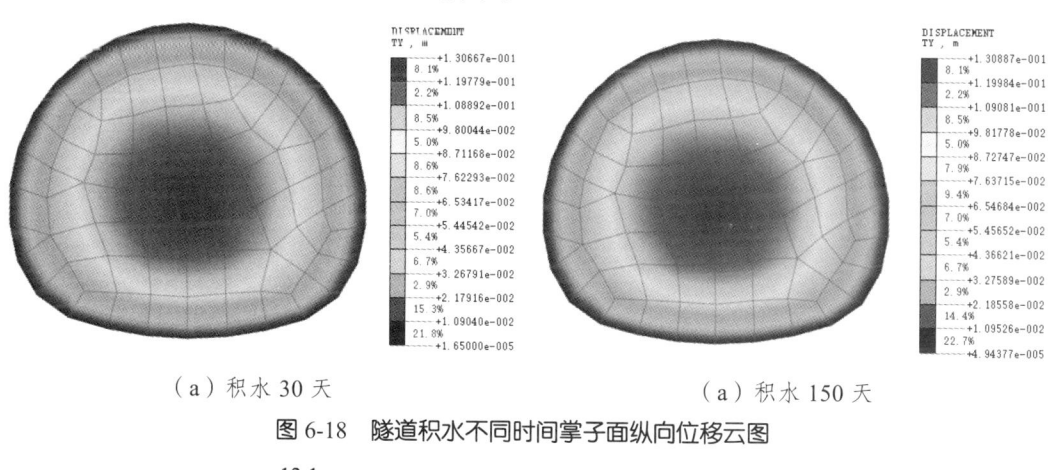

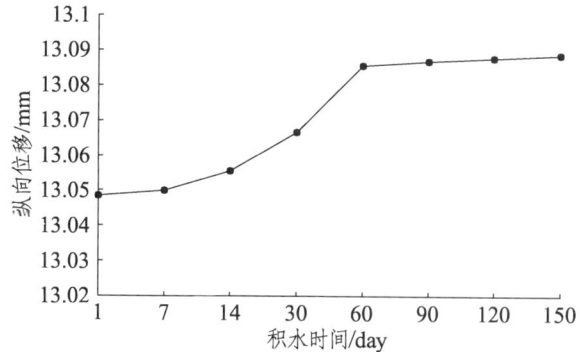

图 6-18 隧道积水不同时间掌子面纵向位移云图

图 6-19 掌子面中心纵向位移与积水关系图

掌子面纵向位移在积水不同时段变化不大，纵向位移最大值仍然位于掌子面中心处。掌子面纵向位移在隧道内积水 1 天至积水 60 天范围内有所增加，由 13.05 cm 增至 13.08 cm。隧道内积水达到 60 天以后，围岩基本处于稳定状态，掌子面中心纵向位移增量较小。积水至 150 天，纵向位移增至 13.09 cm，较积水 60 天时增长 0.07%。

隧道内积水期间，掌子面围岩同样处于浸泡状态且其强度逐渐下降，但在洞内高水压作用下，整个积水过程中其纵向位移增量不大。

6.3.5 围岩塑性区分析

选取积水 30 天、积水 150 天围岩塑性区分布如图 6-20 所示。

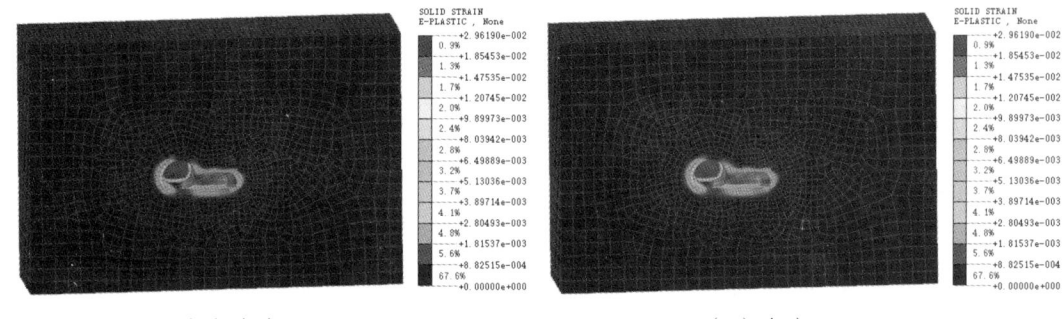

（a）积水 30 天　　　　　　　　（b）积水 150 天

图 6-20　隧道积水不同时间围岩塑性区分布图

由图 6-20 可知，隧道内发生涌水、积水灾害后，围岩塑性区分布及最大塑性应变值不变，最大塑性应变部位仍位于主洞掌子面，其次为斜井与主洞交叉连接拱腰处，最大塑性应变值仍为 0.029 6。围岩处于长时间浸泡环境下强度虽有所降低，但在初支及洞内高水压作用下，塑性变形仍维持在隧道涌水后状态。

通过分析得出：隧道围岩经长时间浸泡后其力学性能虽出现不同程度的下降，在初支及洞内水压双重支护下其压应力虽有所增幅，但增幅不大。隧道经过 150 天积水后，初支危险位置仍在斜井与主洞交叉连接处。

6.4　采用分阶段排水对隧道稳定性影响分析

根据营盘山隧道斜井排水作业计划，隧道选择分阶段排水。本节将对主洞及斜井中积水进行分阶段排水作业模拟。隧道未排水时斜井水位达 150 m，参照营盘山隧道实际降水方案，模拟水位降至 104 m、80 m、30 m 及排水作业完成。降水工况划分如表 6-3 所示。

表6-3 排水工况划分表

排水工况划分	降至水位高度/m	排水工况划分	降至水位高度/m
一次排水	104	三次排水	30
二次排水	80	排水完成	0

6.4.1 围岩主应力分析

不同降水阶段围岩最小主应力分布如图 6-21 所示。

采用分阶段排水方式后，围岩最小主应力主要分布于主洞、斜井及斜井与主洞交叉连接处拱腰部位，表现为压应力。随隧道内水位不断降低，隧道围岩最大压应力由 104 m 水位时的 13.1 MPa 逐渐增大。水位降低至 30 m 时，围岩最大压应力已增大至 13.74 MPa，排水工作完成后，最大压应力增至 14.19 MPa。

（a）104 m 水位

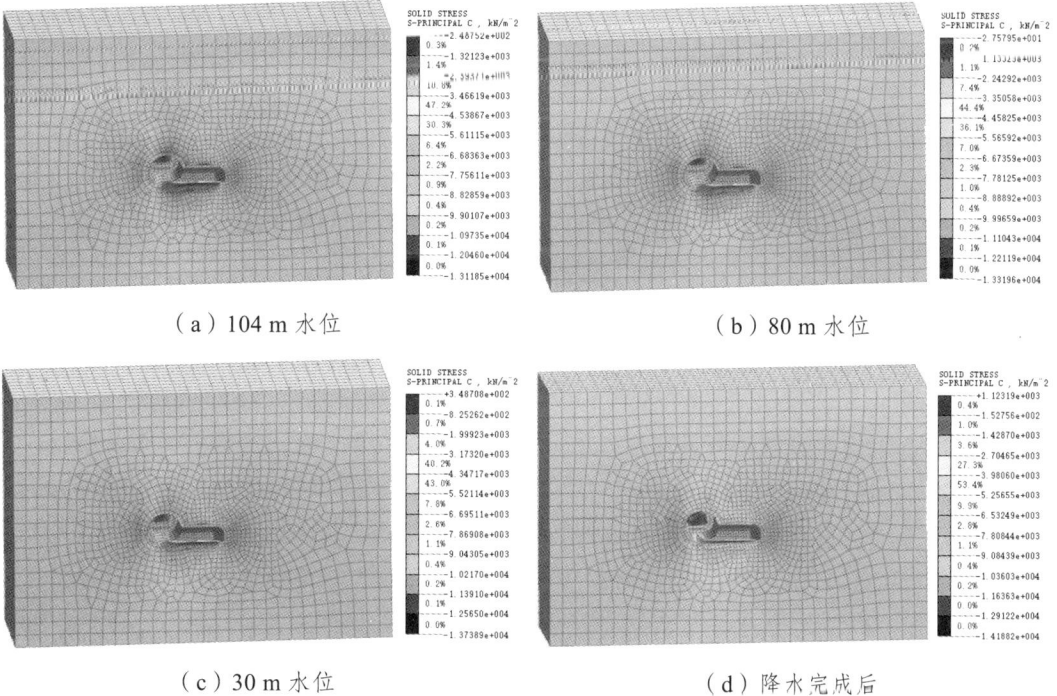

（b）80 m 水位

（c）30 m 水位

（d）降水完成后

图 6-21 不同排水阶段围岩最小主应力云图（单位：kPa）

6.4.2 初支主主应力分析

各降水阶段初支最小主应力分布如图 6-22 所示，在各积水阶段，初支所受最小主应力为压应力，仍在斜井与正洞交叉连接拱腰处及斜井平底板处变现突出。随隧道内水位降低，初支所受压应力逐渐增大。

（a）104 m 水位　　　　　　　　　　（b）80 m 水位

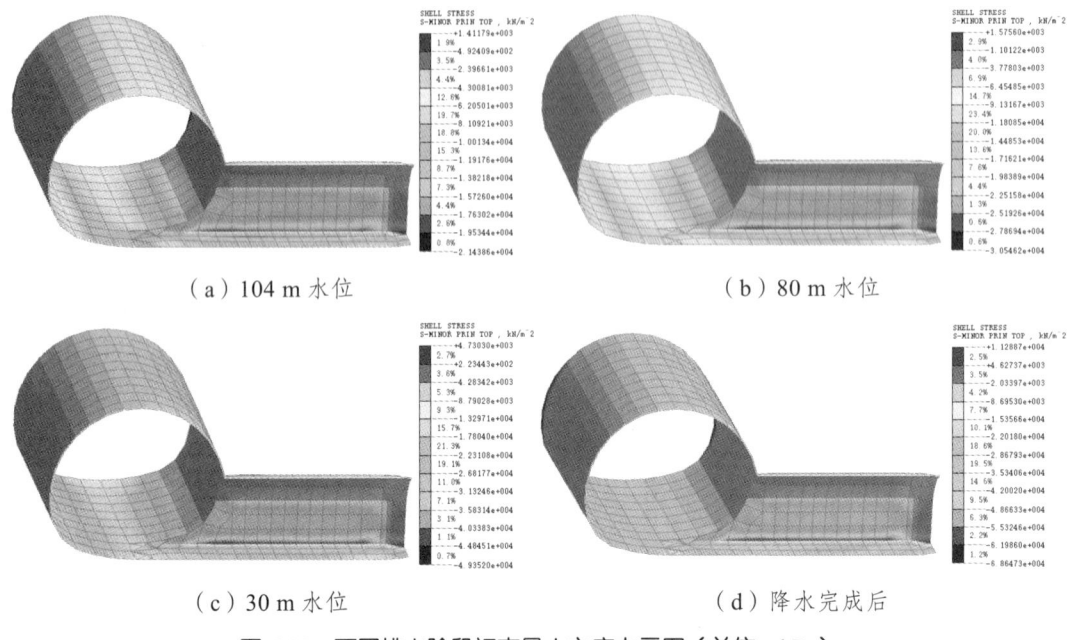

（c）30 m 水位　　　　　　　　　　（d）降水完成后

图 6-22　不同排水阶段初支最小主应力云图（单位：kPa）

6.4.3　隧道洞周位移分析

不同排水阶段竖向位移如图 6-23、6-24 所示。隧道内水位降低，拱顶沉降量随之增大，最大沉降位置位于正洞与斜井交叉连接处。水位降至 104 m 时，拱顶下沉量为 4.68 cm；水位降至 80 m 时，拱顶沉降量增至 4.75 cm；水位降至 30 m 时，沉降量增至 4.89 cm；排水作业完成后，拱顶沉降量达到最大值 5.24 cm。隧道内仰拱隆起量同样随水位降低而增大，水位降低至 104 m、80 m、30 m 时，仰拱隆起量分别为 3.51 cm、3.56 cm、3.65 cm，最大隆起位置位于主洞与斜井交叉连接部位仰拱处。排水作业完成后斜井仰拱隆起量增至 8.65 cm。

如图 6-25 所示，隧道内各监测点水平值随隧道内水位降低而增大。在各个排水阶段，交叉处拱腰水平位移量均为各监测点水平位移最大值。水位降至 104 m 时，交叉处拱腰水平位移为 5.94 cm。至排水结束后，水平位移增至 6.20 cm。水位降至 104 m 时，斜井拱腰水平位移为 5.36 cm，略大于主洞拱腰。排水作业完成后，斜井边墙水平位移增量最大，增至 6.12 cm，增长 14.18%。

(a) 104 m 水位 (b) 80 m 水位

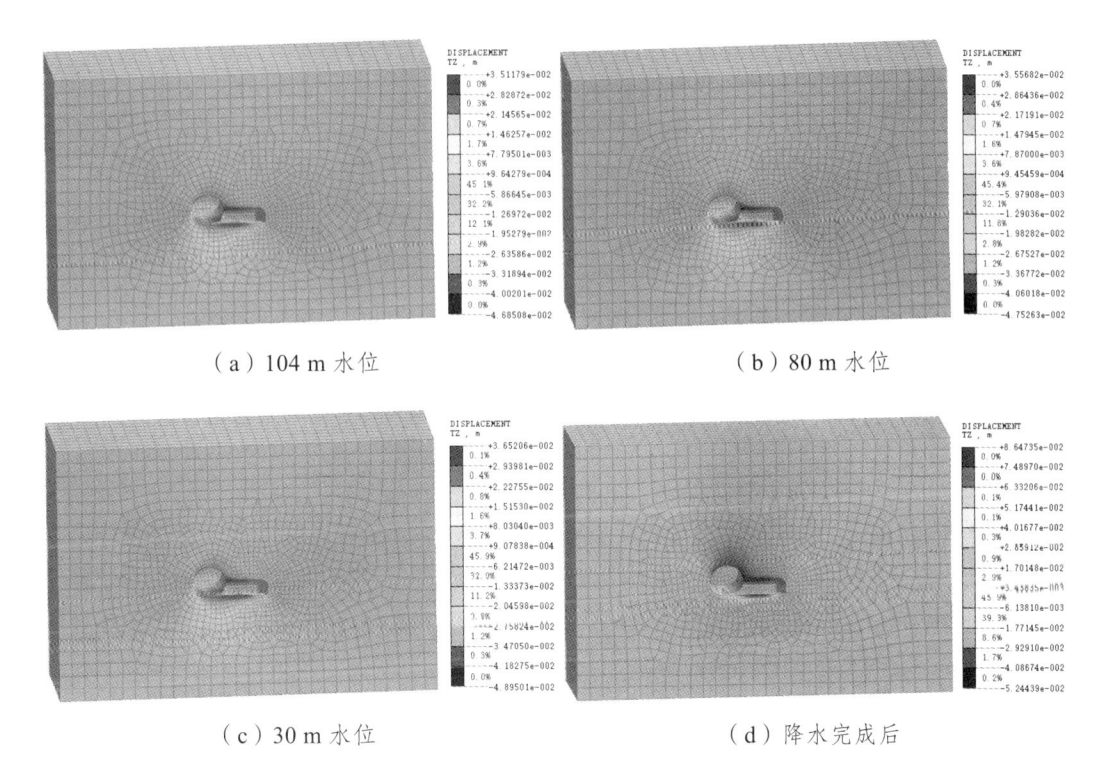

(c) 30 m 水位 (d) 降水完成后

图 6-23 不同排水阶段围岩竖向位移云图（单位：m）

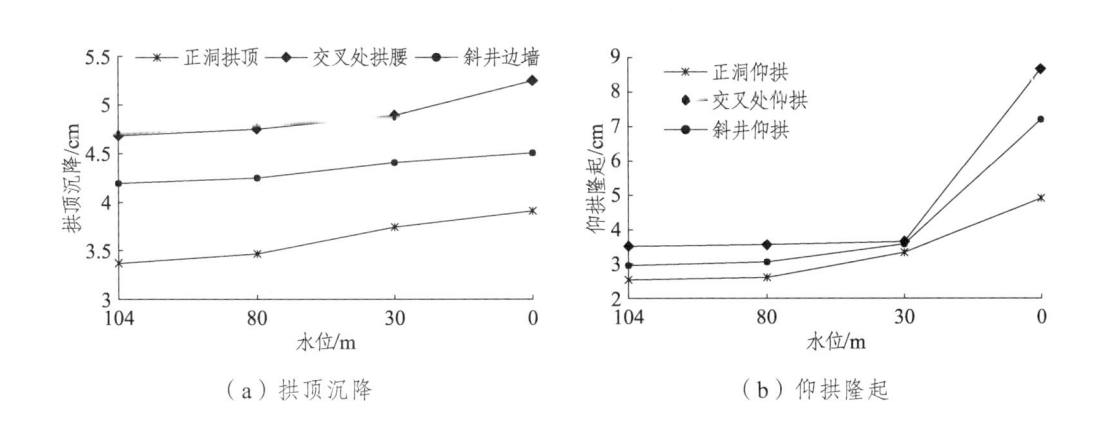

(a) 拱顶沉降 (b) 仰拱隆起

图 6-24 不同排水阶段围岩竖向位移曲线图

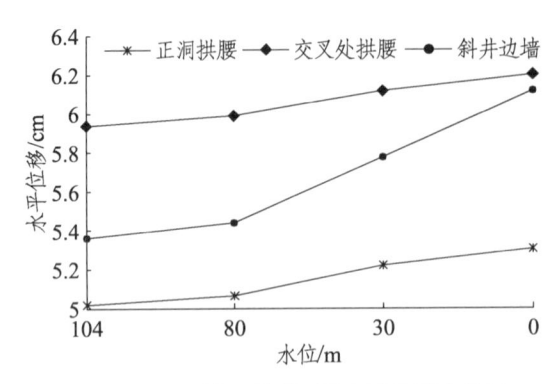

营盘山高压富水岩溶隧道灾害理论研究与处治技术

图 6-25 不同排水阶段围岩水平位移曲线图

6.4.4 掌子面纵向位移分析

由图 6-26 可知，掌子面最大纵向位移在掌子面中心处，且随隧道内水位降低不断增大。水位降低至 104 m 时，掌子面纵向位移量为 13.33 cm。水位降至 80 m 时，掌子面纵向位移量为 13.51 cm。水位降至 30 m 时，掌子面纵向位移量增至 28.27 cm。排水作业完成后，掌子面纵向位移增至 64.65 cm，较水位 104 m 时增长近 4 倍。

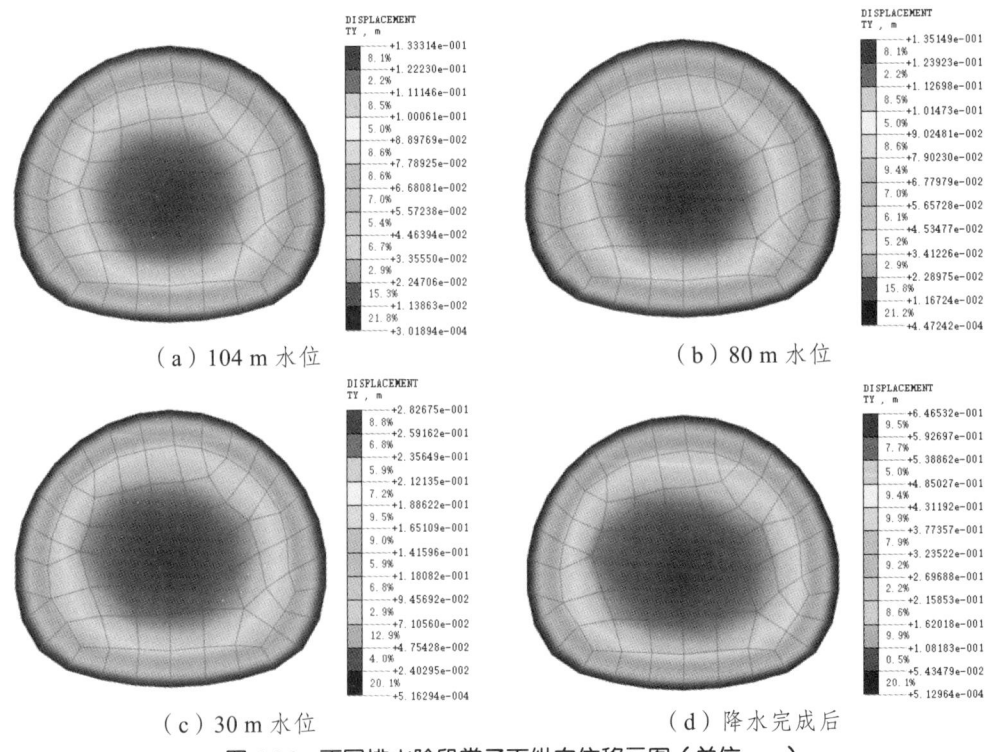

（a）104 m 水位

（b）80 m 水位

（c）30 m 水位

（d）降水完成后

图 6-26 不同排水阶段掌子面纵向位移云图（单位：m）

6.4.5 围岩塑性区分析

隧道内水位降至 104 m 后,围岩塑性区如图 6-27(a)所示,塑性区在掌子面围岩及斜井与正洞交叉连接拱腰处分布较广,最大塑性应变值在掌子面围岩处,为 0.039。随隧道内水位不断下降,最大塑性应变值及发生塑性应变范围不断增大,其中以掌子面围岩塑性应变值增量最大。隧道内排水作业完成后,掌子面处塑性应变值已增至 0.145。

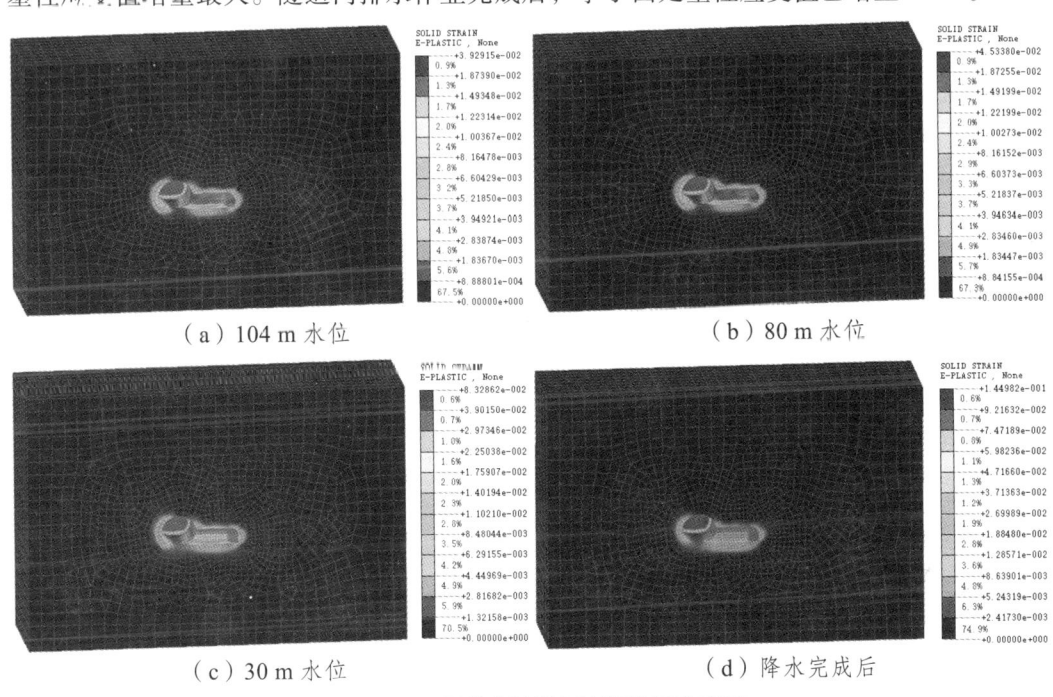

(a) 104 m 水位　　(b) 80 m 水位

(c) 30 m 水位　　(d) 降水完成后

图 6-27　不同排水阶段围岩塑性区分布图

通过分析得出：隧道内积水水位下降,隧道稳定性降低。隧道内积水水位降低至 30 m 后,围岩及初支变形速率增加,至排水完成后,围岩及初支变形量增长至最大值。在对主洞及斜井内积水进行排水作业的过程中,应做好监控测量工作,及时对隧道结构变形过大处进行补强。

6.5　斜井初支结构局部脱落对隧道稳定性影响分析

由初支在隧道涌水不同时期应力分析可知,初支在斜井与主洞连接处拱腰部位所受压应力最大,已超过 C25 混凝土极限抗压强度。假设该部位初支在积水期间发生脱落,分析隧道稳定性。假设在积水 60 天时初支脱落,初支脱落位置如图 6-28 所示。

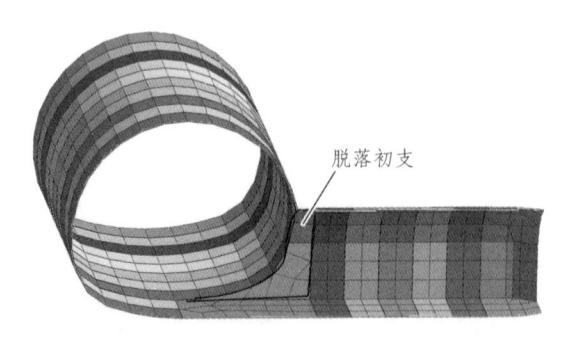

图 6-28 初支脱落位置图

6.5.1 围岩主应力分析

初支脱落前后及排水后围岩主应力分布如图 6-29 所示。

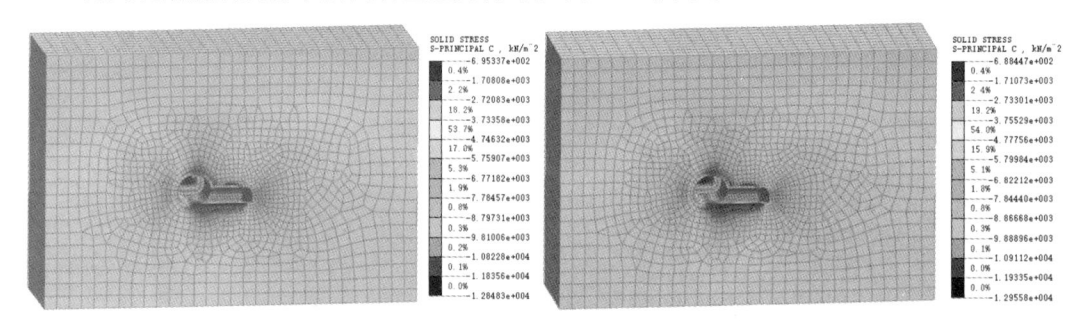

（a）初支脱落前　　　　　　　　　　（b）初支脱落后

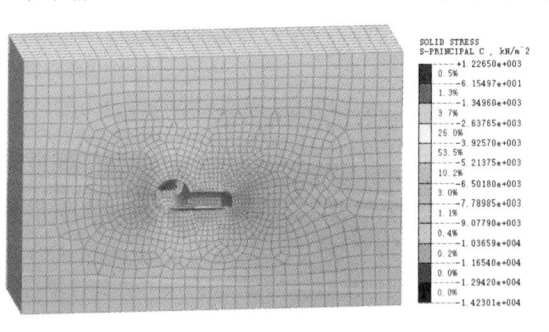

（c）初支脱落排水后

图 6-29 初支脱落前、后及排水后围岩最小主应力云图（单位：kPa）

由图 6-29 可知，初支脱落后，围岩最大压应力在主洞与斜井交叉连接拱腰处，最大压应力值较初支未脱落前有所增加，由未脱落前的 12.85 MPa 增至脱落后 12.96 MPa，增长 0.86%。脱落初支处围岩压应力值明显增加。涌水 60 天后发生初支脱落，解除了初支对围岩的径向约束作用，围岩切向应力值变大。

排水作业完成后，围岩所受最大压应力部位仍处于交叉连接拱腰处，最大压应力值较初支脱落后再次增加。由 12.96 MPa 增至 14.23 MPa，增长 9.80%。

6.5.2 初支主应力分析

对比斜井初支局部脱落前后及排水后剩余初支主应力，分析初支稳定性，最小主应力分布如图 6-30 所示。

如图 6-30 所示，初支脱落前后其周围初支所受压应力及压应力分布范围变化明显。初支脱落前，斜井与主洞交叉连接拱墙处初支所受最大压应力为 8.69 MPa，初支脱落后最大压应力位于斜井与主洞连接斜井一端边墙处，最大压应力为 13.84 MPa。

（a）初支脱落前

（b）初支脱落后

（c）初支脱落排水后

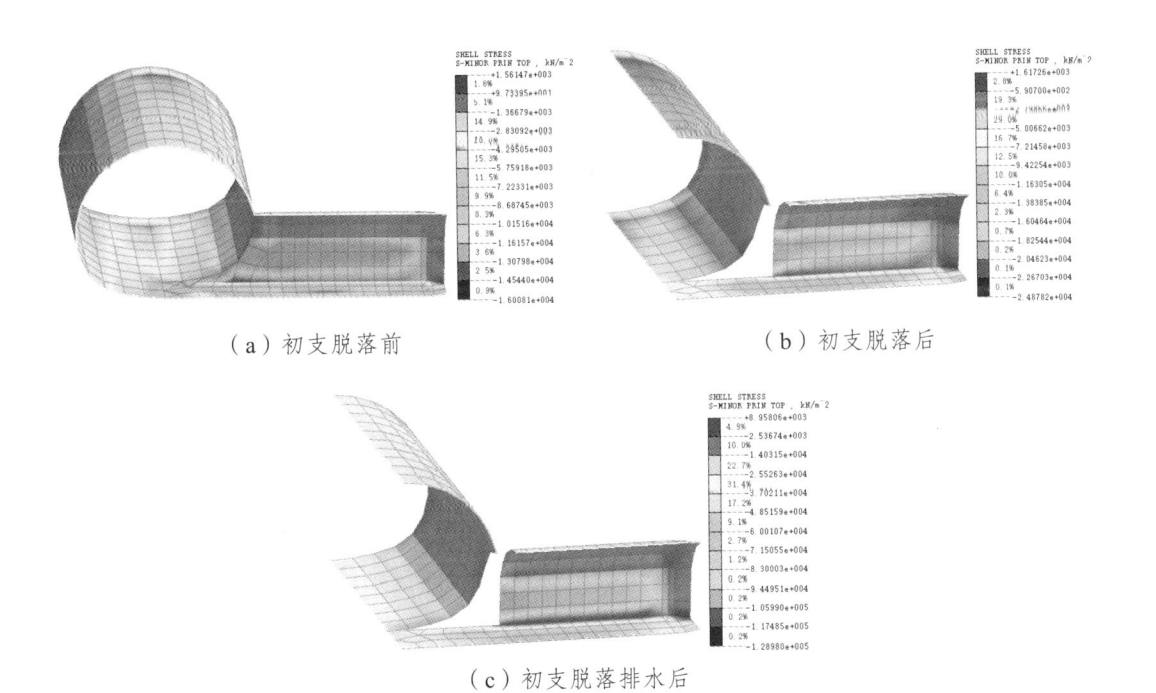

图 6-30　初支脱落前、后及排水后初支最小主应力云图（单位：kPa）

排水作业完成后，与脱落初支相连接的初支所受压应力增长较大。以斜井初支边墙处为例，由排水前的 13.84 MPa 增长至 38.95 MPa，已超过混凝土极限抗压强度。混凝土已破碎。初支脱落后，与其相连主洞初支由原来的"封闭成环"状态变为残破状态。主洞仰拱处初支不能封闭成环，其所受压应力急剧增加。

6.5.3 围岩竖向位移分析

初支脱落前后及排水后围岩竖向位移如图 6-31 所示。

（a）初支脱落前

（b）初支脱落后

（c）初支脱落排水后

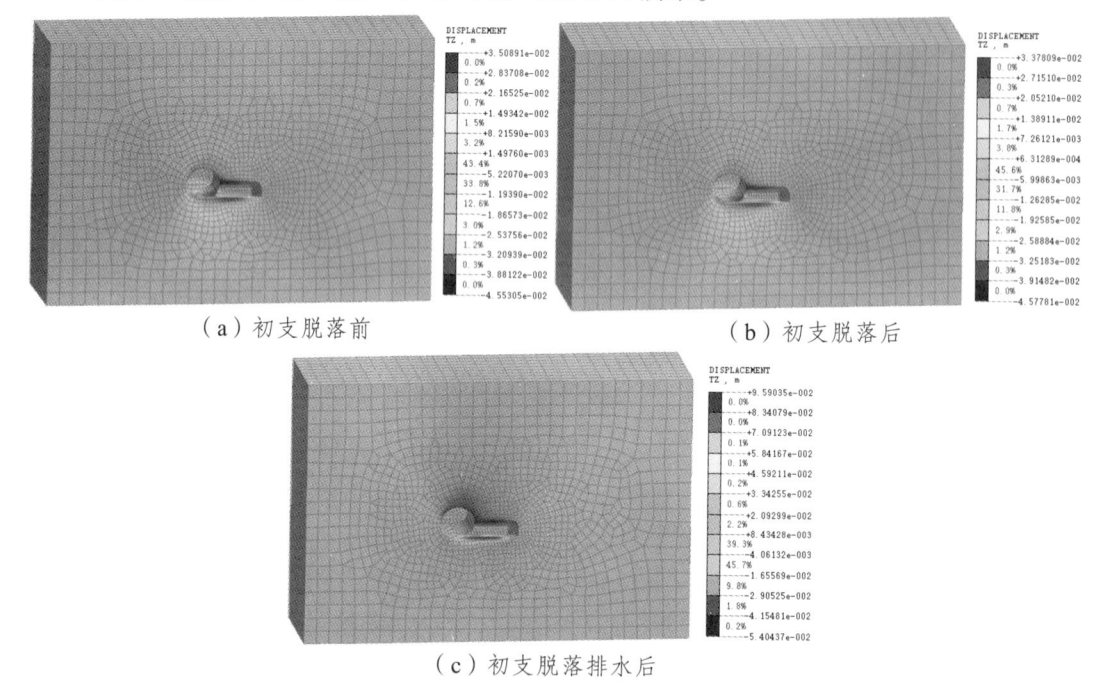

图 6-31 初支脱落前、后及排水后围岩竖向位移云图（单位：m）

由图 6-31 可知，围岩在初支脱落前后最大拱顶沉降值、最大仰拱隆起值均变化明显。初支脱落后，拱顶最大沉降值由 4.55 cm 增至 4.57 cm。初支脱落后，最大仰拱隆起值位置由未脱落前斜井距主洞中线 10 m 仰拱处变为脱落初支所处位置，最大隆起量也由 3.51 cm 增至 5.92 cm，增加 68.66%。

6.5.4 围岩水平位移分析

选取初支脱落处围岩拱脚、边墙及墙脚三处监测点进行初支脱落前后及排水后围岩水平位移分析，监测点布置如图 6-32 所示。

如图 6-33 所示，初支脱落前，边墙、拱脚处水平位移远大于墙脚处围岩位移量。初支脱落后，各监测点水平位移虽有增长，但增幅不大，均不足 1%。排水作业完成后，各监测点水平位移均出现较大增幅，边墙处水平位移增量最大，由初支脱落后的 4.96 cm 增至 6.21 cm，增加 25.2%。

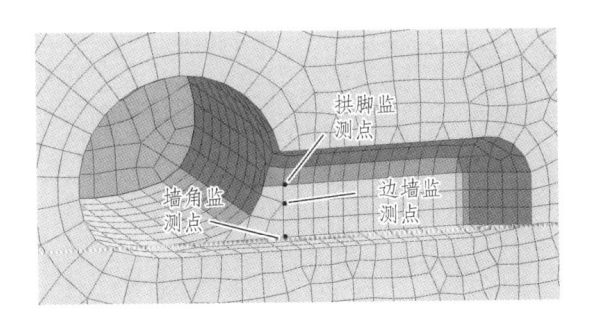

图 6-32　初支脱落处水平位移监测点布置图

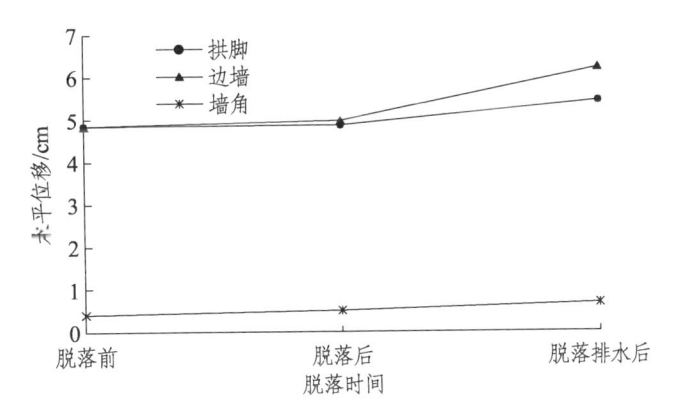

图 6-33　各监测点水平位移图

6.5.5　围岩塑性区分析

初支脱落前后及排水后围岩塑性区分布如图 6-34 所示。

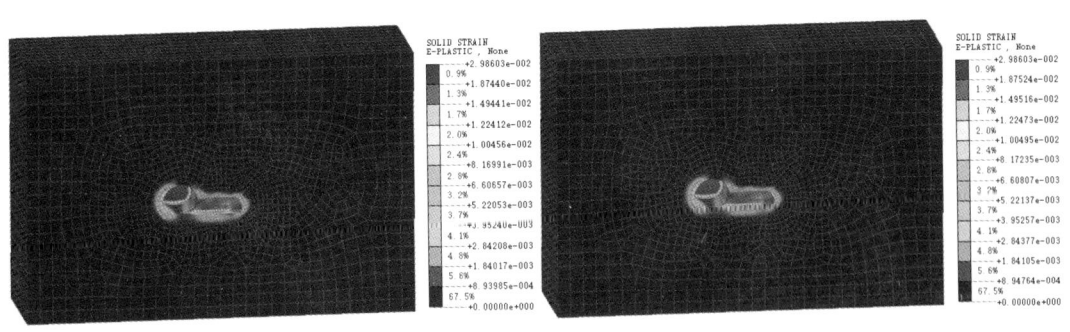

（a）初支脱落前　　　　　　　　　（b）初支脱落后

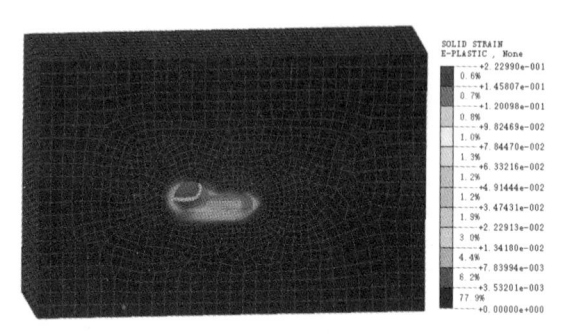

■ 营盘山高压富水岩溶隧道灾害理论研究与处治技术

（c）初支脱落排水后

图 6-34 初支脱落前、后及排水后围岩塑性区分布云图

由图 6-34 可知，初支脱落前后及排水后围岩最大塑性应变值分布并无明显变化，仍位于掌子面中心处。初支脱落部位围岩塑性应变值及发生塑性应变围岩的范围变化较为明显。

选取初支脱落断面拱脚及边墙处进行分析，如图 6-35 所示。拱脚及边墙处围岩塑性应变值在初支脱落后均有所增加。由脱落前的 0.023 4、0.021 4 增长至脱落后 0.023 6、0.021 5，分别增长 0.86%和 0.47%。隧道内排水作业完成后，拱脚及边墙处围岩塑性应变值增长较大，相较于初支刚脱落后分别增长了 9.74%和 12.44%。

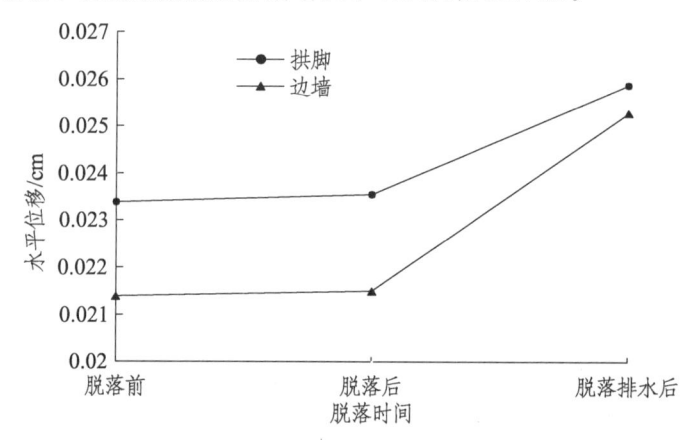

图 6-35 初支脱落前、后及排水后脱落处围岩塑性应变值变化图

排水作业完成后最大塑性应变值仍处于掌子面中心处，脱落部位围岩塑性应变值略大于隧道内其余初支未脱落处。

通过分析得出：斜井与主洞交叉连接处初支在隧道内积水 60 天脱落后，整体初支结构所受压应力增加，尤以与脱落初支连接处变化明显。脱落部位围岩位移及应力均出现不同程度的增加。排水作业完成后其初支压应力、脱落部位围岩位移及应力再次增加，且增幅明显加大。

6.6 主洞初支结构局部脱落对隧道稳定性影响分析

在隧道内涌水病害发生后，主洞初支靠近掌子面端在隧道内积水期间内所受压应力较大。假定靠近主洞掌子面端初支在隧道内积水 60 天后脱落，分析隧道主洞稳定性。如图 6-36 所示，脱落位置为主洞掌子面后 2 m 拱墙初支，纵向长度为 4 m。

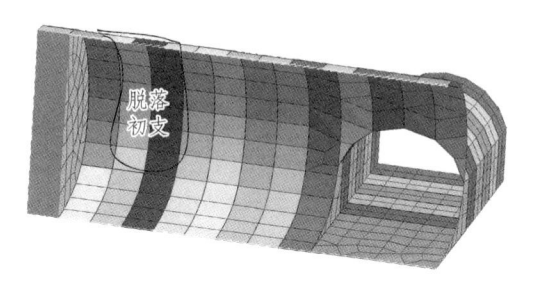

图 6-36 主洞初支脱落位置示意图

6.6.1 围岩主应力分析

以主洞中线为剖面，对比主洞初支脱落前后及排水后围岩主应力如图 6-37 所示。

由图 6-37 可知，主洞初支脱落前后，主洞围岩所受压应力最大值在主洞拱腰处。主洞初支未脱落前，主洞围岩最大压应力为 9.32 MPa。主洞初支脱落后，围岩最大压应力增长为 11.37 MPa，增长 21.99%。主洞围岩最大主应力位置也发生较大改变，由脱落前主洞拱腰处变为脱落位置拱腰处。隧道内排水作业完成后，围岩最大压应力增加至 13.93 MPa，较脱落后增长 22.52%。最大压应力位置仍位于脱落处围岩拱腰处。因此，排水作业完成后为隧道最危险状态，应对隧道结构施加相应的补强措施。

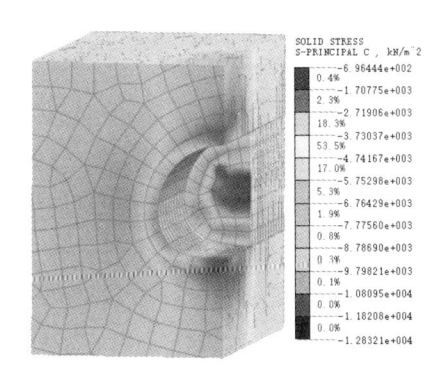

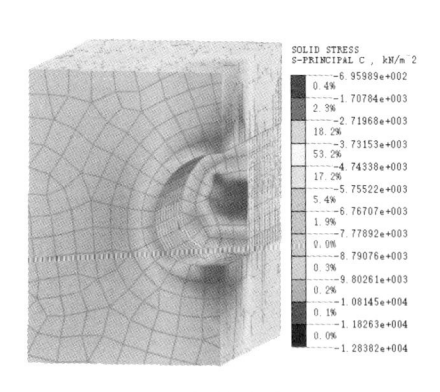

（a）初支脱落前　　　　（b）初支脱落后

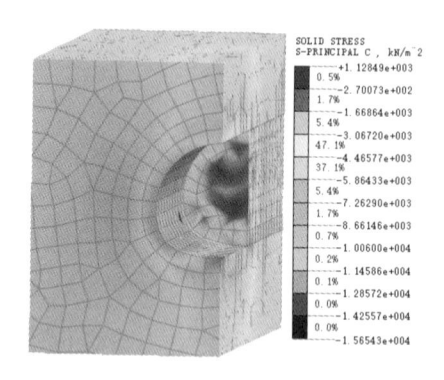

（c）初支脱落排水后

图 6-37 初支脱落前、后及排水后围岩最小主应力云图（单位：kPa）

6.6.2 初支主应力分析

对比主洞初支脱落前后及隧道内积水排水完成后主洞初支应力变化情况，分析初支稳定性，初支脱落前后及排水后最小主应力分布如图 6-38 所示。

（a）初支脱落前　　　　（b）初支脱落后　　　　（c）初支脱落排水后

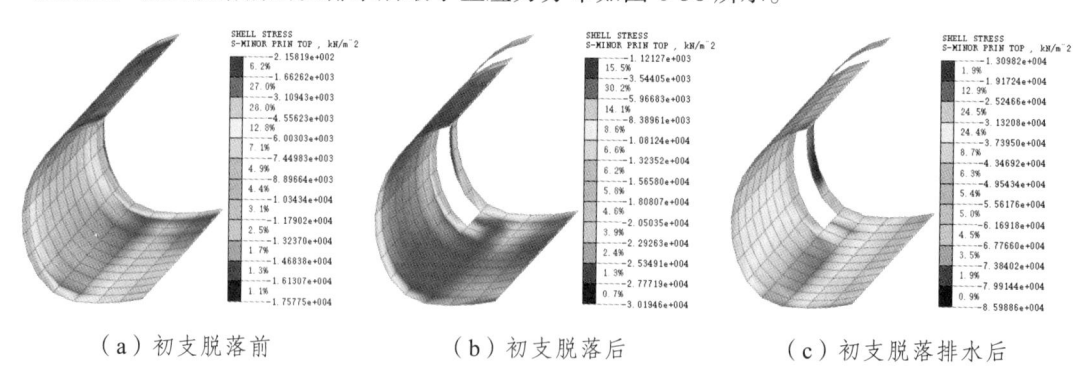

图 6-38 初支脱落前、后及排水后初支最小主应力云图（单位：kPa）

由图 6-38 可知，在主洞部分初支脱落前，主洞初支在两端拱腰处所受压应力最大，最大值为 17.57 MPa，已接近 C25 混凝土极限抗压强度。主洞部分初支脱落后，与脱落初支相连接处初支所受压应力急剧增加，由 17.57 MPa 增长至 30.19 MPa，已超过混凝土极限抗压强度（19 MPa），混凝土已出现破碎。隧道排水作业完成后，主洞未脱落初支拱腰处所受压应力增长较大，且均已超过混凝土极限抗压强度，尤以掌子面后初支所受压应力最大。

主洞部分初支脱落后，破坏了主洞初支"封闭成环"状态，脱落处围岩出现应力状态再次调整，使得与脱落初支相连接的初支拱腰处所受压应力变大，混凝土受压破坏。

排水作业完成后，主洞内水压对围岩约束作用消失，围岩应力全部作用于紧邻初支上，主洞剩余初支拱腰处在围岩应力作用下破碎。

6.6.3 围岩洞周位移分析

主洞初支脱落前后及排水后，主洞围岩位移有较大变化，主洞围岩竖向位移如图 6-39 所示。

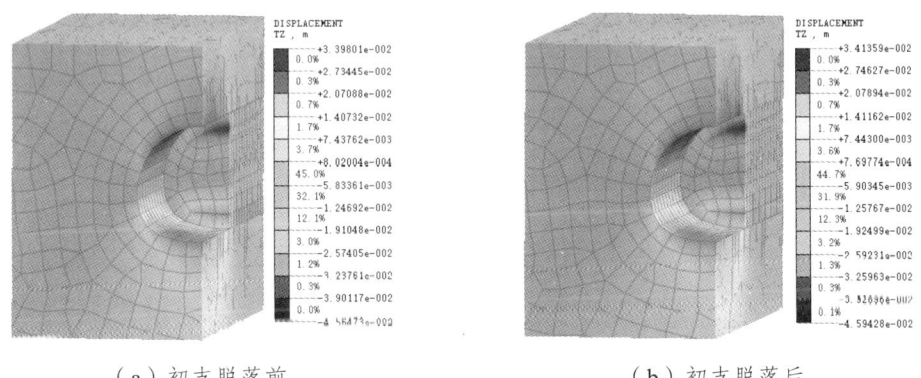

（a）初支脱落前　　　　　　　（b）初支脱落后

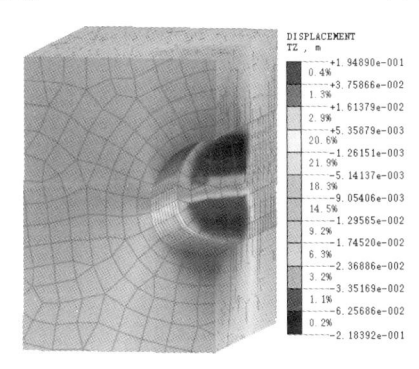

（c）初支脱落排水后

图 6-39　初支脱落前、后及排水后围岩竖向位移云图（单位：m）

由图 6-39 可知，主洞初支脱落前后围岩竖向位移最大值在主洞拱顶处。主洞初支脱落前，靠近掌子面一端的拱顶沉降量略小于远离掌子面一端的拱顶沉降量。脱落前，脱落部位拱顶沉降量为 3.03 cm，仰拱隆起值为 1.95 cm。主洞初支脱落后，主洞拱顶沉降量及仰拱隆起量分别增加至 3.87 cm 和 2.07 cm，分别增长 27.72% 及 6.54%。

隧道内排水作业完成后，主洞围岩竖向位移急剧增加。以掌子面围岩为例，由脱落后拱顶沉降的 3.82 cm 增至排水后的 24.52 cm。仰拱部位隆起值也由脱落后的 1.94 cm 增长为排水后的 20.75 cm。可见，隧道内排水前后，掌子面附近初支脱落及隧道内水压对掌子面的竖向位移有较大影响。

由图 6-40 可知，主洞初支脱落后主洞围岩水平位移最大值位于主洞拱腰处。脱落前靠近掌子面一端的拱腰水平位移值小于远离掌子面一端的拱腰水平位移值。初支脱落后，脱落位置拱腰处围岩水平位移量增长较大，由脱落前的 3.19 cm 增长至脱落后的 5.01 cm，增长 57.05%。排水作业完成后，脱落位置拱腰处围岩水平位移值再次增长，增加至 6.41 cm，增长 27.94%。掌子面处围岩水平位移量变化较大，由脱落前的 2.01 cm 增至排水后的 18.05 cm，增长近 8 倍。

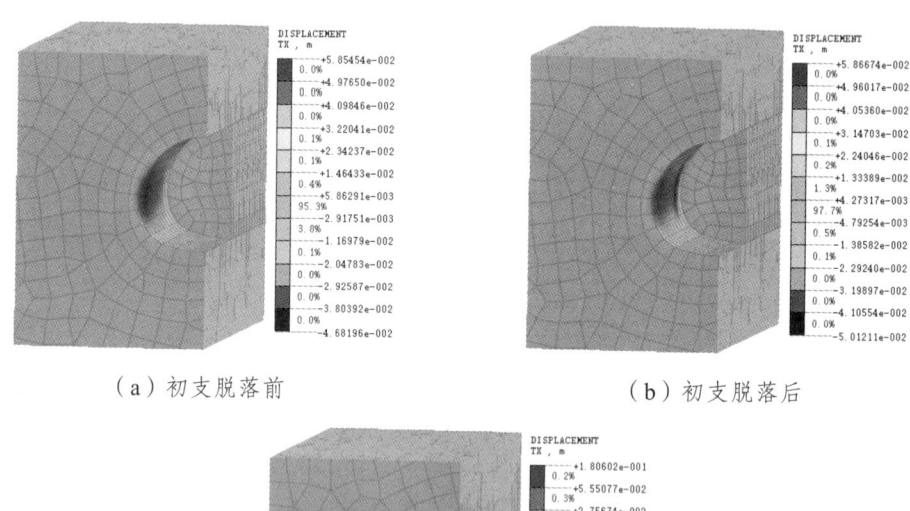

（a）初支脱落前　　　　　　　　　　（b）初支脱落后

（c）初支脱落排水后

图 6-40　初支脱落前、后及排水后围岩水平位移云图（单位：m）

6.6.4　掌子面纵向位移分析

由图 6-41 可知，在主洞初支脱落前后，掌子面纵向位移最大值位于掌子面中心处。主洞初支脱落前，掌子面纵向位移最大值为 13.14 cm，初支脱落后，掌子面纵向最大值增长至 13.56 cm，增长 3.10%。排水作业完成后，掌子面纵向位移急剧增加，最大值为 110.57 cm，较初支脱落后增长 7.15 倍，掌子面围岩或已出现局部塌方。因此，排水作业完成后，应对掌子面进行加固。

（a）初支脱落前

（b）初支脱落后

（c）初支脱落排水后

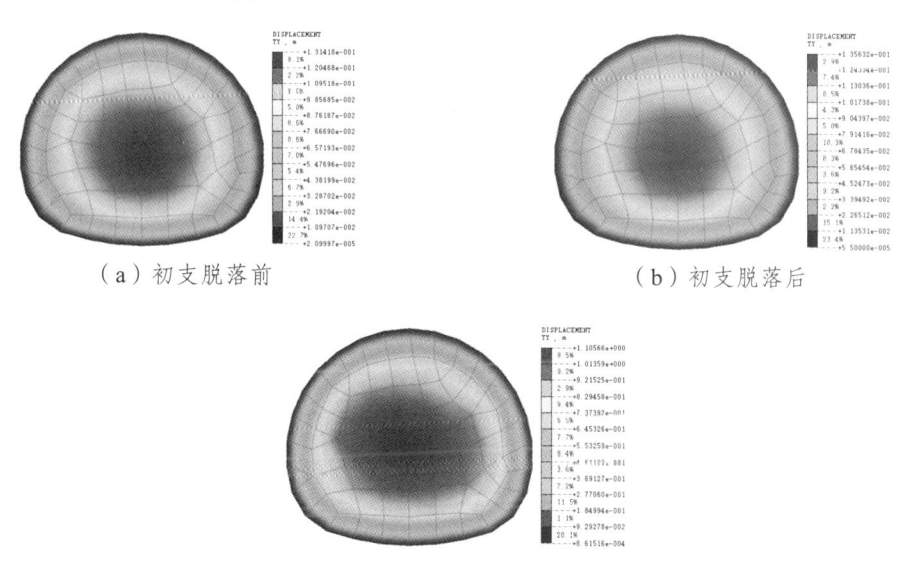

图 6-41　初支脱落前、后及排水后掌子面纵向位移云图（单位：m）

6.6.5　围岩塑性区分析

初支脱落前后及排水后隧道主洞、距掌子面 4 m 主洞横断面上的塑性区分布分别如图 6-42、6-43 所示。

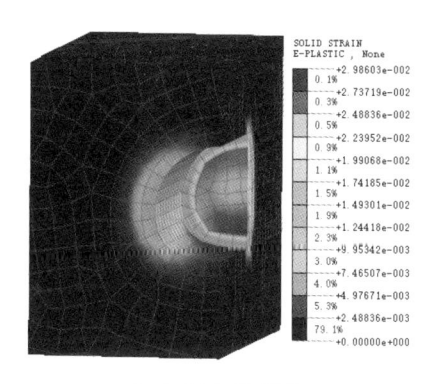

（a）初支脱落前

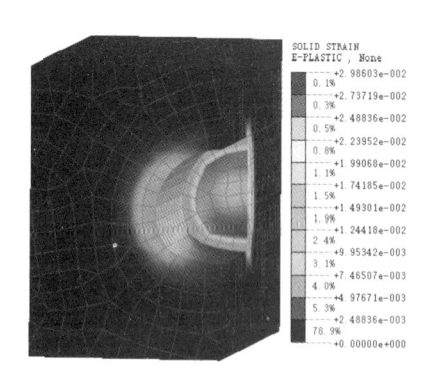

（b）初支脱落后

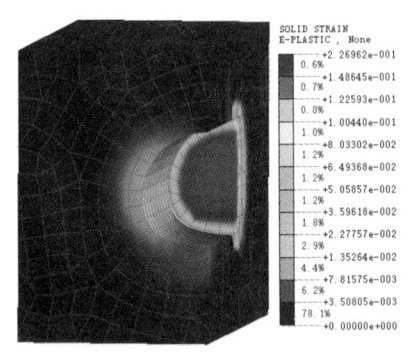

（c）初支脱落排水后

图 6-42　初支脱落前、后及排水后围岩塑性区分布云图

（a）初支脱落前　　　　　（b）初支脱落后　　　　　（a）初支脱落排水后

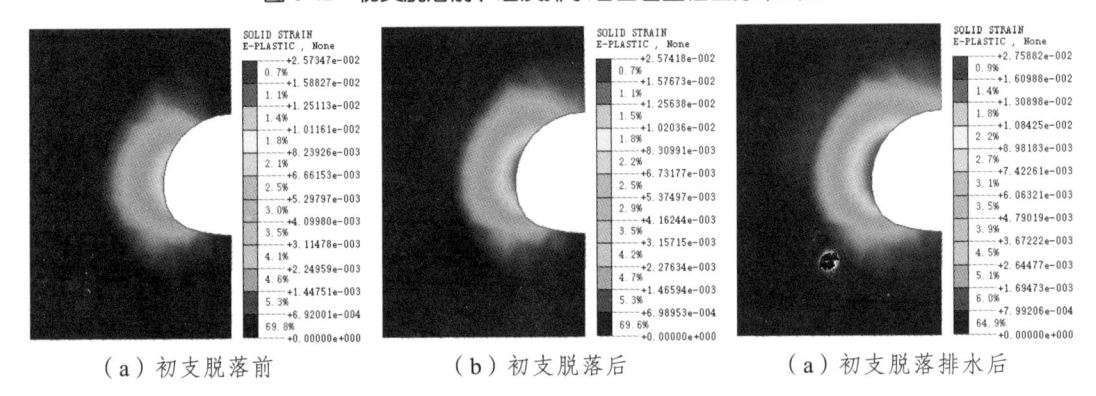

图 6-43　初支脱落前、后及排水后脱落处围岩塑性区分布剖面云图

由图 6-42、6-43 可知，主洞初支脱落前，围岩最大塑性应变值位于掌子面围岩处，最大塑性应变值为 0.029 9。脱落处围岩最大塑性应变值为 0.025 7，在拱腰处，最大径向深度范围为 4.61 m。初支脱落后，围岩最大塑性应变值仍位于掌子面围岩处，塑性应变值并无明显增加。脱落初支围岩拱腰处塑性区最大径向深度范围增加较大，由脱落前的 4.61 m 增长至初支脱落后的 4.78 m，增长 3.69%。

排水作业完成后，围岩最大塑性应变值依旧处于掌子面围岩处，但最大塑性应变值增长至 0.251 9。脱落位置拱腰处最大塑性径向深度范围增长至 6.03 m。较初支脱落后增长 26.15%，最大塑性应变值增长至 0.027 6。

6.7　隧道周边溶洞对隧道稳定性影响研究

6.7.1　建立模型

三维地质雷达勘探结果如图 6-44 所示，隧道线路周边存在形状大小各异且位置分布不规则的充水溶腔，为得到各溶腔对隧道的安全性影响，在隧道周边建立溶洞，模拟不同埋深及不同水压条件下其对隧道稳定性的影响。隧道及溶洞各参数取值如表 6-4 所示。

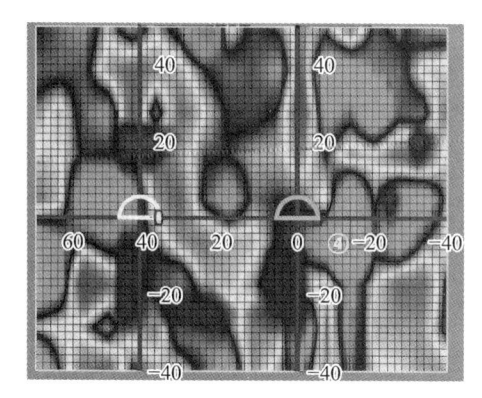

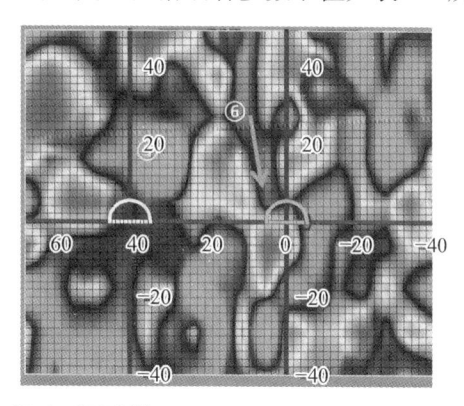

图 6-44　隧道部分三维地质雷达勘探图

表 6-4　模型参数取值

	弹性模量/GPa	容重/(kN/m³)	泊松比	黏聚力/MPa	内摩擦角/°	渗透系数/(m/d)
围岩	43	28.5	0.3	25	11.6	4.8×10^{-5}
初支	28	23	0.2	—	—	0.17
二衬	32.5	25	0.2	—	—	0.17

建立长度为 21 m，宽度为 80 m，高度为 80 m 的模型，隧道位于模型中心部位，开挖方式为全断面开挖，开挖距离为 1 m。由于溶洞位置分布不规则，位置遍布隧道四周，且在实际工程中并非单一位置的溶洞会对隧道产生影响，所以模型建立时考虑其位置影响，结合以往对于隧道周边溶洞对隧道稳定性的影响研究，建立除仰拱处隧道外围一周的模型，溶洞长度为 7 m，距离隧道 2 m，整体分布及溶洞位置如图 6-45 所示。

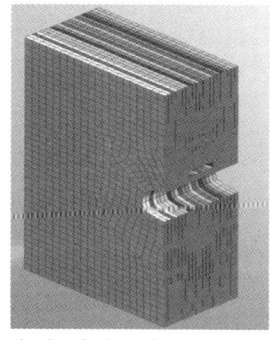

（a）模型网格划分　　（b）隧道及溶洞侧视图　　（c）溶洞位置图

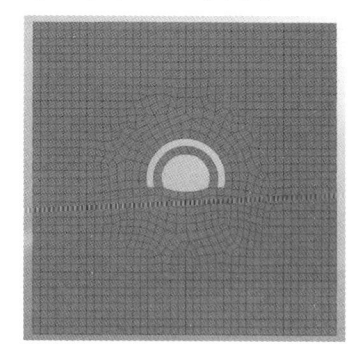

图 6-45　隧道周边溶洞对隧道稳定性影响研究模型

6.7.2　围岩应力变化规律

溶洞水压为 2 MPa、2.5 MPa、3 MPa，隧道埋深分别为 300 m、600 m、900 m 条件下的溶洞中心部位隧道围岩第一主应力云图如图 6-46～6-48 所示。

由图 6-46～6-48 可知，隧道拱顶及两侧拱腰部位为高应力区，且拱顶部位应力最为集中。溶洞水压相同时，随着埋深的增加，隧道所受应力逐渐增大；隧道埋深相同时，随着溶洞水压的增大，隧道所受应力也逐渐增大。

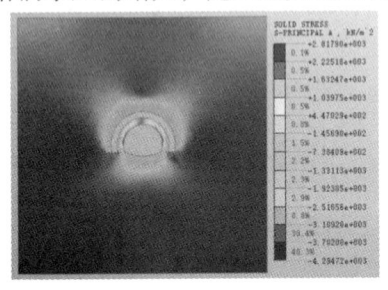

（a）埋深300 m

（b）埋深600 m

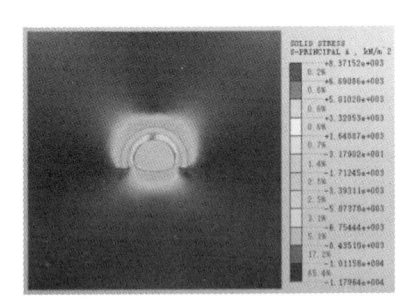

（c）埋深900 m

图 6-46　溶洞水压为 2 MPa 时不同埋深隧道围岩第一主应力云图

（a）埋深300 m

（b）埋深600 m

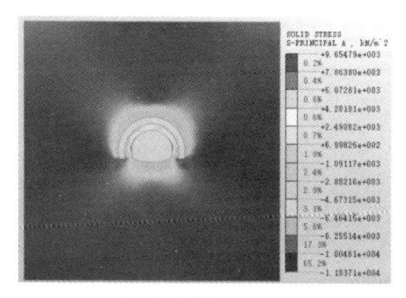

（c）埋深 900 m

图 6-47　溶洞水压为 2.5 MPa 时不同埋深隧道围岩第一主应力云图

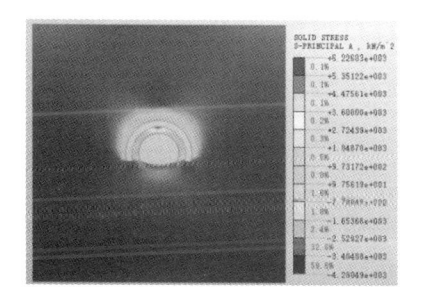

（a）埋深 300 m 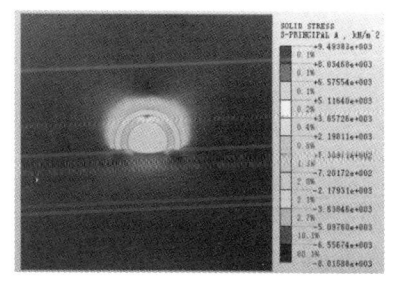　　　　　　　　　　（b）埋深 600 m

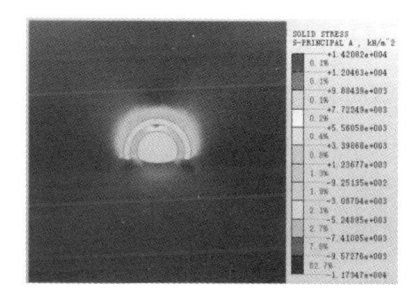

（c）埋深 900 m

图 6-48　溶洞水压为 3 MPa 时不同埋深隧道围岩第一主应力云图

由图 6-49 可得，隧道埋深由 300 m 增加到 600 m，隧道拱顶及拱腰主应力增长率小于埋深由 600 m 增加到 900 m 时的增长率；并且，溶洞水压越大，主应力增长率也越大，隧道稳定性越小。

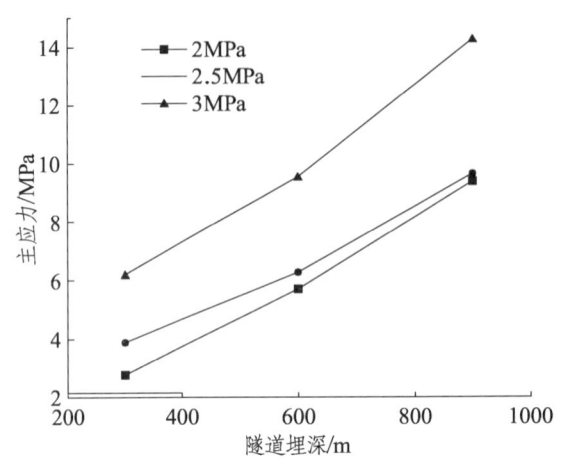

图 6-49　隧道拱顶及拱腰主应力随隧道埋深与溶洞水压变化关系图

6.7.3　隧道纵向位移变形情况

溶洞水压为 2 MPa、2.5 MPa、3 MPa，隧道埋深分别为 300 m、600 m、900 m 条件下溶洞中心部位隧道围岩纵向位移如图 6-50～6-52 所示。

（a）埋深 300 m　　　　　（b）埋深 600 m　　　　　（c）埋深 900 m

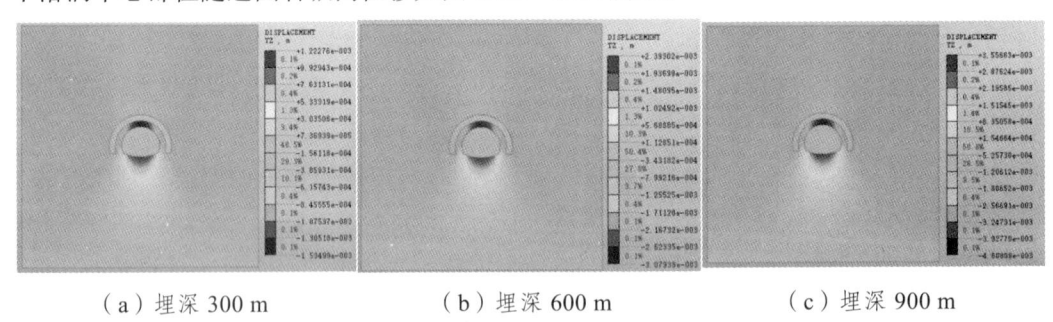

图 6-50　溶洞水压为 2 MPa 时不同埋深隧道围岩纵向位移图

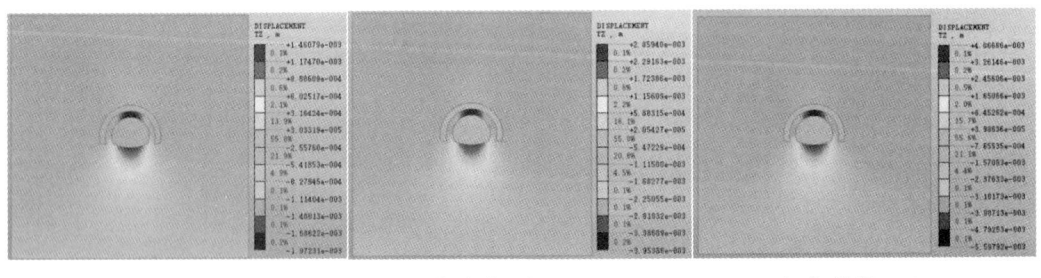

（a）埋深 300 m　　　　　（b）埋深 600 m　　　　　（c）埋深 900 m

图 6-51　溶洞水压为 2.5 MPa 时不同埋深隧道围岩纵向位移图

（a）埋深 300 m　　　　　　（b）埋深 600 m　　　　　　（c）埋深 900 m

图 6-52　溶洞水压为 3 MPa 时不同埋深隧道围岩纵向位移图

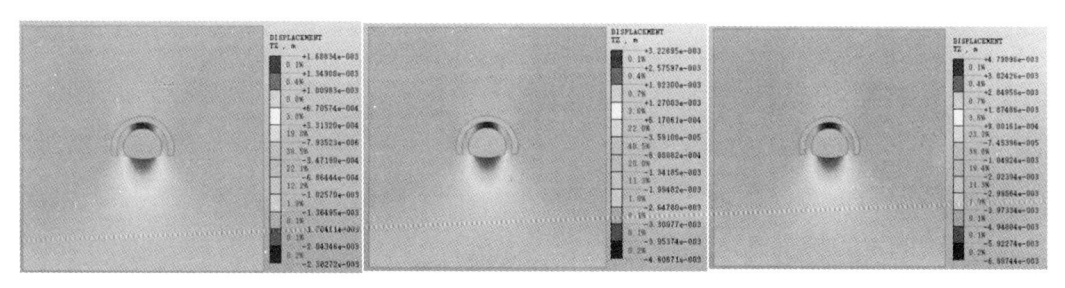

由图 6-50～6-52 及表 6-5 可知，溶洞水压一定时，隧道埋深越大，隧道拱顶沉降与仰拱隆起值越高；隧道埋深一定时，溶洞水压越大，隧道拱顶沉降与仰拱隆起值也越高。

溶洞水压一定时，随隧道埋深增加，拱顶沉降增长率约为 180%，仰拱隆起值增长率约为 190%；隧道埋深一定时，随溶洞水压增加，拱顶沉降增长率约为 35%，仰拱隆起值增长率约为 50%，由此可得：相较于溶洞水压，隧道埋深对隧道纵向变形的影响更为显著。

表 6-5　不同溶洞水压与隧道埋深下拱顶沉降与仰拱隆起值

溶洞水压/MPa	隧道埋深/m	拱顶沉降值/mm	仰拱隆起值/mm
2	300	1.233	1.535
	600	2.393	3.079
	900	3.557	4.608
2.5	300	1.461	1.972
	600	2.859	3.954
	900	4.067	5.598
3	300	1.688	2.383
	600	3.229	4.607
	900	4.799	6.897

第7章　富水岩溶隧道综合预报预测技术

7.1　隧道超前预报常用方法

7.1.1　地质调查法

地质调查法是隧道超前预报常用的方法之一，包括隧道地表补充地质调查、隧道内地质素描等，能够依据隧道内收集的勘察资料、地质素描资料、地表补充地质资料进行地层层序对比、地表相关性分析、不良地质体前兆分析等工作来推测隧道开挖前方地质情况。地质调查法可适用于各种地质条件下的隧道工程。

地表地质调查的主要内容有：熟悉已有地质资料及勘查成果并复检；调查隧道地表处的地层和岩石出露情况及接触关系，确认工程区域的标志性地层；确认断层、褶皱等地质构造的发育情况，记录规模、产状等地质属性；探究岩溶的发育情况及分布特点；确认特殊地层在隧道内的出露位置及规模、产状等属性；分析人为坑洞的位置、走向的特点以及对隧道洞室的影响。

隧道内地质素描分为洞身地质素描与开挖面地质素描，包含的主要内容有：作为辅助手段来划分隧道洞内的地层、岩性并对具体情况加以描述；核对主要地质构造在隧道中的位置，编录岩土的完整程度、围岩稳定状态、富水状态，对地表地质调查的内容进行补充和完善；对隧道洞室内壁的主要结构面进行量测，记录结构面的地质属性以及对围岩的主要影响；对高应力地段、地下水富集区段、断层破碎带等重点区段进行更深入的研究分析，记录评价结果。

7.1.2　超前地质钻探法

超前地质钻探法是一种对隧道开挖面开展钻探工作来获取前方地质信息的超前预报方法。超前钻探法适用于各种地质条件下的隧道工程，在富水岩溶区域、富水软弱断层破碎带、煤层瓦斯发育区等地质条件复杂的区域，必须开展超前钻探工作。超前地质钻探法主要分为冲击钻和回转取芯钻两类，两种方法通常搭配使用以提高钻探效率与预报准确度。

地质条件简单区域宜采用冲击钻方法。冲击钻无法取芯，但可以根据冲击器的钻速、响声及其变化情况、钻杆震动情况、冲洗液颜色及其流量变化情况等大致判断开挖前方岩性、岩体强度及完整情况、岩溶及地下水发育情况等。

在地质条件复杂的区域宜采用回转取芯钻。回转取芯钻取得的岩芯准确可靠，能够确定地层的变化里程，通常在特殊目的地段、特殊地层及需要精确判断地质变化时使用。

7.1.3 超前导坑预报法

超前导坑预报法是一种根据超前导坑的地质情况，通过地质理论与作图法来预报地质条件的方法，可适用于各种地质条件的地区。超前导坑预报法主要有正洞超前导坑法与平行超前导坑法两类。超前导坑预报对以断层、低沉分界线为代表的面状结构面的预报效果较好，但对岩溶等的预报效果不佳，容易出现漏报或预报不准的情况，宜采用物探与钻探等手段辅助预报。超前导坑预报法主要内容有：确定地层岩性情况、地质构造发育情况，记录地层和构造的位置及分布特点；确定岩溶的发育特点，记录岩溶的规模、形态、分布位置等具体情况；查明有害气体的分布位置及对隧洞开挖的影响程度。

7.1.4 物探预报法

物探类超前预报方法是以探测目标与周围介质之间的物性差异为基础展开的一类预报方法，探测目标需要在具备一定的规模后才能被发现。物探类方法较多，有弹性波法、电磁波反射法、直流电法与红外探测法等，需根据地质环境与目标地质体的特点进行选择。物探方法需要按照资料收集整理、实地踏勘、编制勘探计划、数据采集、初步及最终解释、成果核对等流程进行。由于隧道地质条件复杂且干扰因素较多，应当选用两种及以上物探方法，并与其他探测方法结合使用，对物探结果综合研究分析，解释说明探测目标的位置、形态、产状等参数。

7.2 物探超前预报方法研究

7.2.1 常见物探预报方法

1. TSP 隧道超前预报技术

TSP（Tunnel Seismic Prediction）是地震反射波法中的一种以负视速度原理为基础的

勘探方法，由于其探测能力好且预报较准确，被广泛应用于各国的隧道超前预报中。TSP预报技术需要人工激发地震波，地震波以球面波的形式传播并在遭遇波阻抗差异界面时发生反射，反射地震波由掌子面侧壁的接收器接收并记录。可通过分析地震信号的特征来推断异常地质体的空间参数，估算岩体相关的物理力学参数，进而实现掌子面前方及周围区域的地质预报。

2. TRT 预报法

TRT（True Reflection Tomography）超前预报技术同样属于地震波类方法，该方法在空间内采用多点激发和接收的观测方式来收集掌子面及附近区域内地震波的信息。TRT方法将锤击点与接收点作为焦点，根据以地震波走时与波速的乘积而形成的椭圆面的叠加强度来确定岩体中反射界面的位置，进而划分围岩类别。

3. 探地雷达法

探地雷达法（Ground Penetrating Rada）属于电磁波反射类方法。该方法通过激发高频电磁波向介质传播并发生反射与透射，地表仪器接收反射回来的电磁波，形成相应的数字信号，数字信号特征能够反映隧道的地质情况。高频电磁波与地震波的特征类似，可以使用与地震波类似的处理与解释方法。

4. 瞬变电磁法

瞬变电磁法（Transient Electromagnetic Method）是一种时间域的电磁勘探方法，通过不接地的电偶源或回线往地下发射一次磁场，并在断电后测量地下激发的二次感应磁场随时间的衰减特征，从而达到勘探地下地质情况的效果。

5. 陆地声纳法

陆地声纳法（Land Sonar）也称地震映像法或高频地震反射波法。该方法的观测方式相对简单，一般采用小偏移距的地震波激发与接收系统，人工激发高频地震波或声波，在激振点附近单点接收或在其两侧对称位置上同时接收高频地震波或声波信号，得到零偏移距信号并进行处理和分析，最终实现不良地质体的预报。

6. 红外探测法

红外探测法（Infrared Detection）是利用地质体的红外辐射特征以及含水构造敏感的特性的勘探方法，测量地下岩体的红外辐射能量，常被用于地下暗河、岩溶区的探测。

表 7-1　物探类预报方法及性能

方法	物性参数	探测精度/m	适用范围	精度
TSP 法	波速与波阻抗	50～200	岩溶、断层、破碎带等构造	低
探地雷达法	介电常数	0～50	断层、破碎带、岩溶等构造	高
瞬变电磁法	介电常数	80～150	岩溶洞穴与通道、煤矿采空区、不规则水体等	低
TRT 法	波速与波阻抗	50～200	岩溶、断层、破碎带等构造，判断富水性	低
陆地声纳法	波速与波阻抗	0～50	岩溶、断层、破碎带等构造，判断富水性	高
红外探测法	温度	0～50	地下水、岩溶等	低

7.2.2　综合物探方法的选择

物探超前预报方法的种类较多且各具优点，而单一的物探方法具备局限性而无法直接应用于隧道灾害预报。需要选择多种物探方法并组合使用，弥补单一物探方法的缺点并提高预报的准确度。

从探测能力来看，TSP 法的探测深度最大，其次是瞬变电磁法、探地雷达法，单一的物探方法只能探测部分区域，无法获得相对全面的地质结构与潜在不良地质体的信息。

从适用范围来看，TSP 法适用于波阻抗差异较大且具有一定规模的断层、破碎带、软弱层等地质构造，能够分析地质体的物理力学参数并评价围岩的类别；探地雷达法同样对断层、破碎带等有较好的探测效果；瞬变电磁法在采空区、溶洞等区域的探测能力较强，但是在探测金属结构体、金属矿脉时效果不佳。三种方法各有优缺点并能够相互弥补，理论上能够用于复杂地质条件下的预报工作。

从探测精度来看，TSP 法与瞬变电磁法的探测精度相对较低，容易出现误报和漏报，而探地雷达的探测精度相对较高，一定程度上能够弥补 TSP 法与瞬变电磁法探测精度不足的问题。

7.3　营盘山隧道超前地质预报技术

营盘山隧道掌子面前方溶洞及岩溶水发育广泛，岩溶水对隧道工程的安全施工造成了极大的威胁。因此，营盘山隧道超前预报技术的选择应以保障安全性和准确性为原则。通过前述分析可知，超前地质钻探法和探地雷达法预测精度和可实施性较高，因此，本书采用此两种方法对掌子面前方溶洞发育情况及岩溶水赋存情况进行预测和预报。

7.3.1 超前地质钻探法

在隧道出口施工掌子面，采用 HM90AC 潜孔钻机钻孔，从掌子面向斜井方向施作超前地质钻孔，每次钻孔深度为 30 m，每组 5 个孔，每开挖 20 m 后施作下一个循环，搭接长度 10 m，直至与斜井掌子面贯通。根据富水分布情况，必要时适当向两侧偏 10°～20°进行钻探，确保开挖面积作业人员的安全。

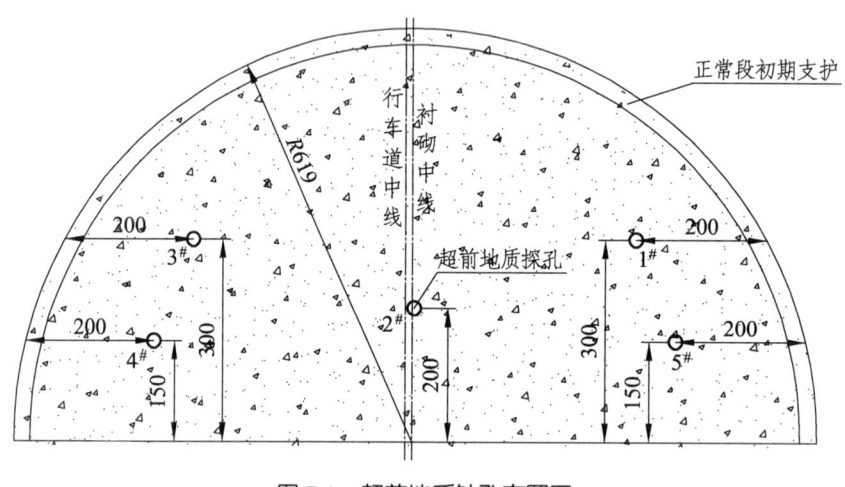

图 7-1 超前地质钻孔布置图

7.3.2 地质雷达三维探测超前预报

1. 地质雷达三维成像技术原理

地质雷达方法是一种用于确定工程结构与地层介质分布的电磁波法。主要原理是利用高频电磁波，以脉冲形式通过发射天线定向发射，电磁波在地下介质中传播，当遇到存在电性差异介质的界面时，电磁波便会发生反射，返回地面后由接收天线接收（见图 7-2），并由采集系统（主机）以数字的形式记录下来。

数据分析采用专利算法自主研发的 AGS-GPR3D 专业处理软件进行分析处理，可以智能识别地下空间质点中的目标介质，并计算其在数字信号频谱中所占能谱的强度值。

专利技术谱能分析法定义如下：

对地下各空间质点目标介质进行谱能占比强度值计算，根据各质点坐标，重构目标介质体在地下空间中的分布，反演出被探测目标物的大小形态、空间位置，为解译目标物可辨识的物理特征提供量化依据，称为谱能分析法。

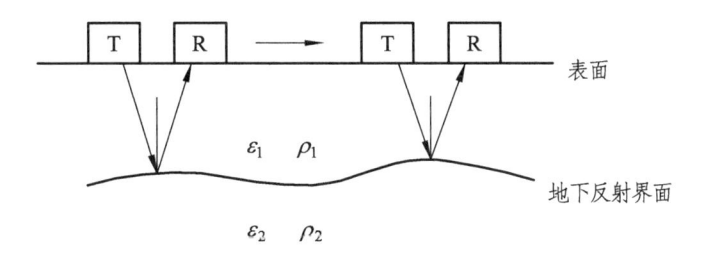

图 7-2　地质雷达法探测工作原理图

在水文地质探测中，采用谱能分析法计算空气介质在空间质点中的孔隙率，解译岩体的疏密程度和地层结构的完整性；而通过计算水介质在空间质点中的含水率，解译岩体的亲水性差异，可判断其软硬并划分地层或地下水分布；进而从其分布形态推断地质结构及水文状况。将水文地质情况在地下空间中进行坐标重构，可达到三维可视化精准探测的目的。

2. 探测区域三维空间相对位置特别说明

（1）本次探测区间内，左右幅各自设计里程相差约 12 m，两洞身净间距 30 m，设计图截图如图 7-3 所示。

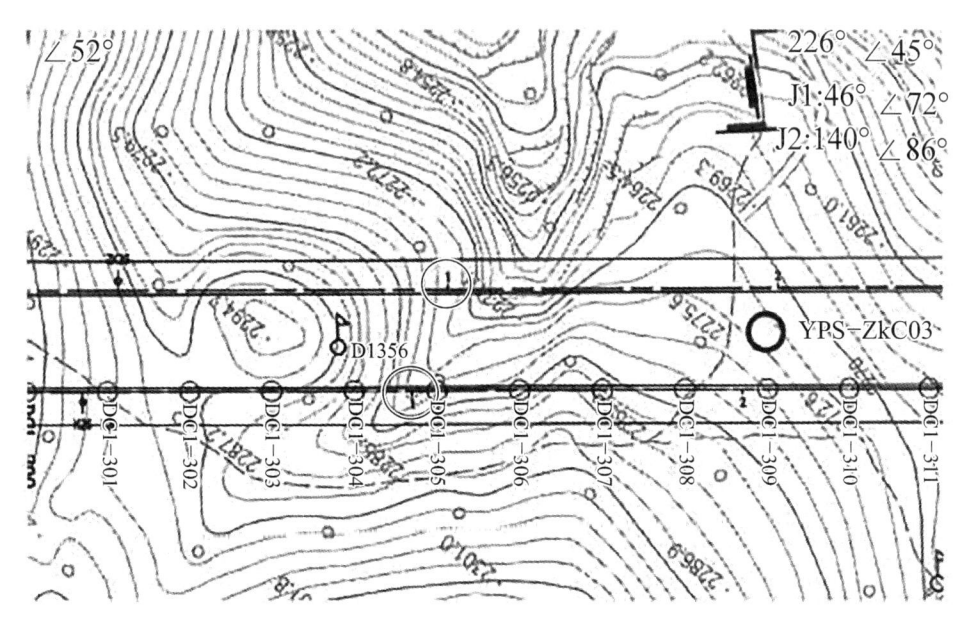

图 7-3　设计图 YK26+000～YK26+260 段截图

（2）三维坐标系选取出口右幅 YK26+260 处探测点为坐标点（0，26260，0）。

（3）数值表示示例："26260"为隧道右幅 YK26+260；"26260-12"为隧道左幅 ZK26+248。

3. 地质雷达三维成像观测系统设计

测线布置如图 7-4 所示，使用地下空间三维探测车，基于伞角回旋自动扫描叠加点测模式，雷达波束以环向扫描间距 5°，空间扫描伞角分别为 10°、20°、30°、40°、50°、60°、70°、80°，对探测面 YK26+268、YK26+230、ZK26+266 里程沿隧道施工掘进方向呈半球状对探测空间全覆盖。

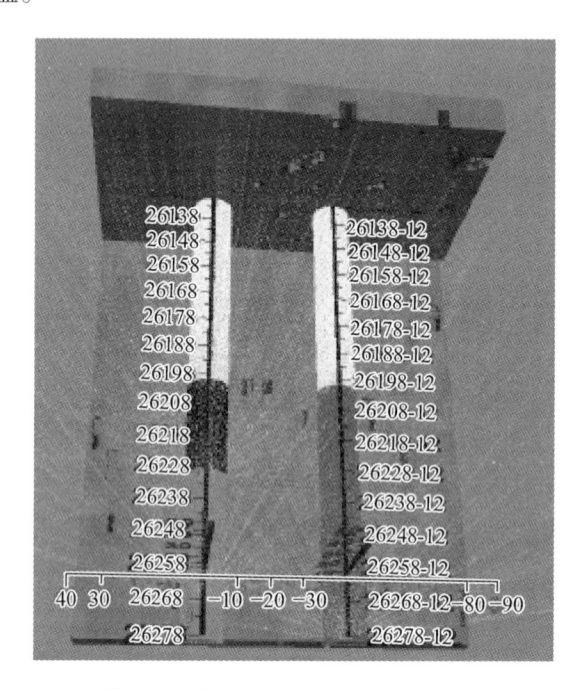

图 7-4 雷达波定向辐射射线分布数据采集系统示意图

4. 地质雷达三维探测超前预报探测结果

地质雷达三维成像空间范围：以营盘山隧道出口里程右幅 YK26+268、YK26+230、左幅 ZK26+266 向小里程方向分三次进行超前三维探测，测控范围为营盘山隧道出口右幅 YK26+260～YK26+105 段、左幅 ZK26+258～ZK26+128 段，隧道左右幅洞身周边围岩外延 40 m 范围空间区域。

测控区空间范围 K26+260～K26+140 里程段围岩地层岩性主要为第四系更新统坡积粉质黏土、碎石，下伏基岩为下元古界会理群片麻岩、混合岩，震旦系现音崖组泥岩、泥质砂岩、砂岩，震旦系灯影组白云岩、白云质灰岩，泥盆系中统灰岩，寒武系下统粉砂岩，三叠系上统干海子组泥质砂岩、砂岩、泥岩、煤层，三叠系舍资组砂岩、泥岩及早元古代晚期石英闪长岩，地下水主要为裂隙水及岩溶水，水文地质复杂，工程地质条件差。

（1）综合探测结果如图7-5所示。探测结果显示，测控区内，洞身周边围岩含水丰富，裂隙岩溶水径流方向主要是自上而下的（本书提及的"前""后""左""右""上""下"表示为面对掌子面，沿洞身掘进方向相对应的六个方向）。

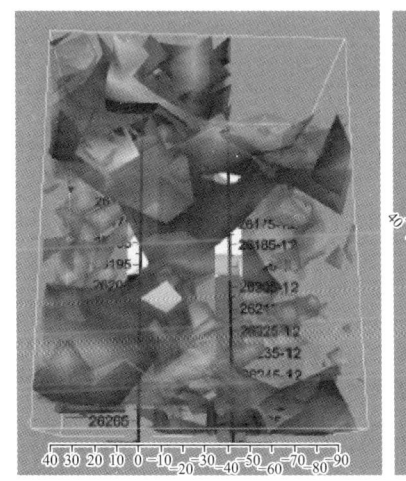

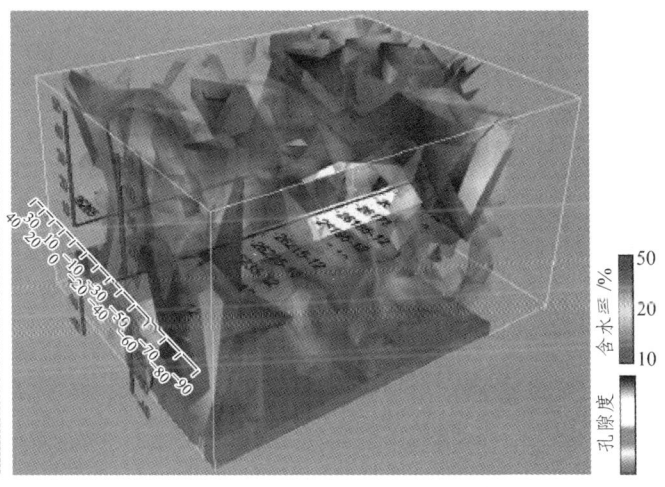

图7-5 营盘山隧道出口地质雷达三维成像探测综合结果图

（2）根据图7-5，测控区空间范围内，出口右幅洞身周边围岩受突泥涌水影响，形成较明显的溶腔破碎松散区，而出口左幅由于突泥涌水停工时间较长，早期形成的突涌通道被再次充填，洞身周边围岩未见较大规模的空腔破碎松散区。

其中，出口右幅 YK26+225～200 段洞身上方存在规模约 10 000 m³ 的①号空腔破碎松散区，YK26+195 前后洞身右侧约 5 m 位置存在规模约 1 000 m³ 的②号空腔破碎松散区；YK26+140 前后洞身右侧存在一规模约 500 m³ 的③号空腔破碎松散区。

出口左幅 ZK26+258 前后洞身右上方存在④号裂隙发育并延伸至测控区外；ZK26+203 前后洞身右侧约 15 m 位置存在规模约 1 000 m³ 的⑤号空腔破碎松散区；ZK26+155 前后洞身右侧约 10 m 位置有一小规模约 50 m³ 的⑥号空腔破碎松散区。

（3）根据图7-6，本次隧道右幅突泥涌水造成洞身周边围岩形成裂隙岩溶水径流通道：其中掌子面右侧突水点，径流通道主要向右前上方延伸；YK26+220 喷水点，径流通道主要来自左后上方延伸。

左幅未见明显的裂隙岩溶水径流通道，掌子面突泥涌水时间较长，且突涌物未被处置，ZK26+240 处涌水清澈呈股状，表明地灾后的围岩体未受外力及流动地下水的扰动，再结合本次物探结果图，间接推测出较大规模的裂隙岩溶水通道已被二次充填。

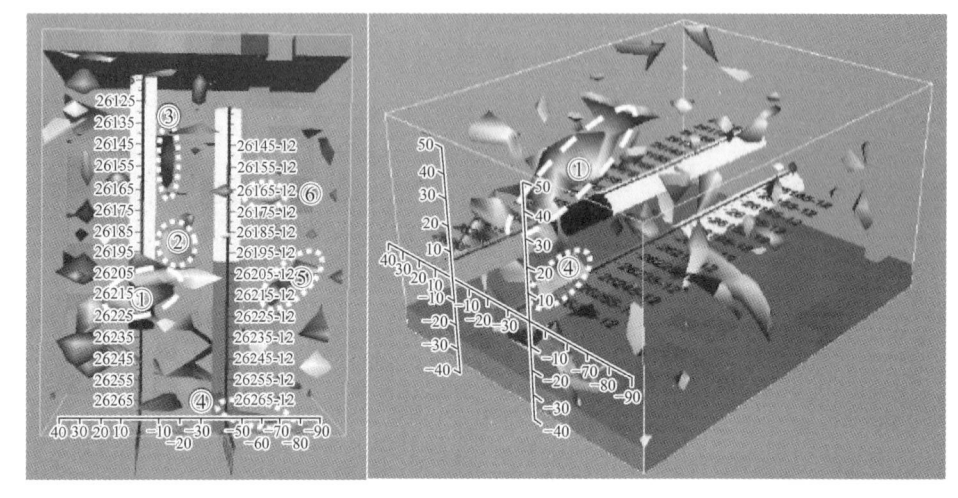

图 7-6 营盘山隧道出口端测区周边围岩岩溶及破碎松散区分布探测结果

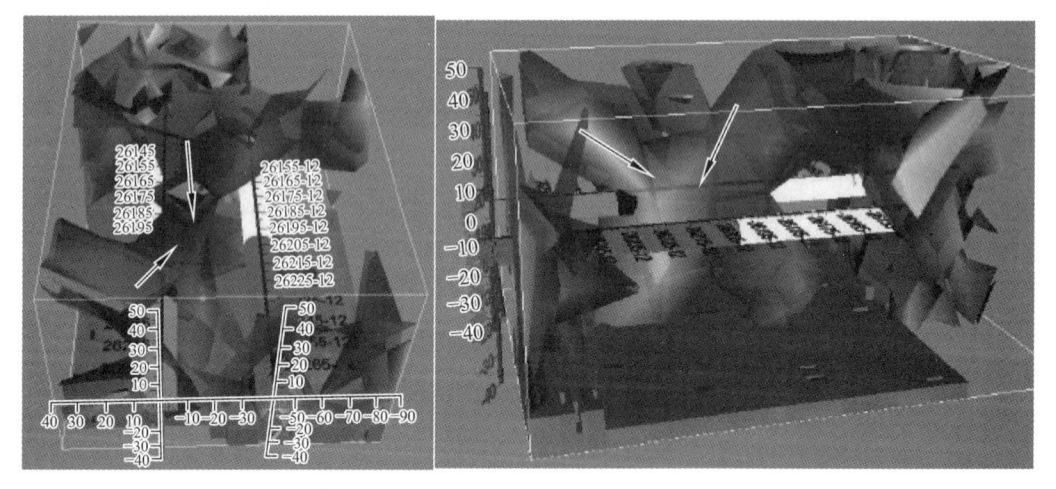

图 7-7 营盘山隧道出口端左右幅洞身不同水流通道剖面图

（4）图 7-7 为沿设计洞身轴线的纵剖面。剖面图显示出影响隧道施工的掌子面突涌水汇水形态及周边围岩空腔松散区分布（图中每个网格的尺寸为 2 m × 2 m，下同）。

出口右幅洞身已开挖段 YK26+260 ~ YK26+200，洞身周边围岩含水丰富，是突涌水的主要径流补给源；掌子面前方 YK26+200 ~ YK26+105 洞身周边围岩未受开挖扰动及突泥涌水的影响，且富含水。

出口左幅洞身未开挖段 ZK26+188~ZK26+128，洞身周边围岩含水更加丰富；已开挖段 ZK26+258~ZK26+188 洞身周边含水相对弱些。

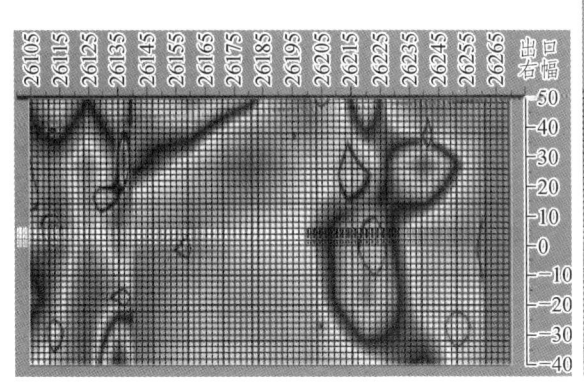

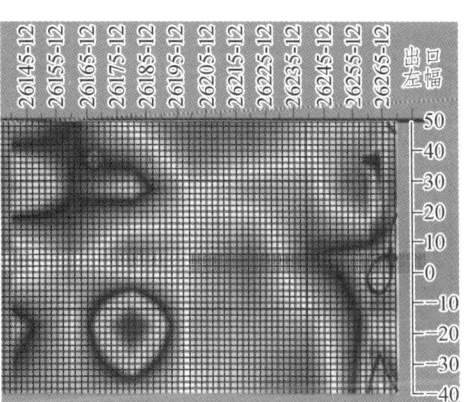

图 7-8　营盘山隧道出口端洞身轴线纵剖面图

（5）图 7-9 为隧道设计中轴线 5 m 里程间距物探横断面图。该图显示了隧道不同里程洞身周边围岩水文地质的分布情况，测区范围内出口右幅 YK26+260~YK26+105 段、左幅 ZK26+258~ZK26+128 段处于岩溶裂隙发育、富含水不良地质段，随着开挖掘进的扰动，其围岩含水的变化是造成安全施工隐患的主要诱因，只有了解了围岩岩溶裂隙的发育情况及富含水的分布，提前采取有针对性的防范措施，才能确保安全生产和施工顺利。

图 7-9　出口洞身隧道洞身中轴线 5 m 里程间距横断面水文地质图

探测结果汇总结果如表 7-2 所示。

表 7-2　隧道轴线横断面水文地质描述

编号	断面里程		水文地质描述
1	ZK26+258	YK26+270	洞身周边围岩溶蚀发育，裂隙岩溶水丰富，左洞洞身上方及右上方含水性较强，且 ZK26+258 前后洞身右上方存在裂隙发育并延伸至测控区外
2	ZK26+253	YK26+265	
3	ZK26+248	YK26+260	洞身周边围岩溶蚀发育，裂隙岩溶水丰富，左洞洞身右上方含水性较强，右洞洞身左上方含水较丰富
4	ZK26+243	YK26+255	
5	ZK26+238	YK26+250	
6	ZK26+233	YK26+245	
7	ZK26+228	YK26+240	
8	ZK26+223	YK26+235	
9	ZK26+218	YK26+230	洞身周边围岩溶蚀发育，裂隙岩溶水丰富，右洞洞身周边围岩含水，且左上方含水较丰富并侵入洞身；左洞洞身周边围岩含水。YK26+225 前后洞身上方约 15 m 存在较大空腔破碎松散异常区，ZK26+203 前后洞身右侧约 15 m 位置存在空腔破碎松散异常区
10	ZK26+213	YK26+225	
11	ZK26+208	YK26+220	
12	ZK26+203	YK26+215	
13	ZK26+198	YK26+210	洞身周边围岩溶蚀发育，裂隙岩溶水丰富，右洞洞身周边围岩含水，且左上方含水性相对减弱，右上方含水态呈竖直状并侵入洞身；左洞洞身左上方围岩含水性较强。YK26+195 前后洞身右侧存在较大空腔破碎松散异常区
14	ZK26+193	YK26+205	
15	ZK26+188	YK26+200	
16	ZK26+183	YK26+195	
17	ZK26+178	YK26+190	
18	ZK26+173	YK26+185	洞身周边围岩溶蚀发育，裂隙岩溶水丰富，右洞洞身周边围岩含水，右上方围岩含水性较强；左洞洞身上方围岩含水较丰富
19	ZK26+168	YK26+180	
20	ZK26+163	YK26+175	
21	ZK26+158	YK26+170	洞身周边围岩溶蚀较发育，裂隙岩溶水较丰富，右洞洞身周边围岩含水，上方及左上方围岩含水较丰富；左洞洞身右上方围岩含水较丰富。工程地质条件较差，对施工安全影响较大。
22	ZK26+153	YK26+165	
23	ZK26+148	YK26+160	

续表

编号	断面里程		水文地质描述
24	ZK26+143	YK26+155	YK26+140 前后洞身右侧存在一空腔破碎松散异常异常区；ZK26+155 前后洞身右侧约 10 m 位置有一较小规模空腔破碎松散异常区
25	ZK26+138	YK26+150	
26	ZK26+133	YK26+145	
27	ZK26+128	YK26+140	
28	ZK26+123	YK26+135	洞身周边围岩溶蚀较发育，裂隙岩溶水较丰富，右洞洞身周边围岩含水，上方及左上方围岩含水较丰富
29	ZK26+118	YK26+130	
30	ZK26+113	YK26+125	洞身周边围岩溶蚀较发育，裂隙岩溶水较丰富，右洞洞身右上方围岩含水较丰富
31	ZK26+108	YK26+120	
32	ZK26+103	YK26+115	洞身周边围岩溶蚀较发育，裂隙岩溶水较丰富，右洞洞身上方及右上方围岩含水较丰富；左洞洞身左上方围岩含水较丰富
33	ZK26+098	YK26+110	
34	ZK26+093	YK26+105	

7.3.3 探测结论及建议

以物探结果为基础，结合华丽高速营盘山隧道工程地质与水文地质的实际调研情况，现给出以下结论和建议。

（1）测控区空间范围内 K26+260～K26+140 里程段围岩地层岩性主要为白云质灰岩，岩溶裂隙发育，粉质黏土、泥质砂岩、碎石等填充物随长期地下水运动而充填于溶腔裂隙中，地下水主要为裂隙水及岩溶水。测控区内，洞身周边围岩含水丰富，裂隙岩溶水径流方向主要是自上而下的径流补给，水文地质复杂，工程地质条件差。

（2）测控区空间范围内，出口右幅洞身周边围岩受突泥涌水影响，形成较明显的溶腔破碎松散区，造成洞身周边围岩形成裂隙岩溶水径流通道；其中掌子面右侧突水点，径流通道主要向右前上方延伸；YK26+220 喷水点，径流通道主要来自左后上方延伸。而出口左幅由于突泥涌水停工时间较长，早期形成的突涌通道被再次充填，洞身周边围岩未见较大规模的空腔破碎松散区，ZK26+240 处涌水清澈呈股状，间接推测较大规模的裂隙岩溶水通道已被充填。

（3）测控区空间范围内，出口右幅洞身已开挖段 YK26+260～YK26+200，洞身周边围岩含水丰富,是突涌水的主要径流补给源;掌子面前方 YK26+200～YK26+105 洞身周边围岩未受开挖扰动及突泥涌水的影响,且富含水。出口左幅洞身未开挖段 ZK26+188～ZK26+128,洞身周边围岩含水更加丰富;已开挖段 ZK26+258～ZK26+188 洞身周边含水相对弱些,其中,ZK26+258 前后洞身右上方存在裂隙发育并延伸至测控区外。

左幅由于突泥涌水停工时间较长,早期形成的突涌通道被再次充填,洞身周边围岩未见较大规模的空腔破碎松散区,ZK26+240 处涌水清澈呈股状,间接推测较大规模的裂隙岩溶水通道已被充填。

(4)测控区空间范围内,出口右幅洞身已开挖段 YK26+260～YK26+200,洞身周边围岩含水丰富,是突涌水的主要径流补给源;掌子面前方 YK26+200～YK26+105 洞身周边围岩未受开挖扰动及突泥涌水的影响,且富含水。出口左幅洞身未开挖段 ZK26+188～ZK26+128,洞身周边围岩含水更加丰富;已开挖段 ZK26+258～ZK26+188 洞身周边含水相对弱些,其中,ZK26+258 前后洞身右上方存在裂隙发育并延伸至测控区外。

(5)测区范围内均处于溶蚀发育富积水状态,随着开挖掘进对围岩的扰动,其裂隙岩溶水沿溶蚀发育带突涌是造成安全施工隐患的主要原因。根据围岩裂隙岩溶水的分布及掘进扰动产生的水文地质变化,应加强常规超前预报跟进,完善施工方案设计,提前采取超前钻排水引流等措施。

(6)在掘进的外力作用下,地下水运动可能会使原有的围岩结构发生变化,为确保安全生产施工,建议加强洞身结构及对各个出水点出水量的监控量测等工作,避免地灾事故的发生。

(7)建议参照附图给出的各里程物探横断面水文地质分布情况,并根据实际的开挖情况和超前钻探结果,采取有针对性的施工措施,确保工程的顺利实施。

第8章 营盘山隧道不良地质灾害处治关键技术

为应对营盘山隧道工程地质、水文地质条件复杂和突泥涌水等地质灾害处治相关的问题，总结分析了长斜井反坡排水施工、斜井突发大规模涌水突泥灾害处治、涌水段处治、断层破碎带处治、初支侵限换拱处治、联络通道高边墙接入主洞、掌子面突涌回填反压处治、横洞迂回反向处治等技术和应用价值。

8.1 巨量涌水隧道斜井工区反坡排水关键技术

8.1.1 工程背景

营盘山隧道分四个工作面即进口、出口、1#斜井、2#斜井进行施工。

营盘山隧道 2#送风斜井：长 1 344 m，与主洞左右线相接于 ZK26+610、K26+650；送风井联络通道长 193 m。送风斜井口与正洞交汇处高差 135 m。

2#排风斜井：长 1 255 m，与主洞左右线相接于 ZK26+670、K26+590；排风井联络通道长 371 m。排风斜井口与正洞交汇处高差 135 m。

2#斜井进主洞后承担施工：左线长 2 353 m，右线长 2 353 m。从 2 号斜井进入主洞后上坡向小里程（进口方向）施工，线路纵坡为 0.55%。

2#斜井位于仁和镇良田村，进口处有一条自然形成的河流，河水以山上雨水汇流为主，一年四季不断流。

依据设计图纸、地质勘探资料显示营盘山隧道 2#斜井集中降雨状态下洞室内呈点滴状或淋雨状出水，2#斜井整个施工过程施工抽水量为 250 万立方米，结合现场实际地质情况发现，截至斜井掘进距离达到设计长度的 50%，2#斜井现场实际抽水量为 251.85 万立方米，已远超设计总量。

在实际施工过程中，围岩节理发育，节理裂隙集中出水，成股状、长流水，局部段落呈现喷射状，出水量大，与设计图纸存在较大的差异。

截至排风井掘进距离达 610 m，最大涌水量约为 25 000 m³/d，估算排风井最大涌水量约 40 000 m³/d；送风井掘进距离达 590 m，最大涌水量约为 7 500 m³/d，估算送风井最大涌水量约 15 000 m³/d。根据设计资料计算预测，左线隧道最大涌水量为 4 038 m³/d，右线隧道最大涌水量为 4 054 m³/d。斜井转主洞后，主洞施工时斜井需要承担主洞左右洞的排水。因此，斜井排水需要准备的最大涌水量为 63 092 m³/d。

8.1.2 技术内容

8.1.2.1 反坡抽排水方案

1. 隧道反坡抽排水的特点

反坡施工即向洞内施工前进方向为下坡，洞内水向工作面汇集，需要及时抽排，以防止施工掌子面水积聚过深，影响隧道围岩的稳定和危及隧道施工的机械设备及施工人员的安全，影响正常的施工生产。

2. 主要排水方案

营盘山隧道 2# 斜井排水分为两部分：第一部分为斜井施工，第二部分为斜井转主洞施工。

第一部分：斜井为反坡排水，随着斜井的掘进，送风井、排风井各设置七处集水井（截流隧道渗水），1 号、2 号两级泵站接力排水。掌子面积水通过移动式潜水泵抽至就近集水井内，其余已施工地段隧道渗（涌）水经隧道内两侧排水沟自然汇集到集水井内，集水井内积水经排水管路抽排至临近泵站内，逐级抽排，最后经洞外污水处理池处理后排放。

第二部分：斜井转主洞后，主洞向小里程方向掘进（上坡），为顺坡排水，在斜井与主洞交叉处附近设 3 号泵站经斜井 2 号、1 号泵站反坡接力排水至洞外。

8.1.2.2 集水井及固定泵站设置

1. 集水井的设置

送风井和排风井各设置 7 处集水井，根据涌水量大小，从斜井洞口开始，每隔约 200 m 设一处。

由于斜井隧底及两侧渗流水均顺坡回流而下，需截断回流水以减小掌子面水量，缩短掌子面段的排水时间。2#斜井1~6号集水井选择在仰拱靠近外侧边墙位置设置，保证两侧水沟的水流入，深度低于隧底，截断隧底流水，集水井按纵向长10 m、宽3 m、深4 m的标准，设置在两段仰拱之间，井内底部及下端采用混凝土封闭，安装工字钢支架，支架上盖ϕ22钢筋网。在排风井左线联络道（净宽4.2 m）、送风井右线联络道（净宽3.6 m）侧壁开挖洞室作为7号集水井，斜井集水井后期采用同级混凝土回填密实。

2. 泵站的设置

送风井、排风井各设两级固定泵站抽排水，三号泵站设置在斜井与主洞交叉处，承担主洞的抽排水任务。

采用开挖横洞作为泵站，工字钢架支撑，锚网喷支护。支护完成后，在洞室底部开挖4 m深作为水仓，中间设隔墙，分别为沉淀池和清水池。各池内采用工字钢支架，上铺钢板或钢筋网。

图8-1 排风斜井一级泵站

图8-2 送风斜井一级泵站

排风井1号、2号泵站各常用7台、备用2台200s-125（185 kW）离心泵，送风井1

号、2号泵站各常用4台、备用1台200s-125（185 kW）离心泵，主洞3号泵站常用11台、备用3台200s-125（185 kW）离心泵。

表8-1 营盘山隧道2#斜井泵站设计参数

部位		里程桩号	尺寸（长×宽×高）	备注
排风井	1号泵站	K0+685	20 m×10 m×5 m	
	2号泵站	K0+235		
送风井	1号泵站	K0+774	8 m×8 m×5 m	
	2号泵站	K0+244		
主洞（排风、送风共用）	3号泵站	与主洞交叉处	30 m×10 m×5 m	

排风井1号、2号泵站水仓容量为800 m³，预测最大涌水量为1 667 m³/h，如遇设备故障，水仓灌满约需29 min；送风井1号、2号泵站水仓容量为256 m³，预测最大涌水量为625 m³/h，如遇设备故障，水仓灌满约需25 min；主洞3号泵站水仓容量1 200 m³，预测最大涌水量为2 629 m³/h，如遇设备故障，水仓灌满约需27 min。

图8-3 排、送风斜井二级泵站

图8-4 正洞移动污水泵

8.1.2.3 设备选型配套

1. 抽水设备型号选型原则

隧道排水主要为隧道渗水，同时需考虑到施工用水。水质除地下水的本身成分外，主要还混有岩石、石屑、泥浆，同时还有喷射混凝土的回弹物掺杂物，所以除了需考虑到需排出的水量外，还应考虑到排水的化学成分对水泵的影响。

2. 设备选型及配套

表 8-2 营盘山隧道 2# 排风井水泵选用一览表

序号	部位		到洞口距离/m	施工里程	水泵型号	额定流量/(m³/h)	单位	安装数量	备用数量	备注
1	第一阶段	1号集水井	180	K1+075	150WQ200-30-30	200	台	4	1	涌水量 26 000m³/d
2		2号集水井	380	K0+875	150WQ200-30-30	200	台	4	1	
3		1号泵站	570	K0+685	200s-125	328	台	7	2	
4		3号集水井	690	K0+565	150WQ200-30-30	200	台	7	2	
5		4号集水井	890	K0+365	150WQ200-30-30	200	台	7	2	
6	第二阶段	2号泵站	1 020	K0+235	200s-125	328	台	7	2	预测涌水量 40 000m³/d
7		5号集水井	1 200	K0+055	150WQ200-30-30	200	台	11	3	
8		6号集水井	1 400	右线联络道	150WQ200-30-30	200	台	9	2	
9		7号集水井	1 350	左线联络道	150WQ200-30-30	200	台	2	1	
10	第三阶段	3号泵站	1 485	与主洞交叉处	200s-125	328	台	11	3	预测涌水量 63 000m³/d（含主洞）
11		掌子面			100WQ100-40-22	100	台	21	7	
12	合计				150WQ200-30-30	200	台	22	6	
					100WQ100-40-22	100	台	21	7	
					200s-125	328	台	25	7	

备注：根据出水量增加或减小，投入设备也相应增加或减少

表 8-3 营盘山隧道 2# 送风井水泵选用一览表

序号	部位		到洞口距离/m	施工里程	水泵型号	额定流量/(m³/h)	单位	安装数量	备用数量	备注
1	第一阶段	1号集水井	200	K1+144	150WQ200-30-30	200	台	2	1	涌水量 10 000m³/d
2		2号集水井	400	K0+944	150WQ200-30-30	200	台	2	1	
3		1号泵站	570	K0+774	200s-125	328	台	4	1	
4		3号集水井	770	K0+574	150WQ200-30-30	200	台	3	1	
5		4号集水井	970	K0+374	150WQ200-30-30	200	台	3	1	
6	第二阶段	2号泵站	1 100	K0+244	200s-125	328	台	4	1	预测涌水量 15 000m³/d
7		5号集水井	1 300	K0+044	150WQ200-30-30	200	台	4	2	
8		6号集水井	1 380	左线联络道	150WQ200-30-30	200	台	3	1	
9		7号集水井	1 400	右线联络道	150WQ200-30-30	200	台	1	1	
11	掌子面				100WQ100-40-22	100	台	8	3	
12	合计				150WQ200-30-30	200	台	8	4	
					100WQ100-40-22	100	台	8	3	
					200s-125	328	台	8	2	

3. 配用的抽水设备验算

（1）流量验算。

①第一部分：斜井施工。

a. 送风井：

1 台 200s-125 离心泵理论流量 328 m³/h，考虑流量损耗，理论流量：328×0.8×24 = 6 297.6 m³/d；

正常排水 4 道 ϕ219 mm 钢管与 4 台 200s-125 离心泵配套使用，备用 1 套管路，理论抽水量为：6 297.6×4 = 25 190.4 m³/d；

估算送风井最大涌水量为 15 000 m³/d，小于理论抽水量。

b. 排风井：

1 台 200s-125 离心泵理论流量 328 m³/h，考虑流量损耗，理论流量：328×0.8×24 = 6 297.6 m³/d；

正常排水 7 道 ϕ219 mm 钢管与 7 台 200s-125 离心泵配套使用，备用 2 套管路，理论抽水量为：6 297.6×7 = 44 083.2 m³/d；

估算排风井最大涌水量为 40 000 m³/d，小于理论抽水量。

② 第二部分：斜井转主洞施工。

1 台 200s-125 离心泵理论流量 328 m³/h，考虑流量损耗，理论流量：328 × 0.8 × 24 = 6 297.6 m³/d；

正常排水 11 道 ϕ219 mm 钢管与 11 台 200s-125 离心泵配套使用，备用 3 套管路，理论抽水量为：6 297.6 × 11 = 69 273.6 m³/d；

估算主洞最大涌水量为 63 092 m³/d，小于理论抽水量。

（2）扬程验算。

200s-125 离心泵理论扬程 120 m，考虑扬程损耗，理论扬程 120 × 0.75 = 90 m。

送风井 1 号泵站与 2 号泵站距离最远为 530 m，送风井纵坡 11%，1 号泵站与 2 号泵站高差约 58.3 m，小于理论扬程。

4. 管路

根据洞内水量情况，结合选配的抽水设备：

排风井正常施工排水常用 7 套管路，备用 2 套管路，9 道 ϕ219 mm 钢管与 9 台 200s-125 离心泵配套使用；

送风井正常施工排水常用 4 套管路，备用 1 套管路，5 道 ϕ219 mm 钢管与 5 台 200s-125 离心泵配套使用；

主洞正常施工排水常用 11 套管路，备用 3 套管路，14 道 ϕ219 mm 钢管与 14 台 200s-125 离心泵配套使用。

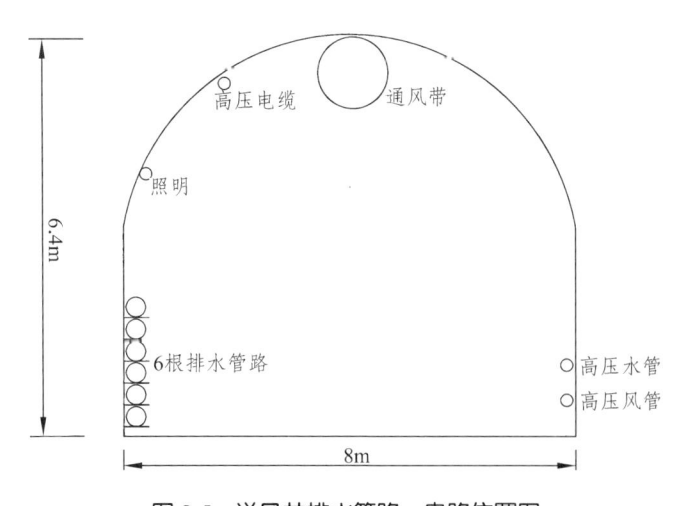

图 8-5 送风井排水管路、电路位置图

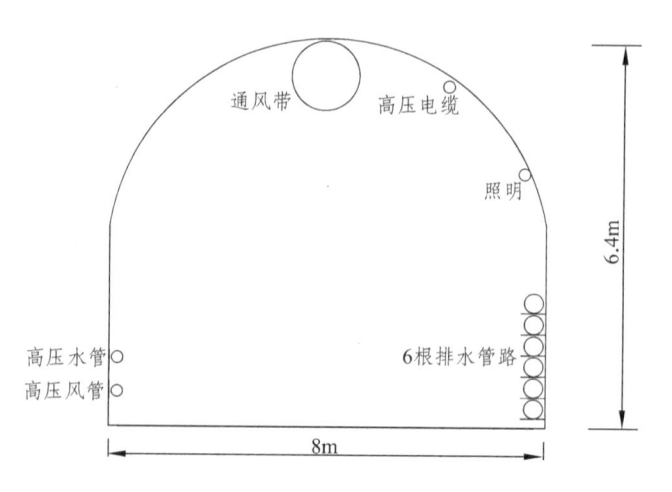

图 8-6　排风井排水管路、电路位置图

管路上均配置止回阀,以防止水锤现象,造成水泵损坏。掌子面处排水采用 22 kW 污水泵与胶管配套使用,各级集水井至临近泵站排水采用 30 kW 污水泵与 ϕ114 钢管配套使用(可根据隧道施工后洞内涌水情况增减管路)。

表 8-4　营盘山隧道 2# 斜井排水设备选用一览表

序号	部位		水泵型号	排水设备			备注
				排水管管径/mm	排水管长度/m	配套法兰盘数量/个	
1	排风井	1、2、3、4、5、6、7号集水井	150WQ200-30-30	114	4 080	1 360	钢管(进洞方向右侧)
		1、2、3号泵站	200s-125	219	13 500	4 500	钢管(进洞方向右侧)
		掌子面	100WQ100-40-22	102	3 000	—	普通胶管
				102	2 000	—	高压胶管
2	送风井	1、2、3、4、5、6、7号集水井	150WQ200-30-30	114	1 140	380	钢管(进洞方向左侧)
		1、2、3号泵站	200s-125	219	7 500	2 500	钢管(进洞方向左侧)
		掌子面	100WQ100-40-22	102	1 500	—	普通胶管
				102	1 000	—	高压胶管
3	合计			114	5 220	1 740	钢管
				219	21 000	7 000	钢管
				102	4 500	—	普通胶管
				102	3 000	—	高压胶管

5. 排水供电配置

为确保洞内排水正常进行，不因供电问题导致排水工作的中断，设置一条专用供电线路，10 kV 高压进洞，在斜井侧壁开挖洞室作为变压器洞室。

排风井：1号、2号变电室各安装 2 台 1 000 kVA 变压器；

送风井：1号、2号变电室各安装 1 台 1 000 kVA 变压器；

主洞：3号变电室安装 3 台 1 000 kVA，合计共安装 9 台 1 000 kVA 变压器。

同时考虑隧道地处山区，雨季供电专线受雷击影响停电频繁，为确保洞内排水正常进行，设置备用电源用于应急及雨季供电，斜井洞口共安装 17 台 515 kW 的发电机组，并配成发电站为斜井抽排水备用电源供电。

表 8-5　营盘山隧道 2# 斜井变电室最大用电量统计表

部位		水泵型号	单台容量/kW	数量/台	最大功率/kW	变压器配置	备注
1号变电室	排风井	掌子面	100WQ100-40-22	22 kW	14	1 653 (1 665)	2 (2) 台 1 000 kVA 变压器	预测最大涌水量 40 000 m³/d
		1号泵站	200s-125	185 kW	5 (9)			
		3、4号集水井	150WQ200-30-30	30 kW	14			
	送风井	掌子面	100WQ100-40-22	22 kW	6	682 (925)	1 (1) 台 1 000 kVA 变压器	预测最大涌水量 15 000 m³/d
		1号泵站	200s-125	185 kW	2 (5)			
		3、4号集水井	150WQ200-30-30	30 kW	6			
2号变电室	排风井	掌子面	100WQ100-40-22	22 kW	21	2 447 (1 665)	3 (2) 台 1 000 kVA 变压器	预测最大涌水量 40 000 m³/d
		2号泵站	200s-125	185 kW	7 (9)			
		5、6、7号集水井	150WQ200-30-30	30 kW	22			
	送风井	掌子面	100WQ100-40-22	22 kW	8	971 (925)	1 (1) 台 1 000 kVA 变压器	预测最大涌水量 15 000 m³/d
		2号泵站	200s-125	185 kW	3 (5)			
		5、6、7号集水井	150WQ200-30-30	30 kW	8			
3号变电室	主洞	3号泵站	200s-125	185 kW	14	2 590	3 台 1 000 kVA 变压器	预测最大涌水量 63 092 m³/d

注：表中括号外数字为施工期间设备配置，括号内数字为该段施工完毕后最终保留的设备。

表 8-6　营盘山隧道 2# 斜井抽水配电设备配置

序号	名称	规格型号	单位	数量（长度）	备注
1	变压器	1 000 kVA	台	9	
2	发电机组	515 kW	台	17	
3	低压转换高压	3 150 kVA	台	3	
4	双电源闭锁开关柜	10 kV	台	3	
5	高压电缆	3 × 240 mm²	m	7 600	
6	低压电缆	3 × 240 mm²	m	13 800	
7	水泵电源线	16 mm²	m	6 100	
8	水泵电源线	25 mm²	m	2 000	
9	发电电源线	150 mm²	m	400	
10	水泵电源线	50 mm²	m	1 200	
11	配电开关箱		个	92	

表 8-7　营盘山隧道 2# 斜井变压器洞室设计参数

部位	里程桩号	尺寸（长×宽×高）	备注
排风井	1号变电室 K0+705	10 m × 8 m × 4.5 m	
	2号变电室 K0+255	15 m × 8 m × 4.5 m	
送风井	1号变电室 K0+794	8 m × 8 m × 4.5 m	
	2号变电室 K0+264		
主洞（排风、送风共用）	3号变电室 与主洞交叉处	15 m × 8 m × 4.5 m	

6. 高压进洞

随着隧道掘进，为保证正常施工所需的排水电压，需高压进洞。送风井、排风井高压进洞线路各设置 1 条 3 × 240 mm² 的铜芯电缆，专供排水用电，正常供电与备用电源之间采用自动闭锁装置。正常情况下，洞内施工电源使用系统电源，系统电源停电后，由发电机发电经变压器升压后到洞口双电源柜，经双电源切换后送入洞内施工。

10 kV 高压进洞，解决洞外供电线路因供电距离长，导致排水设备电压不足的问题。排风井：1#、2# 变电室各安装 2 台 1 000 kVA 变压器；送风井：1#、2# 变电室各安装 1 台 1 000 kVA 变压器；主洞：3# 变电室安装 3 台 1 000 kVA，合计共安装 9 台 1 000 kVA 变压器。变压器低压侧采用成套低压开关柜出线，高压侧采用带开关的电缆分支箱。

双电源闭锁开关柜：在洞口合适位置布置 3 组 10 kV 高压开关柜。其中每组开关柜进线柜 2 面，一面系统电源，一面发电机电源，出线柜一面接至洞内电缆分支箱。其中进线开关柜具备双电源闭锁及自动投入功能。

发电机组备用电源系统：每 6 台发电机通过并网柜与 1 台 3 150 kVA 变压器组成一组备用电源，备用电源共三组。

高压电缆：为便于今后的运行维护，根据负荷计算，高压电压全部采用聚氯乙烯 3 芯铜芯电缆，截面积 240 mm^2。

发电机组作为备用电源单独实现，避免并列运行的功能在双电源切换系统部分来实现。具体措施：

（1）双电源进线柜实现电气闭锁+机械闭锁功能。

电气闭锁：① 在进线断路器的合闸回路上串入断路器位置接点形成相互闭锁，即只有任意一个断路器分闸后，另外一台断路器才能合闸。② 在备用电源的高压出线断路器合闸回路里串入双电源系统里的系统电源进线断路器的位置接点形成相互闭锁，即只有系统电源断路器分闸后，备用电源高压出线断路器才能合闸。

机械闭锁：双电源进线柜的两台进线断路器在合闸机构部分加装闭锁装置，形成机械闭锁。

运行管理：编制双电源系统和备用系统的运行管理规程，明确两个系统之间的操作顺序、步骤以及单个系统的操作步骤。明确具体操作人员，对其进行培训及考核，考核合格的才能允许操作。

（2）发电机装设同期装置。

作为备有电源系统，17 台发电机必须装同期装置，同期点设在发电机断路器上，同期装置设置在发电机断路器柜上。

7. 水池清淤

集水井及泵站清淤及抽水设备、管道安装，需配备 1 台 CAT318D 挖掘机和 1 台自卸渣车。

8.2 斜井工区突发大规模持续性涌水正洞泄水处置关键技术

8.2.1 工程背景

2019 年 3 月 3 日，隧道 2$^\#$ 斜井转正洞左线掌子面掘进 573 m（桩号 ZK26+188），爆破后在隧道上台阶左下方出现一个直径约 2 m 的溶洞（该处埋深约 635 m），随后溶洞发生小规模的涌水和少量涌泥，项目部立即停止掌子面施工，观察、记录涌水和涌泥情况。

图 8-7　掌子面左下方涌水

项目部 3 月 4 日进行了超前地质雷达检测和超前钻孔探测，在掌子面位置钻孔 5 个，钻孔深度 17 m，其中掌子面顶部钻孔有压力水喷出，通过钻孔的情况探明隧道掌子面前方存在长约 9 m 的空腔并有松散渣体。

图 8-8　超前钻压力水喷出

地质报告显示：ZK26+188—ZK26+168 段节理裂隙发育，溶蚀发育，岩层层间结合较差，岩体结构破碎。其中 ZK26+184—ZK26+180、ZK26+174—ZK26+168 段图像标注区域，围岩极破碎，溶蚀发育，可能存在溶腔溶槽（见图 8-9）。根据超前钻孔和地质雷达检测结果，项目部采取停工、观测措施。

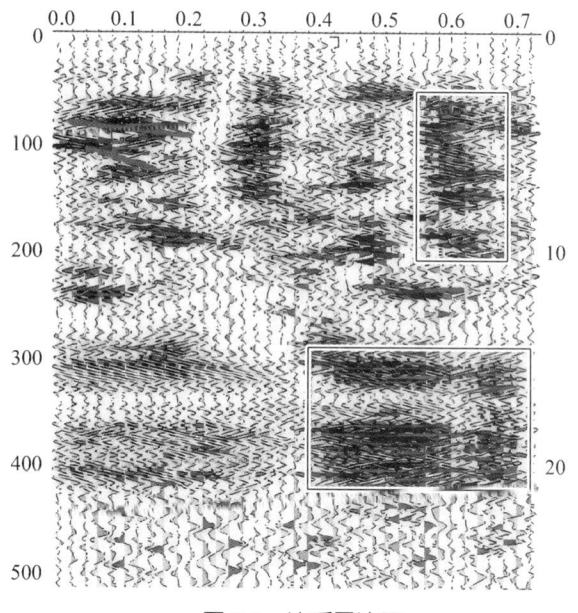

图 8-9 地质雷达图

3月5日至6日，溶腔多次发生小规模涌水和涌泥，每小时涌水量 200～400 m³。

3月7日，涌水量突然增大，达到了二级泵站的极限排水量，泵站满负荷工作，隧道开始出现积水（当日抽水记录显示抽水量达到 63 000m³）。项目部紧急撤离隧道内人员和部分机械设备。

图 8-10 涌水和涌泥

3月8日凌晨6时左右，掌子面涌水、突泥进一步扩大，共涌水110 000 m³，突泥5 000 m³以上。凌晨7时，隧道内人员全部撤离，随后隧道二级泵站被淹，二级泵站停止工作，当天主洞905 m（单洞长度）和2#斜井160 m被淹，大量施工机械设备埋沉其中，未造成人员伤亡。涌水从斜井口自然流出。

图 8-11　斜井被淹

斜井被淹停工以后，暂且搁置，出口端正洞正常施工。直到2020年7月，出口端左右洞掌子面向斜井贯通面日益逼近，掌子面前方存有260 000m³水体（135 m高的水头），作业面安全风险巨大，需要将斜井积水排掉，降低水头压力，保证主洞的安全掘进。

从2019年3月8日突发大量涌水至2020年7月23日开始正式泄水，斜井口涌水持续向外流出，出水量一直保持在每小时1 000～1 500 m³，从无间断，排水总量达到14 850 000m³。可以看出，突水口有稳定的补给源。

8.2.2　排水处置方案选择

借鉴以往经验做法，决定对斜井反坡抽水、"斜井+正洞抽排"结合和利用隧道出口主洞泄水三个方案进行比选，确定出最佳方案。

8.2.2.1　斜井反坡抽水

营盘山隧道涌水导致2#斜井排风井与主洞形成一巨大"斜T形储水器"，因斜井高差较大，可利用抽水泵站对营盘山隧道涌水段分阶段进行抽排水。斜井长1 350 m，平均坡度10%，高差135 m。开始抽水后，首先采用移动泵组，抽水至斜井1/2位置设一级泵站，然后抽水到主洞交叉处设二级泵站，泵站建设完成后接替移动泵组继续抽水。

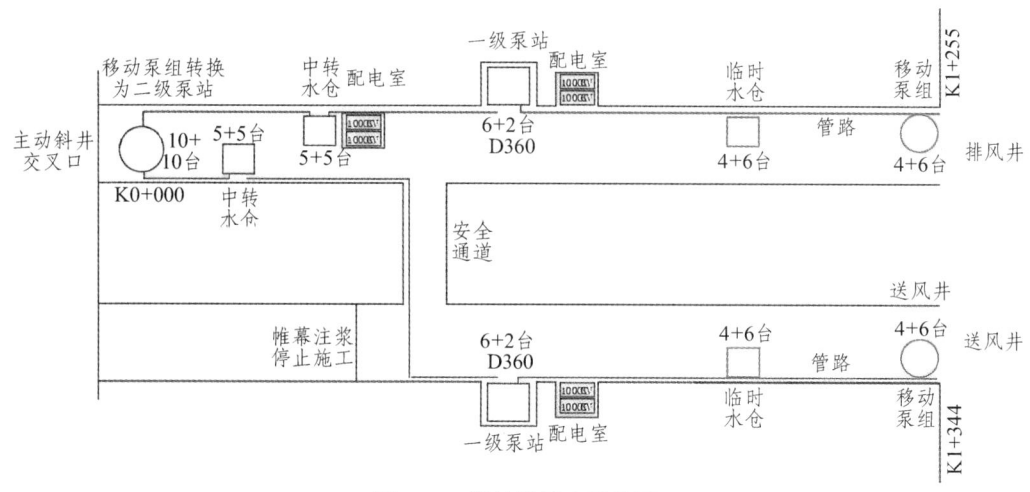

图 8-12 斜井抽排水系统图

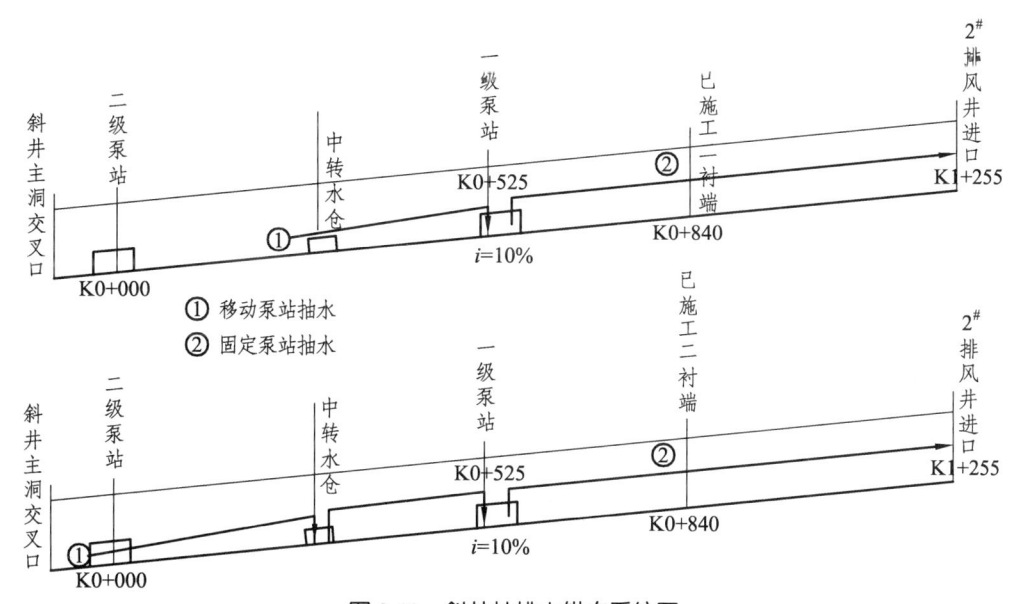

图 8-13 斜井抽排水纵向系统图

该方案需要投入大功率的抽水设备，水泵泵组需要厂家进行特殊定制，抽排功率除了要考虑"排水量+补水量"，还要考虑两倍富余，抽水设备还要考虑备用，通常需要准备三套（用一套、备一套、检修一套），增加大量额外成本。经济性较差。抽水一旦开始，不能停止，需要 24 h 不停进行抽水，电力、人力、抽水设备投入巨大，综合成本较高。斜井经过浸泡，泄水之后围岩产生负压，同时还要面临洞身塌落的安全风险。且时间漫长，工期成本也巨大。在经济、安全和工期等方面都不占优势。

8.2.2.2 "斜井+正洞"抽排结合

采用"斜井+正洞"抽排结合方案,除了配备斜井反坡分级抽水所需设备之外,还需配备潜孔钻机等正洞泄水成套设备,设备投入相比单纯的斜井反坡分级抽水量又有大幅增加。另外将面临"斜井+正洞"两线作战,安全方面在承受斜井负压洞身塌落的安全风险之外,还要承受正洞的高压泄水风险。安全风险相比于单纯的斜井反坡分级抽水也大大增加。在工期节约表现上也不明显,因此依然不是最佳选择。

8.2.2.3 利用隧道出口主洞泄水

随着出口端正洞开挖面与斜井正洞开挖面日益逼近,采用出口端正洞泄水,可以免去斜井反坡分级抽水,成本将大大降低,同时缩短工期,综合成本可节约80%,技术优势明显。但工艺要求较高,同时也面临正洞突泥涌水的风险,经过数十次的专家研讨和方案咨询,确定从正洞实施具有可操作性。最终提出"正洞泄水,分阶段实施,稳步推进,确保安全"的总体思路。

8.2.3 分阶段泄水方案设计及施工

结合现场左右洞的施工进展,确定左洞先贯通,拟分四个阶段进行实施:
第一阶段:超前探水泄水—超前泄水孔探水泄水,掌子面同步推进;
第二阶段:钻孔释压泄水—施做消能墙(抗冲击挡水墙),钻孔释压泄水;
第三阶段:精准掘进泄水—通过三维雷探测等多种手段精准掘进,逼近水体泄水;
第四阶段:引水导洞泄水—引水洞迂回通向水体泄水。

8.2.3.1 岩柱厚度计算

为保证出口端主洞与斜井的安全贯通,需要在主洞与斜井之间保留一个安全岩体厚度。岩石单轴抗压强度远大于主洞水压力,围岩岩柱抗水压力能力主要受岩体结构面发育程度及结构面强度控制。根据《工程岩体分级标准》(GB 50218—2014)附录D,按较软岩结合程度一般考虑,取90 kPa。不考虑岩块间咬合力,按贯通结构面不利情况计算,岩柱厚度为41.7 m,安全起见,施工过程中岩柱安全厚度按50 m来控制。

计算公式: $T \geqslant P$

$$T = H \times S \times L$$

$$H = T/(S \times L)$$

式中 P——岩柱所受总荷载,取掌子面静水压力,N;

T——岩柱总抗剪力，N，$T = 135 \text{ m} \times 10 \text{ kN/m}^3 \times 100 \text{ m}^2 = 135\,000 \text{ N}$（掌子面水位高差 135 m，水的重度 10 kN/m³，隧道主洞截面积约 100 m²）。作用于掌子面上的水压力，与总的抗剪力相等；

L——结构面总长，m。按结构面为环形、贯通等不利情况考虑，隧道主洞轮廓周长约 36 m；

S——岩体抗剪强度，kPa，取软弱结构面抗剪强度，按较软岩结合程度一般考虑，取 90 kPa；

H——岩柱厚度，m；

$$H = T/(S \times L) = 135\,000/(90 \times 36) = 41.7 \text{ (m)}$$

8.2.3.2　第一阶段：超前探水泄水

超前探水泄水，掌子面同步推进。

此时，主洞左右幅掌子面距离贯通面分别为 582 m，649 m。掌子面采用超前钻边钻孔探水边泄水，钻探 5 个超前泄水孔，孔径 150 mm，长度 50 m，两个循环之间搭接 20 m，作为下个循环的保护岩盘。并结合 TSP、地质雷达超前预报，一方面探明掌子面前方围岩地质及地下水情况，为验证设计及调整施工方案提供依据，另一方面通过超前钻孔出水情况和斜井水位下降情况来判断是否与斜井积水连通。

根据超前泄水孔钻孔过程中揭示的地质及地下水情况，在确定施工安全的情况，左右幅正洞掌子面稳步向斜井贯通面推进。

如果在该段施工过程中，超前泄水孔出水量大且有压力，应停止掌子面掘进，增加泄水孔的数量。

第一阶段超前探水泄水，属试探性泄水，作用并不明显。

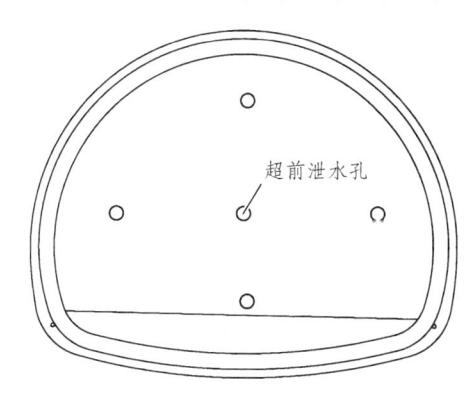

图 8-14　超前泄水孔断面布置图

8.2.3.3 第二阶段：钻孔释压泄水

若通过超前泄水孔的泄水效果不理想，掌子面继续向前推进。然后选择一洞（左洞）通过施做消能墙（抗冲击挡水墙）钻取泄水孔进一步逼近斜井水体进行泄水。

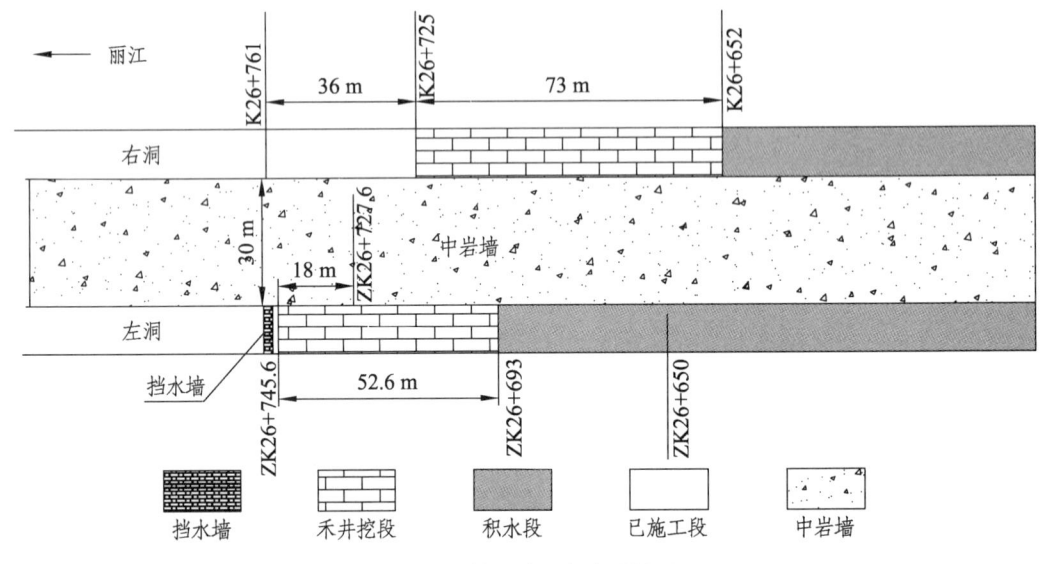

图 8-15 第二阶段方案设计图

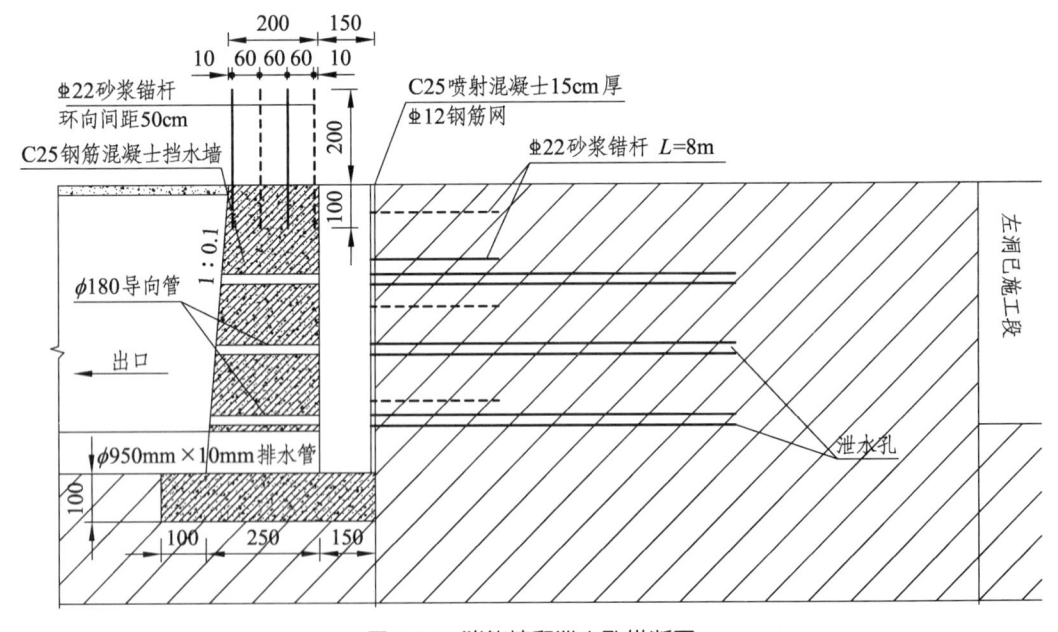

图 8-16 消能墙和泄水孔纵断图

左洞先行，右洞暂停施工。左洞掌子面掘进至距斜井作业贯通面 50 m 时，停止施工，预留一定的岩柱厚度，对上台阶掌子面采用 C25 喷射混凝土进行锚、网、喷封闭。

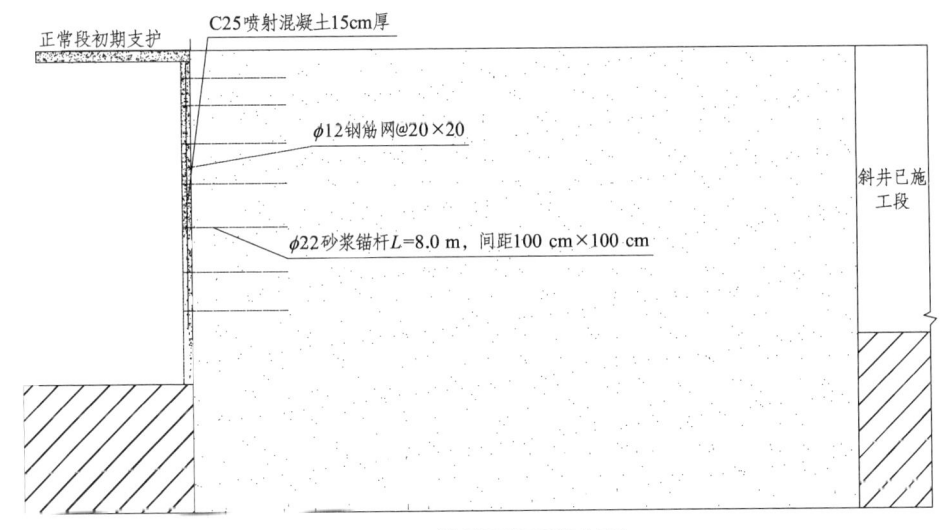

图 8-17　掌子面喷网锚封闭

在距离掌子面 1.5 m 处施做 2 m 厚的消能墙（抗冲击挡水墙）。在掌子面底部两侧向外锤开凿出两条排水沟排除洞内流水。消能墙下部基础埋入上台阶平面以下 1 m，拱部四周镶嵌于隧道周边岩体。消能墙周边设置 HRB400-22 砂浆锚杆对其进行锚固。

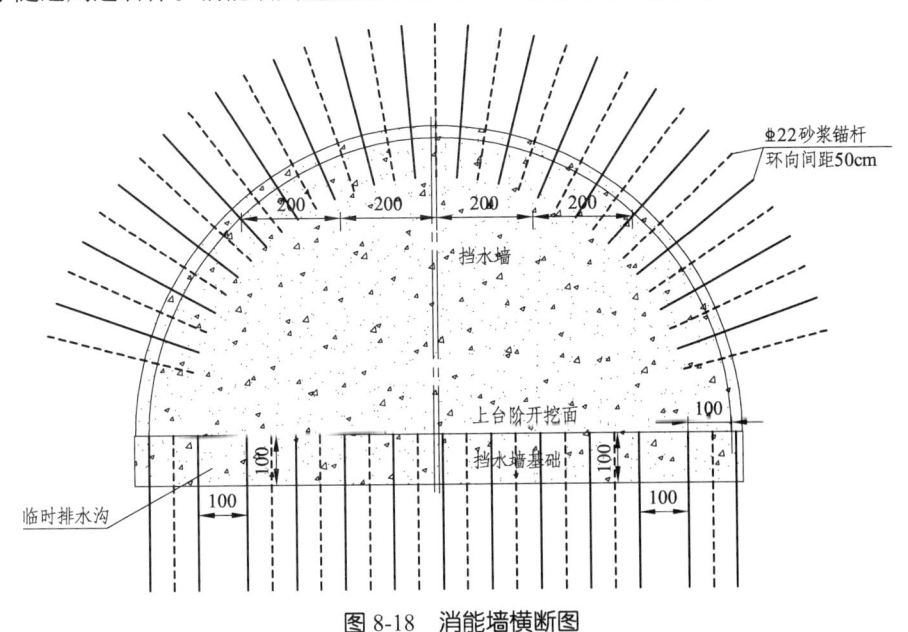

图 8-18　消能墙横断图

图 8-19 消能墙纵断图

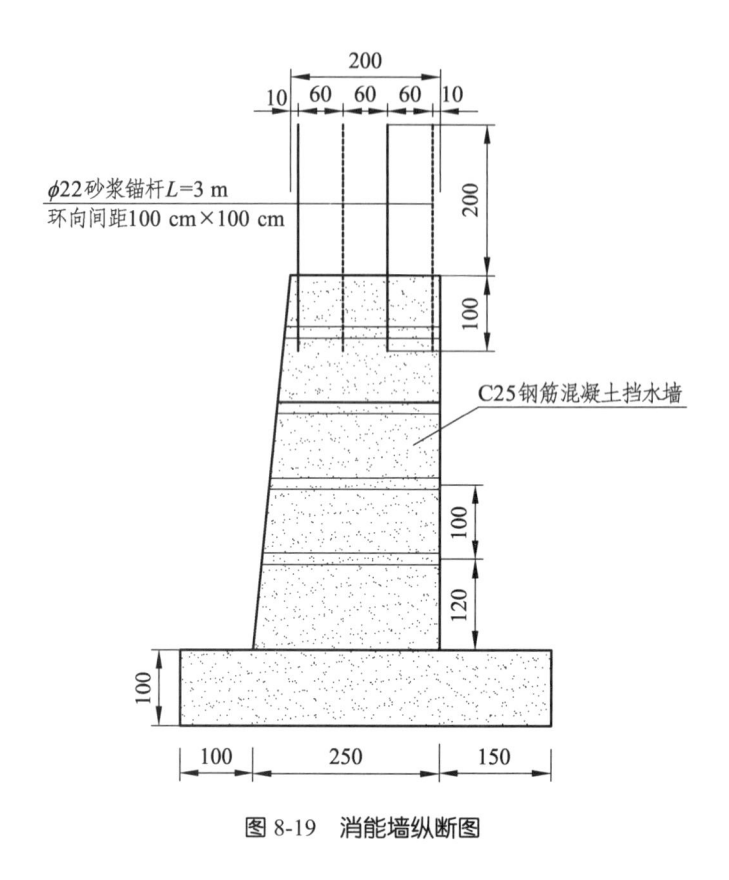

挡水墙上梅花形预埋 $\phi 200 L = 2.5$ m 的导向管，钢管角度按向上 1°～3°进行控制，左右方向与隧道轴线平行。导向管外露 20 cm 并在导向管上焊接法兰盘。

导向管定位是挡水墙工程施工的重点，导向管通过门型支架进行固定，门型支架采用 HRB400-22 钢筋焊接成而成，确保导向管定位准确牢靠，浇筑混凝土期间导向管不发生偏移。安装时采用全站仪和水准仪进行定位，确保导向管仰角及轴线符合要求。

挡水墙混凝土达到设计强度后，开始进行钻孔作业，要求不一次性打穿岩体，泄水孔有股状，压力水喷出则停止钻进，可通过增加泄水孔数量或采用打穿岩体的方式来扩大排放量，直到斜井水位出现明显下降为止。

富水软弱断层地质，孔道成孔困难，极易塌孔，通过换装多根"清孔钻头"同时进行反复清孔，每天保证有 3～4 个泄水孔始终保持在较大的出水状态，以斜井水位持续下降为准。

第8章 营盘山隧道不良地质灾害处治关键技术

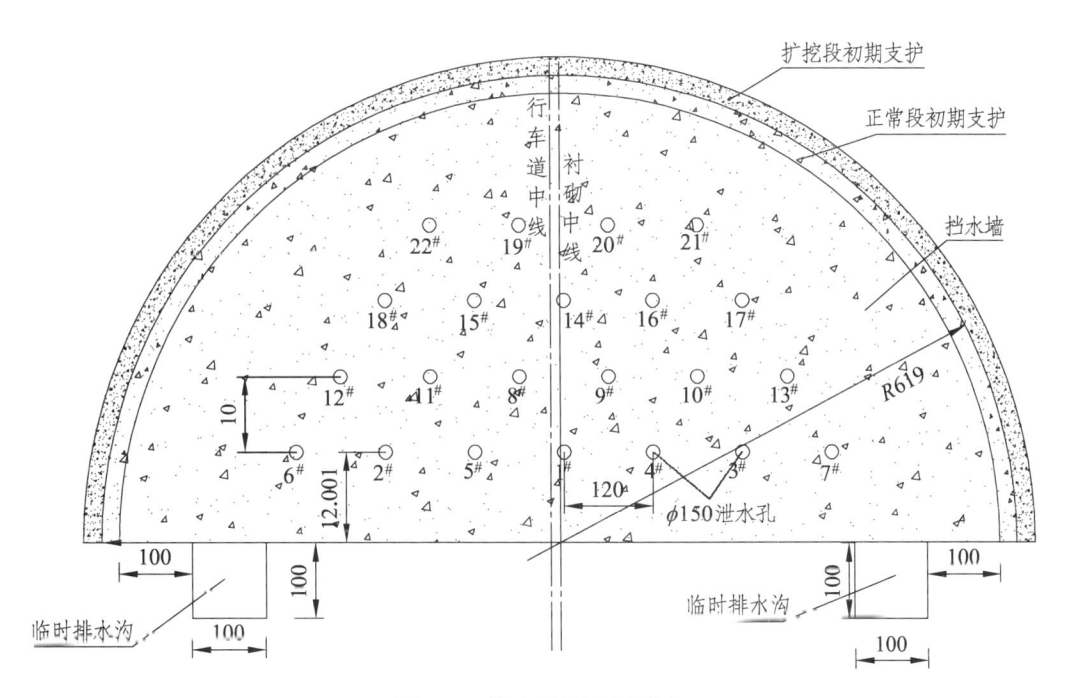

图 8-20 泄水孔位置布置图

图 8-21 消能墙实施效果

图 8-22 通过导向管钻孔泄水实施效果

图 8-23 泄水当天斜井停止出水

图 8-24 清孔钻头

图 8-25 多根钻头同时清孔降水

第二阶段为钻孔释压泄水,泄水效果明显。钻孔泄水当天,斜井停止向外涌水,起初斜井水位以 30 cm/h 的速度下降。但情况很快发生逆转,孔道塌孔,出水变小,水位下降速度减慢。按既定方案,通过挡水墙预留孔口连续钻孔,但均因塌孔卡钻严重而未打穿岩柱。期间,换装清孔钻头,持续清孔,以保证斜井水位的缓慢下降。

8.2.3.4 第三阶段:精准掘进泄水

在左洞开始正常泄水,斜井口水流停止外溢,水位开始下降,释放部分压力以后,右洞采用三维雷达探测水文地质重构技术,并结合超前钻探,对作业面前方围岩进行预判,摸清前方及周边水体。根据探测结果,在确保安全可靠的前提下,逼近溶腔水体,钻孔泄水泄压或爆通泄水通道泄水。

营盘山隧道出口 K26+817~K26+661 段,隧道左右幅洞身周边围岩外延 40 m 范围空间区域,综合探测结果如图 8-26 所示。

探测结果显示掌子面前方 K26+720 处里程前后右侧壁约 2 m 外存在一不规则的约 100 m³ 的溶腔,K26+710 处里程前后拱顶上方偏左约 10 m 外有一约 200 m³ 的溶腔溶蚀发育区,K26+690 处里程前后拱顶上方偏左约 3 m 外有一约 100 m³ 的溶腔溶蚀发育区;由于均处在富水溶蚀发育区中,K26+720-680 段开挖时特别要注意诱发突涌水现象。通过三维雷达探测探明前方及周边水体,提前采用超前钻探孔引流泄压。

第三阶段通过左右洞同时降水,增大排放量,直到将斜井水位降低至主洞。

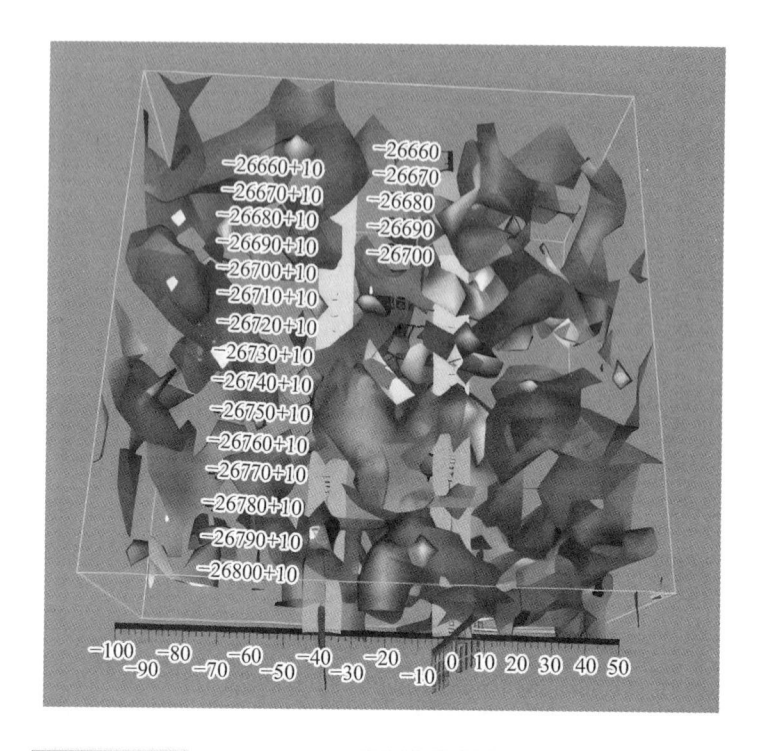

图 8-26 地质雷达三维成像探测综合结果图

图 8-27 斜井水位降至主洞

8.2.3.5 第四阶段：引水导洞泄水

当右洞开挖里程超过左洞斜井贯通面约 20 m，以横洞形式从右洞向左洞横向施做变截面引水导洞，直接通向水体，预留 5 m 岩柱一次爆通泄水通道，将斜井主洞剩余积水全部排放，实现主洞斜井连通。

根据横向三维雷达检测和超前钻孔，避开岩溶及裂隙发育区，进行横向掘进，安全岩柱厚度控制在不小于 5~10 m，拟采用引水导洞和泄水孔相结合的方式进行泄水。

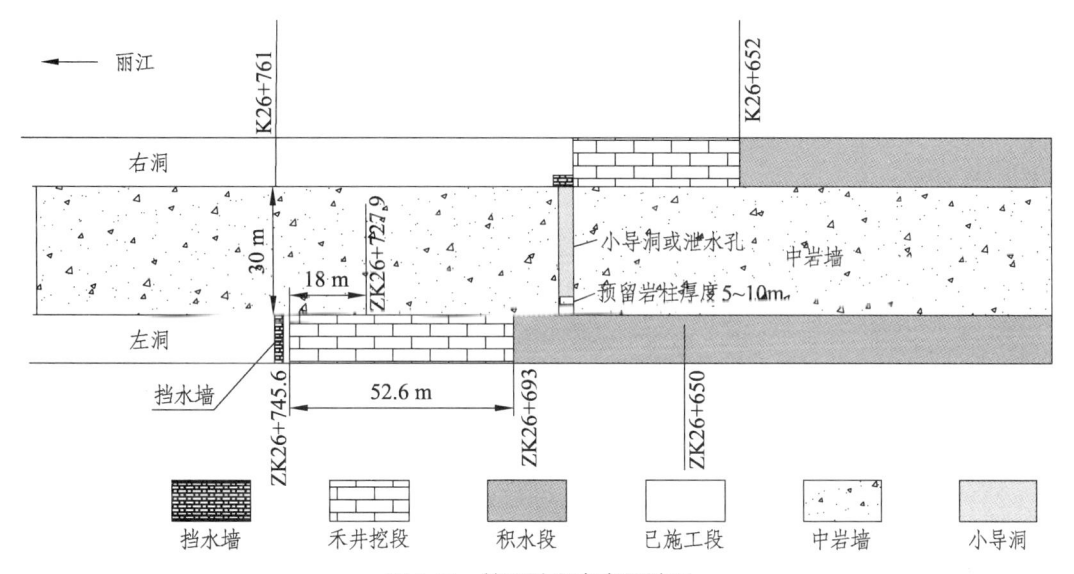

图 8-28 第四阶段方案设计图

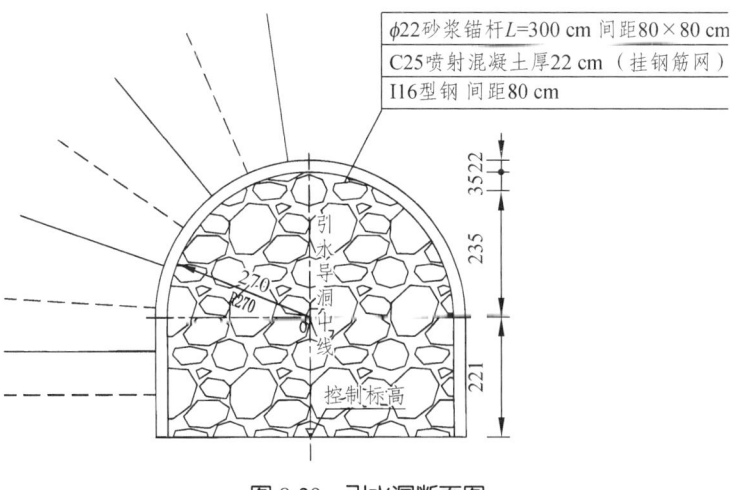

图 8-29 引水洞断面图

引水洞施工前，轮廓线外 3~3.5 m 应进行全断面注浆预加固，再施做超前大管棚预加固。开挖前先做超前探孔，探明前方水文地质，确保安全后方可开挖。

为方便管棚施做，引水洞采用变截面形式施工，引水洞前半段按照车行横洞的断面，轮廓线外一周扩 50 cm 施作 ϕ108 mm 大管棚。轮廓线范围注双液浆，保证施工安全。

引水洞后半段按照人行通道断面尺寸对斜洞口与主洞交叉口进行加固，然后向前掘进，支护参数采用 I20 工字钢，超前支护使用 42×4 mm 超前小导管。

完成泄水以后，引水洞可扩挖成车行横洞进行使用，永临结合。

图 8-30　爆通泄水通道

第四阶段通过引水导洞将主洞剩余积水全部排放完毕，使其具备进洞清理涌渣的条件。

8.3　大规模涌水突泥段处治关键技术

8.3.1　工程背景

营盘山隧道涌水导致 2# 斜井被淹没，2020 年 7 月 11 日组织泄水施工，2021 年 1 月 23 日完成泄水。自 2# 斜井至泄水完成，洞身受浸泡时间达两年。泄水完成后立即开展淹没段的处治工作。

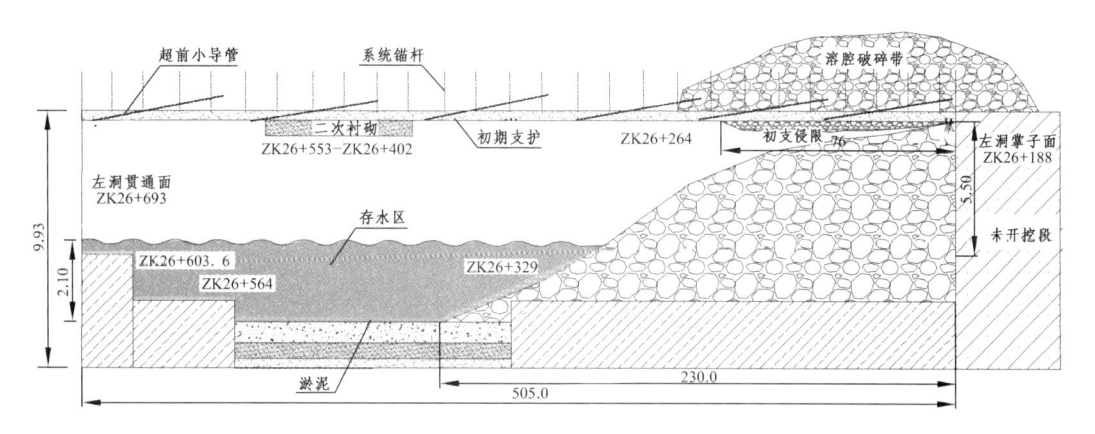

图 8-31　淹没段左洞施工形象示意图

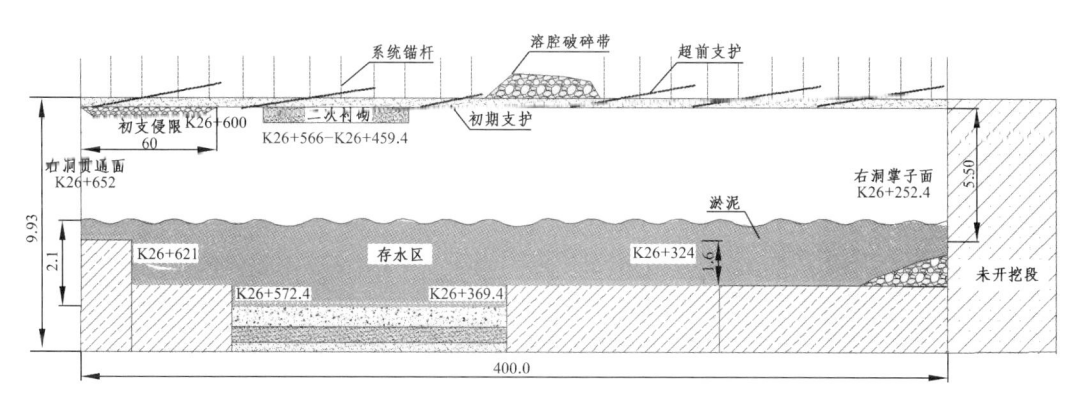

图 8-32　淹没段右洞施工形象示意图

图 8-33　涌水段涌渣堵塞

8.3.2 技术内容

针对洞内长时间浸泡产生的不稳定因素，结合现场情况，制定"分层分段稳步清渣+临时护拱+径向注浆，往复循环，直至掌子面"的处置措施，确保洞内安全稳定施工。径向注浆分拱顶+边墙两次进行注浆。清渣前拱顶裸露区域进行注浆，然后清渣、安装护拱、边墙区域注浆。

8.3.2.1 涌渣分段清理

清理涌渣时按每 5 m 一段的频率分段清理，清理完毕立即施做工字钢护拱，保证初支稳定和接下来径向注浆施工的安全。

图 8-34　渣体分段清理

8.3.2.2 临时护拱逐步推进

跟随清渣及时施做护拱，护拱采用 I18 工字钢，安装于钢拱架中间，与初期支护面密贴。安装护拱分别在 A、B 单元接头，C、D 单元接头部位安装 $\phi 42 \times 4$ mm 锁脚小导管，拱架间使用 $\phi 20$ mm 螺纹钢筋连接，拱脚使用 C25a、$L = 800$ mm 的槽钢支垫，确保拱脚置于稳固基础上，拱架与原初支拱架密贴。

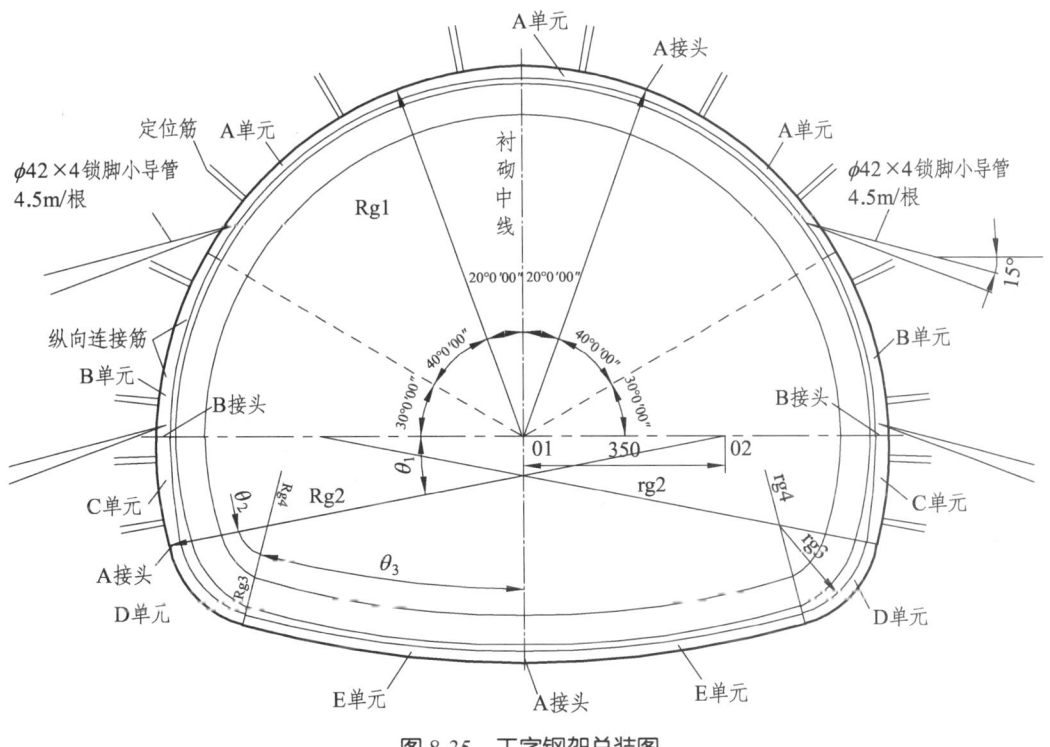

图 8-35　工字钢架总装图

图 8-36　护拱拱架安装

8.3.2.3 分两次径向注浆

注浆分拱顶和拱腰边墙两次注浆。为保证在清渣的同时，拱顶不发生坍塌，先在涌渣的支撑下，对拱顶裸露部分进行注浆。清渣完毕以后对剩余部分的拱腰和边墙进行注浆。

注浆采用在垂直初支表面施作长 $L=4.5$ m、$\phi 42\times 4$ mm 注浆小导管对围岩径向注浆，小导管间距为 0.8 m（环向）×0.6 m（纵向）。注浆浆液使用水泥浆或水泥-水玻璃双液浆，无水段注水泥液，水灰比 1∶1～0.75∶1（重量比），富水段注 1∶（0.6～0.8）水泥-水玻璃双液浆，注浆压力 1.0～2.0 MPa。注浆压力可根据施工过程中围岩变化、注浆情况、注浆范围适当调整。

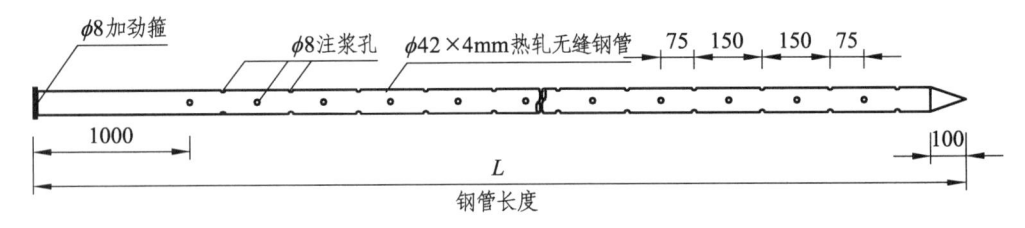

图 8-37 注浆小导管大样图

图 8-38 拱顶裸露部分注浆

注浆完毕进行效果检查，效果检查时采用钻孔取芯的方式检测注浆效果，待检测结果合格后便可进行下道工序施工。若检测不合格，需二次补注浆或重新开孔注浆，直至注浆效果满足施工要求。

图 8-39　注浆效果检查

注浆效果合格后继续进行渣体清理，分段清渣、护拱跟进、径向注浆，往复循环，直至掌子面。

图 8-40　渣体继续分段清理

8.3.3　实施效果

该技术有效解决了隧道受水长期浸泡后的失稳问题，通过分段清理+护拱跟进+径向注浆，对初支采取有效的加固措施，确保后续隧道施工安全，实现隧道地质灾害后快速恢复组织施工。

8.4　富水断层破碎带处治关键技术

8.4.1　工程背景

营盘山隧道进口端左洞 ZK24+355、右洞 K24+360 掌子面围岩以强至中风化混合岩为主，节理、裂隙发育，岩体结构破碎，岩层层间结合差，岩质含泥量高，遇水极易软化，强度低，围岩自稳能力差，支护不及时存在局部坍塌。其中右洞 K24+360 掌子面分别于 2021 年 9 月 14 日、9 月 16 日发生两次涌水突泥。

图 8-41　进口端左洞掌子面照片

图 8-42　进口端右洞掌子面照片

超前地质预报结论：ZK24+357～ZK24+365 段受构造影响局部围岩极破碎，裂隙水发育。ZK24+365～ZK23+375 段围岩节理、裂隙较发育，岩体结构较破碎，围岩自稳能力较差。ZK24+366～ZK24+368 段局部围岩破碎，裂隙水发育。

右洞 K24+356～K24+366 段围岩以强至中风化混合岩为主，岩体结构破碎，节理、裂隙发育，岩层层间结合差，围岩自稳能力差，其中里程 K24+358～K24+363 段局部围岩极破碎，可能存在裂隙水发育现象。K24+366～K24+376 段围岩节理、裂隙较发育，岩体结构较破碎，层间结合较差，围岩自稳能力一般。

营盘山隧道出口端左洞 ZK26+188 掌子面 2019 年 3 月 8 日突发涌水，掌子面以白云岩为主，节理、裂隙发育，溶蚀发育，岩层层间结合差，岩体结构破碎，上台阶左侧拱腰处存在一个直径约 1.5 m 的溶腔口，为掌子面主要出水点。

右洞 K26+205 掌子面以白云岩为主，节理、裂隙发育，溶蚀发育，岩层层间结合差，岩体结构破碎，地下水丰富，掌子面出水点分散。2021 年 5 月 27 日掌子面上台阶右侧拱腰发生突涌水，并携带大量石碴。

超前地质预报结论：左洞 ZK26+188～ZK26+175 段围岩以白云岩为主，节理、裂隙发育，溶蚀发育，岩层层间结合差，岩体结构破碎，其中 ZK26+188～ZK26+175 段围岩极破碎，地下水丰富，局部存在溶腔溶槽。

右洞 K26+200～K26+180 段围岩节理、裂隙发育，溶蚀发育，岩层层间结合差，岩体结构破碎，其中 K26+195～K26+184 段围岩破碎，地下水丰富，局部存在溶腔溶槽。

图 8-43　出口端左洞掌子面

图 8-44　出口端右洞掌子面

针对隧道破碎带存在初支混凝土剥落、溶腔、初支侵限、断层破碎松散区、突泥涌水等病害，根据不同灾害类型，拟执行相应的处治措施。汇总如表8-8所示。

表8-8 灾害处治汇总表

序号	灾害类型	处治措施
1	断层破碎带	1. 全断面帷幕注浆+超前支护再开挖； 2. 大（中）管棚+小导管超前支护（单层或双层）+局部注浆加固
2	混凝土开裂剥落	1. 剔除初支表面松散混凝土，使用C25喷射混凝土补喷； 2. 加打锚杆，延长锚杆长度； 3. 增加临时护拱
3	溶腔处治	1. 边墙处溶腔采用C15混凝土回填，厚度不小于1.5 m； 2. 基础及路面溶腔采用C15混凝土回填； 3. 拱腰以上发育大型溶腔泵送混凝土或砂浆回填

8.4.2 技术内容

8.4.2.1 混凝土开裂剥落

隧道受浸泡时间达两年，泄水完成后初支护存在混凝土开裂剥落现象。处治措施如下：

（1）对混凝土剥落部位，剔除表面松散混凝土，使用C25喷射混凝土补喷；

（2）在初期支护变形比较严重的地段加打锚杆，同时将原设计锚杆的长度由原设计的2.5 m加长至4.0 m；

（3）变形严重地段增加护拱，护拱采用I18工字钢，与原初支拱架密贴，提高初期支护的刚度。对裂隙采用$\phi 42 \times 4$ mm注浆小导管注浆加固，小导管按纵环向60 cm × 60 cm间距呈梅花形布置，垂直混凝土外表面法线打入小导管。

（4）拱架拱脚处设置C25a、$L = 800$ mm槽钢支垫，增强受力面，提高拱脚地基承载力，施工过程中循环利用；

（5）及时进行初期支护封闭施工，仰拱紧跟，使初期支护尽快封闭成环，形成整体受力结构；

（6）在处理后的支护体系过程中加强监控量测，如遇新的变形情况，及时进行原因分析以便采取相应的对策。

图 8-45 注浆小导管布置图

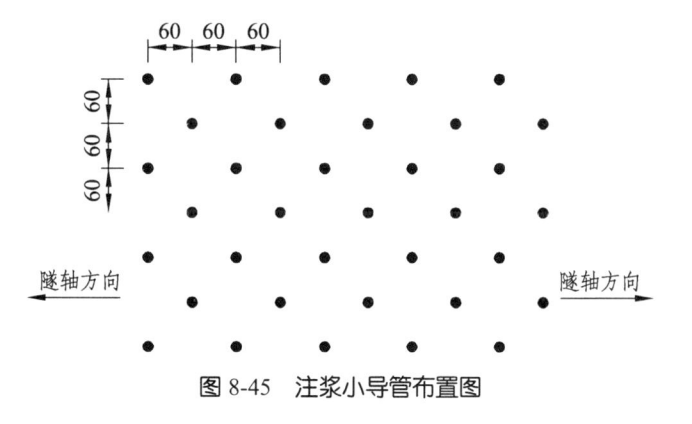

8.4.2.2 全断面帷幕注浆

全断面深孔预注浆适合大型溶洞软塑充填物或厚度较大的软塑状富水断层破碎带，岩体结构类型为散体状结构，岩体完整程度为极破碎。依据超前地质探孔、超前地质预报及现场涌水、涌渣情况，在左右洞分别从目前掌子面 ZK26+732、ZK26+693、K26+700-K26+660 采用逐段、分部、分层全段面帷幕注浆，拟注浆长度为 40 m。全断面注浆设计图如图 8-46 所示。

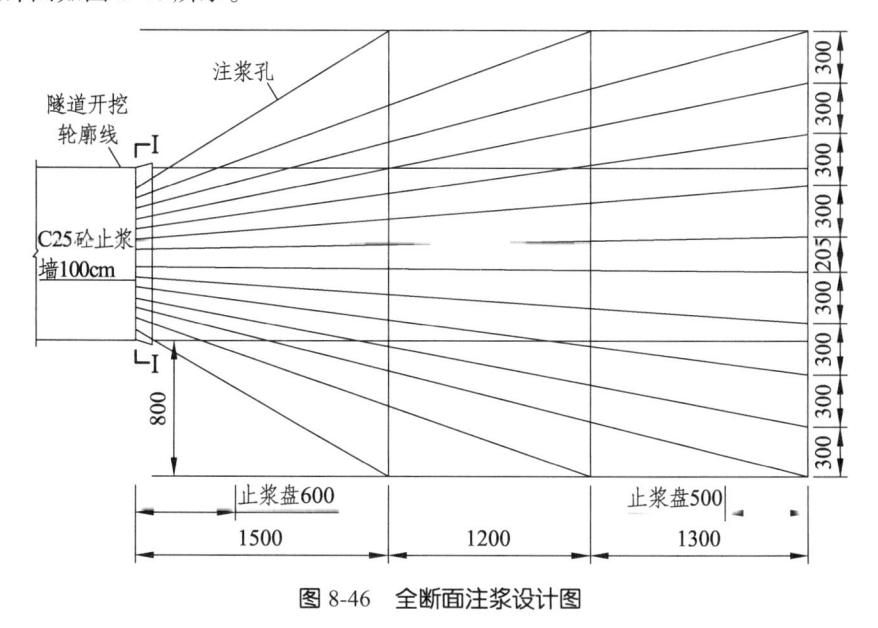

图 8-46 全断面注浆设计图

1. 注浆加固范围

开挖轮廓线外 8 m，注浆长 40 m，分三环实施，第一环长 15 m，第二环长 12 m，第三环长13 m（围岩非常破碎时可适当增加到5个循环次数），一个注浆段完成后留5 m不开挖作为下一注浆段的止浆岩盘。注浆孔布置由工作面向开挖方向呈伞形辐射状，钻孔布置按梅花形排列，并采用长短孔相结合，以达到注浆充分、不留死角的目的，浆液扩散半径2 m，孔底间距不大于3 m，孔径ϕ150 mm。

2. 注浆材料

水泥-水玻璃双液浆，浆液浓度应根据岩体条件加以调整。

初拟如下：$C:S=1:(0.6\sim1.0)$（体积比），水泥浆水灰比$0.8:1\sim1:1$，水泥采用42.5普通硅酸盐水泥，水玻璃模数2.8，水玻璃浓度35ºBé。

8.4.2.3 大（中）管棚+小导管（单层或双层）支护+局部注浆处治技术

通过物探法预知掌子面前方有断层破碎带和充水溶腔，并通过超前钻孔进行验证，综合判定涌水突泥风险概率不大，可采用大（中）管棚+小导管（单层和双层）+局部注浆加固处治。

根据超前预报及掌子面地质素描结果，管棚可选择采用108大管棚或76中管棚加密布设，小导管可选择采用单层或双层超前支护，掌子面局部注浆加固。

每循环管棚长30 m，开挖25 m，预留5.0 m搭接，然后施做下循环。开挖前施做超前钻孔，排水泄压。掘进时采用三台阶法开挖作业，每循环进尺0.5 m，初期支护尽早封闭成环。

1. 管棚施工

1）施工工艺流程

施工工艺流程图如图8-47所示：

2）施工准备

施工前各种人员、机械、设备、材料进场，经验收合格后方可用于施工。施工人员熟悉图纸，了解施工中控制要点，做好工人技术交底和进场安全教育。

3）测量定位

测量队根据设计要求进行孔管定位，施工中及时测量钻孔位置及钻孔角度，发现问题及时调整。

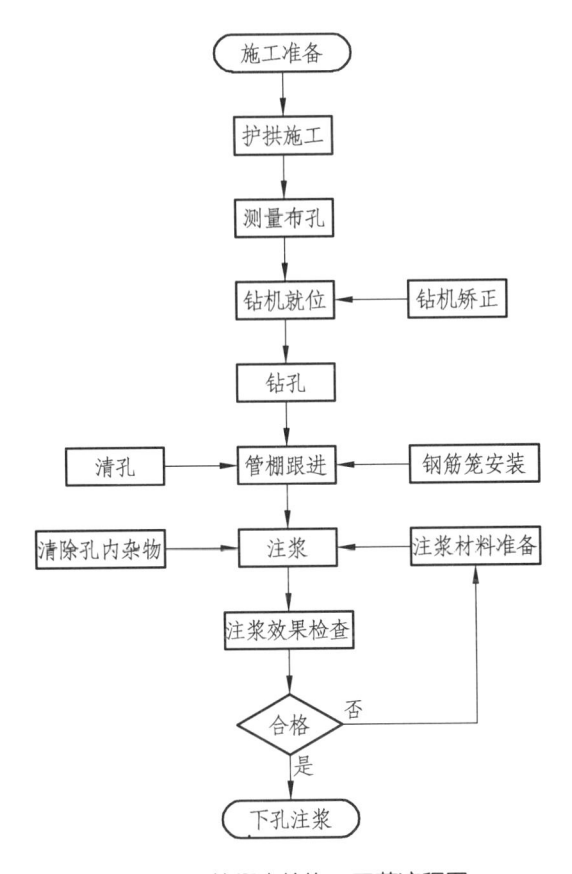

图 8-47　管棚支护施工工艺流程图

4）护拱施工

（1）护拱施工前沿开挖轮廓线扩挖 50 cm，长度 2.0 m，预留钻机操作空间。护拱采用 2 榀 I18 工字钢架、连接钢板焊接成型，钢架现场加工，单元间采用螺栓连接，拱脚处设槽钢将相邻钢架连成整体，钢拱架间距 50 cm。钢架外缘安装 $\phi 140 \times 8$ mm 热轧无缝钢管作为导向管，导向管与工字钢间采用焊接连接。

（2）测量隧道中线、护拱拱脚和拱顶标高，准确定位导向管位置。

5）平整作业平台

平台要位于稳固的地基上，防止在施钻时钻机产生不均匀下沉、摆动、位移而影响钻孔质量。

钻机定位：钻机要求与已设定好的孔口管方向平行，精确核定钻机位置。

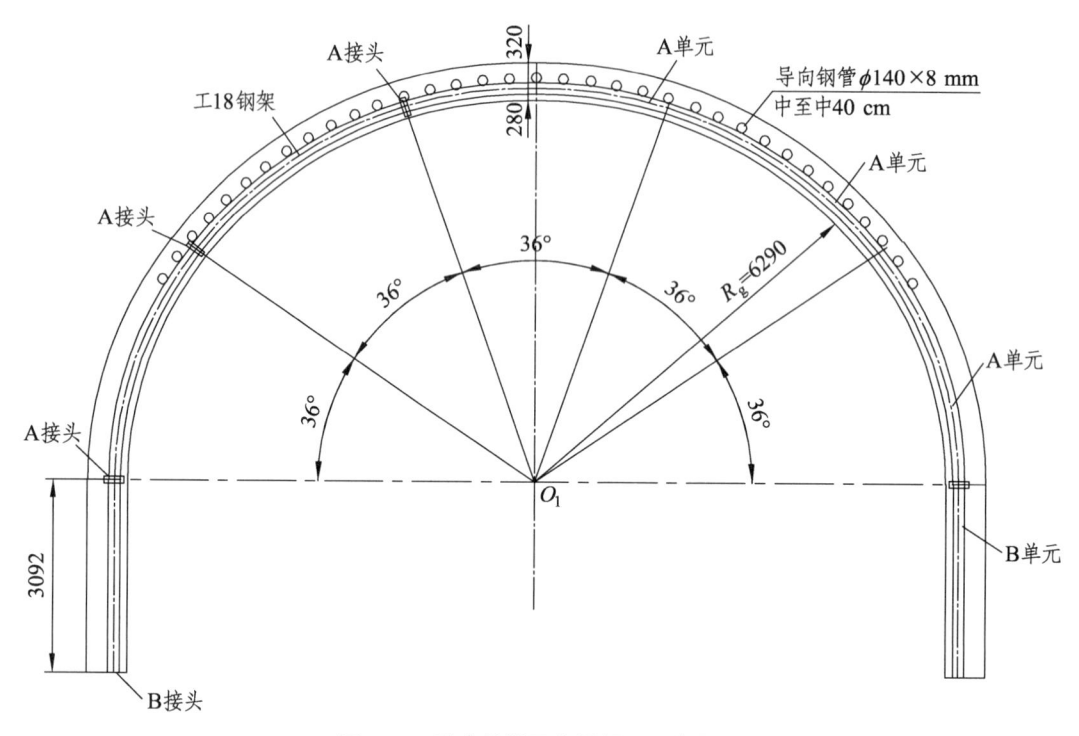

图 8-48 导向护拱工字钢架正面布置图

6）钻孔

钻机开钻时，低速低压，待钻进 1.0 m 后可根据地质情况逐渐调整钻速及风压。钻孔时按高孔位向低孔位的顺序进行施工，并做好对钻进过程的原始记录。

7）清孔验孔

用钻杆进行扫孔，清除浮碴，确保孔径、孔深符合要求，防止堵孔。再用高压风清孔，直至孔内被清理干净。

8）管棚钢花管加工

钢花管采用 $\phi 108 \times 6$ mm 热扎无缝钢管以丝扣连接而成，钢花管上钻注浆孔，孔径 12 mm，孔间距 15 cm，呈梅花形布置，尾部预留长度 250 cm 的不钻孔止浆段，管头焊成长 10 cm 的锥头。

9）钢花管安装

（1）按设计位置布孔并标注，架设管棚钻机，钻孔时钻机立轴方向必须准确控制，每钻完一孔顶进一根钢管。钢花管每节长 4～6 m，接头采用丝扣连接。

图 8-49　钢花管大样图

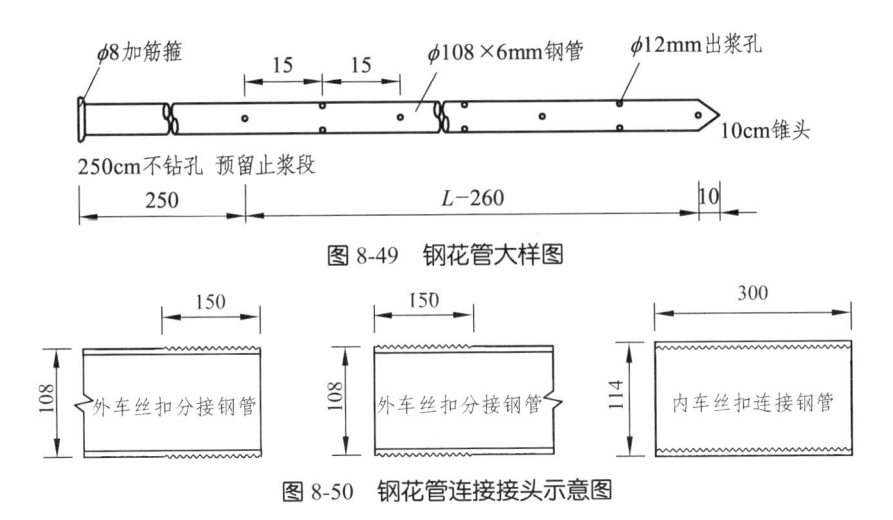

图 8-50　钢花管连接接头示意图

（2）接长钢管满足受力要求，相邻钢管的接头前后错开。同一横断面内接头数量不得超过总钢管数的 50%，相邻钢管接头至少错开 1.0 m。导向管环向中对中间距 40 cm，钢管轴线与衬砌外线夹角为 1°～3°。

（3）钢管内安装钢筋笼，钢筋笼采用 4 根 $\phi 22$ mm HPB300 钢筋加工而成，内用 $\phi 42 \times 4.0$ mm 钢管做固定环，固定环节长 50 mm，间距 50 cm，钢筋均匀分布，焊接在固定环上。

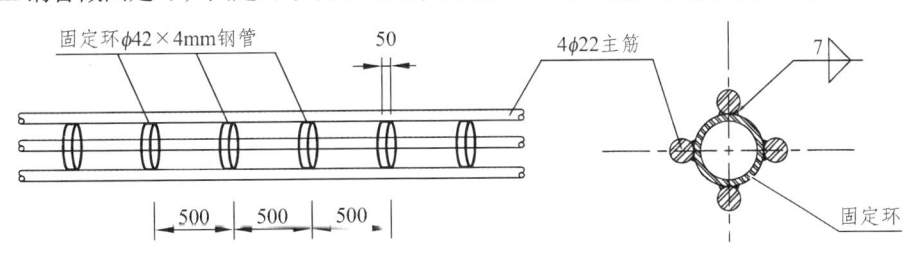

图 8-51　钢筋笼构造图

（4）管棚施工参数见表 8-9。

表 8-9　管棚施工设计参数表

序号	参数名称	参数值	备注
1	导向钢管	$\phi 140 \times 8$ mm 热轧无缝钢管	
2	钢花管	$\phi 108 \times 6$ mm 热轧无缝钢管	
3	连接钢管	$\phi 114 \times 8$ mm 热轧无缝钢管	
4	止浆	止浆塞	
5	钢筋笼主筋	$\phi 22$ mm HPB300 钢筋	
6	钢筋笼固定环	$\phi 42 \times 84$ mm 热轧无缝钢管	

10）管棚注浆

（1）注浆前对孔道进行清洁处理，并使孔壁完全湿润。冲洗后，使用高压风将孔道内的积水吹出。

（2）水泥浆在使用前和压注过程中应连续搅拌。对于因延迟使用导致流动性降低的水泥浆，不得通过加水来增加其流动性。

（3）压浆时要缓慢、均匀地进行，不得中断，并使孔道内排气通畅。

11）注浆参数

管棚注浆采用水泥浆，注浆参数见表 8-10。

表 8-10　注浆设计参数表

序号	参数名称	参数值	备注
1	注浆材料	水泥浆	
2	水灰比	1∶1（重量比）	
3	注浆压力	初压：0.5～1.0 MPa	
4		终压：2.0 MPa	
5	封口	M20 水泥砂浆	增强管棚刚度

12）注浆结束标准

注浆量达到设计注浆量或注浆压力达到设计终压时可结束注浆。

13）施工注意事项

（1）管棚为超前预支护，应在隧道开挖前完成。

（2）钻孔前，根据超前预报钻孔根据现场实际情况确定范围，精确测定孔的平面位置、倾角、外插角，并对每个孔进行编号。

（3）管棚施工时，应对钢管主要材料进行材质检验。

（4）严格控制钻孔平面位置，管棚不得侵入隧道开挖线内，相邻的钢管不得相撞和立交。

（5）经常量测孔的斜度，发现误差超限及时纠正，至终孔仍超限者封孔，原位重钻。

（6）掌握好开钻与正常钻进的压力和速度，防止断杆。

14）管棚质量要求。

管棚长度不小于设计长度，孔位偏差为±50 mm，钻孔深度偏差为±50 mm，钢管插入孔内的长度不得小于设计长度的 95%。

2. 超前小导管支护

管棚施工完成后，掌子面开挖前使用超前小导管对拱顶进行超前支护。

1）施工方法

小导管采用现场加工，凿岩机钻孔再装钢管，小导管尾端焊于型钢支架腹部。小导管四周钻设 $\phi 8$ mm 注浆孔（靠孔口 1.0 m 范围棚管不钻孔），孔间距 15 cm，呈梅花形布置。按设计要求注浆，注浆顺序为先注无水孔，后注有水孔，从拱顶开始按顺序向下进行。

2）施工参数

超前小导管采用外径 $\phi 42 \times 4$ mm 的热轧无缝钢管加工制成，施工参数见表 8-11。

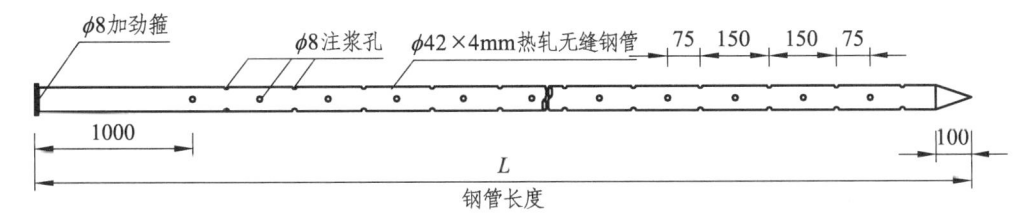

图 8-52　超前小导管大样图

图 8-53　小导管安装

表 8-11　超前小导管施工参数表

序号	项目	参数
1	超前支护类型	单层 $\phi 42 \times 4$ mm 注浆小导管
2	施做范围	拱部 120°

续表

序号	项目	参数
3	单根支护长度/m	4.5
4	环向间距 Dg/cm	30
5	上仰角 α	5°~15°
7	钢管根数 Ng	49
8	钢管数量	220.5 m/循环
9	注浆量	5.06 m³/循环
10	浆液	水泥浆
11	水灰比	1:1（水灰比）
12	注浆压力	0.5~1.0 MPa
13	搭接长度/m	1.5

3）注浆结束标准

每孔注浆量达到设计注浆量或注浆压力达到在设计压力时，可结束注浆。

4）效果检查

开挖后拱部基本无渗漏水、无坍塌则表明注浆效果满足要求，否则应进行补注浆或孔间补管后再注浆。

5）注意事项

（1）导管应在开挖轮廓线上按设计位置及角度打入，孔位误差不得大于 10 mm，角度误差不得大于 2°，超过允许误差时，应重新打设。钢管每根实际打入长度不得小于设计长度，否则开挖 1.0 m 后补管注浆。

（2）检查钻孔、注浆质量时，应画出草图，以孔位编号、逐孔、逐根检查并认真填写记录。

（3）单孔注浆量不得小于计算值的 80%，超过偏差必须补管注浆。

（4）注浆过程中，如发生串浆现象，则安装止浆塞或采用多台注浆机同时注浆。

（5）水泥浆压力突然升高，可能发生堵塞，应停机检查，泵压正常后再进行注浆。如进浆量很大，但压力长时间不升高，则应调整浆液浓度及配合比，缩短凝结时间，进行小泵低压注浆或间歇注浆，使浆液在裂隙中有相对的停留时间，以便凝胶。

（6）注浆过程中要逐管填写记录，标明注浆压力、注浆量，发生意外情况要及时处理。

8.4.2.4　溶腔和塌方处治

1. 隧道开挖轮廓外发育小型溶洞、破碎带处理方案

处理方案主要针对隧道开挖面外（拱腰以上、基础及路面下）的溶洞发育深度小于 2.0 m 的地段以及在边墙底发育的溶洞，原则上采用回填方式处理。

（1）溶洞水以排为主，堵排结合，将溶洞水引入隧道排水沟。

（2）溶洞在拱腰以上发育：采用泵送 C15 混凝土回填，回填施工完后再施作喷射混凝土和钢筋网初期支护等。

（3）溶洞在边墙处发育：采用 C15 片石混凝土回填，厚度不小于 1.5 m。

（4）溶洞在基础及路面下发育：采用 C15 片石混凝土回填，如有充填物，必须挖除。

2. 隧道拱腰以上发育大型溶洞、破碎带处理方案

拱腰以上发育大型无填充物或填充物可清除的溶洞，采用泵送 C25 混凝土浇筑护拱，护拱最薄厚度不小于 50 cm，要求两侧嵌入岩石内的深度不小于 50 cm，并施作约 $\phi 22@ 1.0 \times 1.0$ 间距的锚杆，锚杆深入围岩不小于 1.5 m；护拱施作结束后吹入厚度不小于 1 m 的细砂保护层。

拱腰以上发育大型有填充物且不可清除的溶洞，先施作 $\phi 42 \times 4$ mm 超前小导管（或管棚），间距 30 cm；开挖采用预裂爆破，施作 I22 工字钢，间距 50 cm，注意钢架基脚处适当扩挖，保证基础牢靠；施作锁脚锚杆，铺钢筋网，二次衬砌可根据溶洞发育情况，考虑采用钢筋混凝土结构。

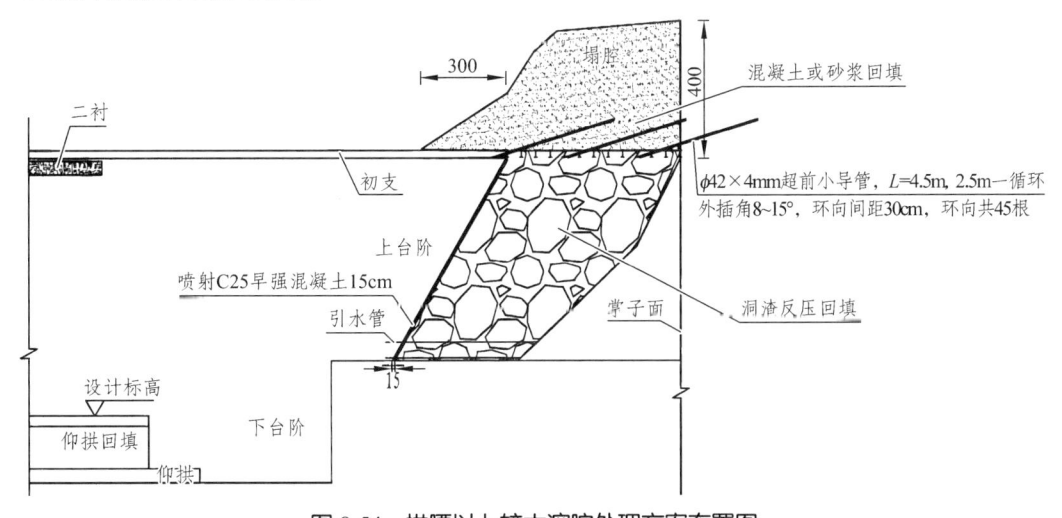

图 8-54　拱腰以上较大溶腔处理方案布置图

图 8-55 空腔泵送混凝土

8.5 初支变形侵限换拱施工关键技术

8.5.1 工程背景

2019 年 3 月 3 日，左洞 ZK26+188 掌子面突发涌水。6 月 30 日，2# 斜井淹没，隧道全面停止施工。

2020 年 7 月 11 日，组织泄水施工，2021 年 1 月 23 日完成泄水。自 2# 斜井至泄水完成，洞身受浸泡时间达两年。因地质原因，初期支护出现侵限，需对其进行换拱处理。

施工中，因隧道穿越多条断层破碎带及岩溶富水破碎区，工程地质、水文地质较差，初期支护完成后初支背后易产生掉块、坍塌现象，加之高地应力给初期支护带来了较大的压力，易产生初支侵限，故需进行换拱施工。

8.5.2 技术内容

1. 施工工艺流程

根据初期支护断面检测结果，确定换拱部位。为防止换拱作业过程中初期支护变形过大产生塌方，换拱前对换拱部位初期支护安装护拱、注浆加固、回填反压。然后用风镐凿除换拱部位混凝土，混凝土凿除后割除换拱部位原初期支护纵向连接筋、钢筋网及钢拱架，然后根据设计开挖轮廓线，人工用风镐等工具修整开挖面，进行初期支护施工。施工工艺流程如图 8-56 所示。

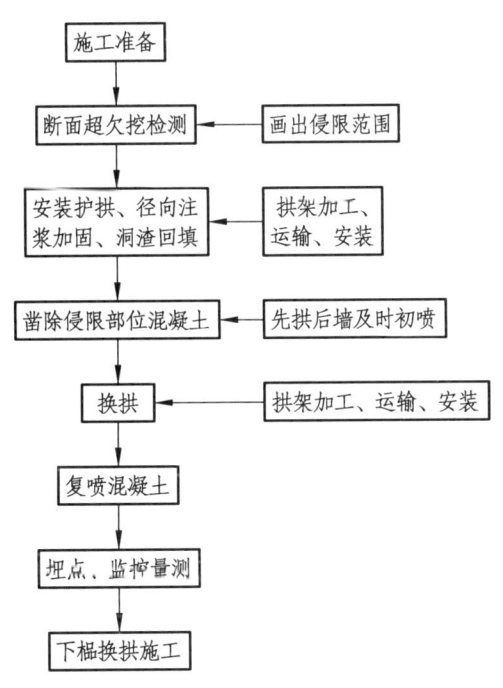

图 8-56 换拱施工工艺流程图

2. 施工准备

（1）所有参与的管理人员、施工人员必须培训上岗，考核合格后方可上岗作业。

（2）换拱需在仰拱、二衬安全步距满足规范要求后进行，同时要在换拱地段布置逃生管道。

（3）组织施工所需的材料、机械、设备进场，并检查其工作性能，验收合格后方可使用。

3. 初支断面检测

换拱前，安排测量人员对初期支护面进行检测，准确定位初支侵限部位，并用红油漆标记。

4. 换拱施工工艺要求

（1）严格按设计图纸加工钢拱架，检查其尺寸、焊接情况等，检查结果要符合设计规范要求，所用钢材进场时按批量和型号分批试验、检验，内容包括：标志、厂家、品种、数量、外观等，并按规定的抽样做力学性能试验，符合要求后才能使用。

（2）根据中线、水平、隧道断面和预留沉降量等将钢拱架架设在中线方向的垂直面上，并力求整齐，同时，支护之间仍按设计要求设纵向连接筋，构成整体，并与围岩间用混凝土垫块顶紧。

（3）新拱架与原拱架间的焊接要牢靠、平顺。

（4）钢架垂直于隧道中线，上下、左右允许偏差±5 cm，钢架倾斜度不得大于2°。

5. 护拱施工

侵限段施工前增加护拱，护拱采用 I18 工字钢，安装于钢拱架中间，与初期支护面密贴。护拱分别安装在 A、B 单元接头，C、D 单元接头部位安装 $\phi 42 \times 4$ mm 锁脚小导管，拱架间使用 $\phi 20$ mm 螺纹钢筋连接，拱脚使用 C25a、$L = 800$ mm 的槽钢支垫，确保拱脚置于稳固基础上，拱架与原初支拱架密贴。

6. 注浆加固

护拱施工完毕进行注浆加固，在侵限段前后 5 m 范围内进行注浆加固，垂直初支表面施作长 $L = 4.5$ m、$\phi 42 \times 4$ mm 注浆小导管对围岩径向注浆，小导管间距为 0.8 m（环向）× 0.6 m（纵向）。注浆使用水泥浆或水泥-水玻璃双液浆，无水段注水泥液，水灰比为 1∶1～0.75∶1（重量比），富水段注 1∶（0.6～0.8）的水泥-水玻璃双液浆，注浆压力 1.0～2.0 MPa。注浆压力可根据施工过程中围岩变化、注浆情况、注浆范围作适当调整。

图 8-57　护拱安装

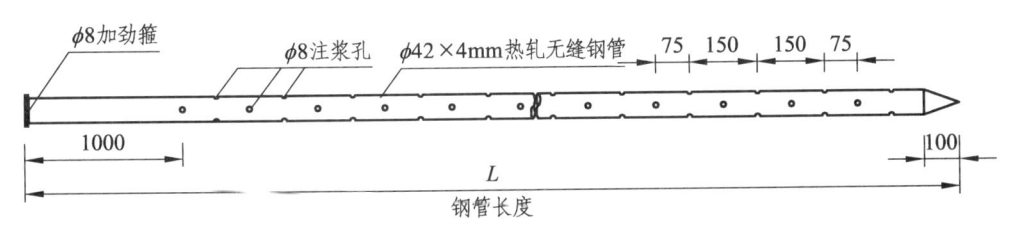

图 8-58　注浆小导管大样图

图 8-59　安装径向注浆管

图 8-60　注浆加固

7. 注浆效果检查

采用钻孔取芯检测注浆效果，待检测结果合格后方可进行下道工序施工。若检测不合格，需二次补注浆或重新开孔注浆，直至注浆效果满足施工要求。

8. 换拱施工

（1）局部换拱。

① 拆除初期支护混凝土、钢拱架。

凿除喷射混凝土前，先将喷射混凝土的凿除部分与不凿除部分在分界处切开分离，以防对不凿除部分的混凝土产生损伤。在拆除喷射混凝土过程中对既有的钢筋网及连接筋进行切割处理，确保不破坏既有拱架受力。

采取松动爆破配合人工风镐凿除，炮眼间距为 30 cm×30 cm，深度为 20 cm，按先拱后墙的顺序进行拆除。喷射混凝土凿除时钢架切割处需多凿除 50 cm~60 cm。

拆除后进行扩挖至设计轮廓线，预留沉降量为 15 cm，扩挖后对岩面进行混凝土初喷。

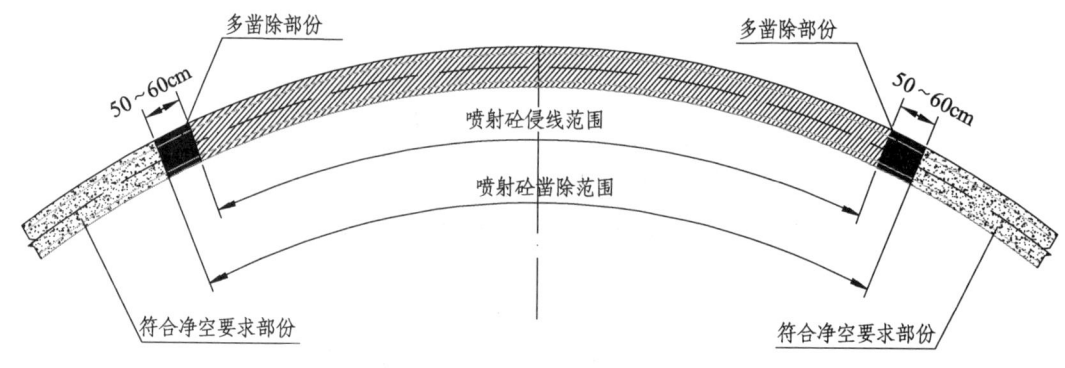

图 8-61 喷射混凝土凿除示意图

局部侵限混凝土凿除后，确定侵限钢架长度，割除钢架，人工清除欠挖围岩土，初喷 4cm 混凝土，安装钢筋网后按设计要求安装钢架；

换拱前预先在每榀钢架切割位置下方 50 cm 处，每处左右两侧各打设 2 根长 $\phi 42 \times 4$ mm，$L=4.5$ m 的锁脚小导管。

图 8-62 拱架拆除

② 拱架安装。

在钢架上确定侵限范围,测量切割拱架内弦长(即两点直线长度),沿半径方向切割钢架。

钢拱架采用 I20b 工字钢,计算好下料长度,沿半径方向安装已做好的钢架,备好焊接用连接钢板。

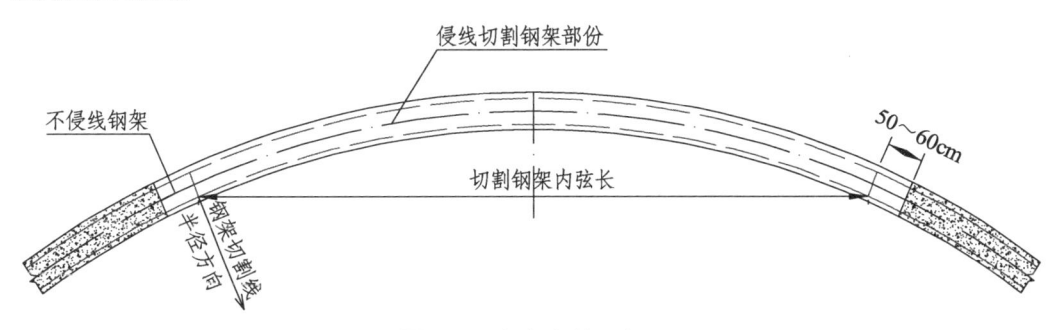

图 8-63　钢架安装示意图

把焊好的钢架运至作业平台上进行拼装,调整后定位。

将换上的钢架与原钢架对接焊好后再分别在工字钢腹板和翼板上贴板加强焊接,焊缝高度 7 mm,接头采用螺栓连接。

在钢架与围岩的空隙处加设混凝土垫块,楔紧钢架。

纵向每 2 榀钢架采用 ϕ20 mm 钢筋纵向连接,环向间距 1.0 m,外露 10 cm 作为搭接预留筋。

钢架按照先墙后拱的顺序进行安装。

图 8-64　拱架安装

③ 喷射混凝土。

拱架安装完成后，喷射 C25 混凝土至设计厚度。当开槽深度小于 50 cm 时，直接用喷射混凝土填充。当坍塌、掉块地段深度大于 50 cm 时，预留 $\phi 108 \times 6$ mm 注浆管，待喷射混凝土凝固后泵送 C15 混凝土填充。

图 8-65　喷射混凝土

④ 换拱段二次衬砌处理措施。

对变形侵限段原二次衬砌进行加强，衬砌钢筋环向主筋调整为 $\phi 25$ mm 螺纹钢，纵向间距 20 cm。纵向分布筋间距调整为 25 cm。衬砌混凝土由原设计 C30 钢筋防水混凝土调整为 C35 钢筋防水混凝土，混凝土厚度不小于原设计厚度。

（2）全环换拱。

① 施工顺序流程见图 8-66。

换拱顺序说明：

打设单根 $L = 4.5$ m 的 $\phi 42$ 注浆小导管进行注浆加固。

凿除原拱架 a、b 之间的喷射混凝土，拆除宽度为 60 cm，两侧各预留 10 cm 空间，按照先拱后墙的顺序进行拆换，即先拆除拱部混凝土，然后拆除变形严重处边墙混凝土，最后拆除另外一侧的边墙混凝土。

扩挖并进行初喷加固，预留变形量 15 cm。然后安装新拱架 1，安装完毕后进行加固，然后施作本段初期支护，施工顺序为先拱部后边墙。

凿除原拱架 b、c 之间的喷射混凝土，拆除宽度为 60 cm，两侧各预留 10 cm 的空间，按照先拱后墙的顺序进行拆换，同步骤 2。

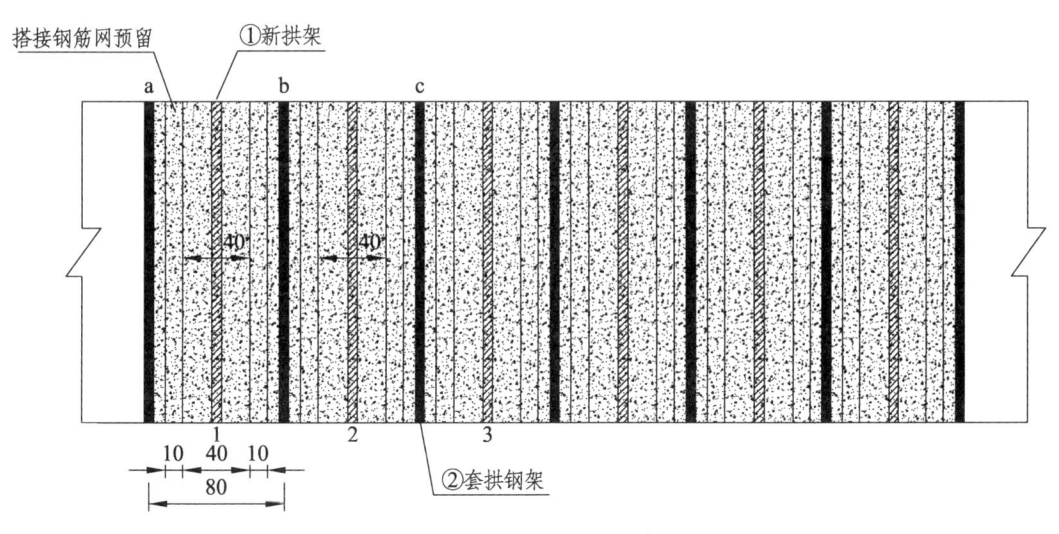

第8章 营盘山隧道不良地质灾害处治关键技术

图 8-66 换拱施工流程示意图

拆除新拱架 1、2 之间的原拱架 b 及原喷射混凝土，进行加固及施作初期支护。后续每换一榀原拱架的顺序都与此顺序相同。

② 拆除初期支护混凝土、钢拱架。

拆除原则：对侵限段采用逐榀、逐段处理，边拆除、边支护，每循环换拱一榀，待换拱完成并经监测稳定后方可进行后续施工。拆除顺序为先拆除变形较大侧后拆除变形较小侧。

凿除喷射混凝土前，先将喷射混凝土的凿除部分与不凿除部分在分界处切开分离，以防损伤不凿除部位的混凝土。在拆除喷射混凝土过程中，对既有的钢筋网及连接筋进行切割处理，确保不破坏既有拱架受力。

采取松动爆破配合人工风镐的方式进行凿除，炮眼间距 30 cm × 30 cm，深度 20 cm，拆除顺序为先拱后墙。拆除至钢筋网或连接筋混凝土面时，要优先切断钢筋网及连接筋，确保全部切断后方可对剩余混凝土进行凿除。

混凝土凿除后拆除钢拱架，要由拱顶至拱脚两侧对称进行拆除。

拆除后扩挖至设计轮廓线，预留沉降量 15 cm，扩挖后对岩面喷射 4 cm 厚初喷混凝土。

③ 钢拱架安装。

凿除部位按 DZ 衬砌类型施工，初期支护采用 I20b 钢拱架，接头采用 360 mm × 360 mm × 10 mm 钢板，M24 × 80 螺栓连接，拱脚采用 C40a、L = 500 mm 槽钢支垫，使拱脚置于稳固基础上。

在钢架与围岩的空隙处加设混凝土垫块，楔紧钢架。

拱架间采用ϕ20 mm钢筋纵向连接，环向间距1.0 m，外露10 cm作为搭接预留筋。钢拱架按照先墙后拱的顺序进行安装。

④钢筋网施工。

钢筋网采用ϕ8 mm钢筋，网格尺寸20 cm×20 cm，搭接长度不少于20 cm。

在初喷4 cm混凝土后进行钢筋网铺设。

随喷浆面起伏铺设与受喷面间隙不大于3 cm。

⑤射混凝土。

初支采用C25喷射混凝土，开槽深度小于50 cm时，直接用喷射混凝土填充。当坍塌、掉块地段深度大于50 cm时，预留ϕ108×6 mm注浆管，待喷射混凝土凝固后泵送C15混凝土填充。开始喷射时，减小喷头至受喷面的距离，并调整喷射角度，钢筋保护层厚度不得小于4 cm。

⑥换拱段二次衬砌处理措施。

二次衬砌采用DZ衬砌类型施工，施工参数详见DZ衬砌设计图（见图8-67）。

⑦换拱施工工艺要求。

严格按设计图纸加工钢拱架，检查其尺寸、焊接情况等，检查结果要符合设计规范要求，所用钢材进场时按批量和型号分批试验、检验，内容包括：标志、厂家、品种、数量、外观等，并按规定抽样做力学性能试验，符合要求后才能使用。

将钢拱架安装在隧道中线方向的垂直面上，支护间按设计要求设纵向连接筋，构成整体，并与围岩间用混凝土垫块顶紧。

新拱架与原拱架间焊接要牢靠、平顺。

钢架垂直于隧道中线，上下、左右允许偏差±5 cm，钢架倾斜度不得大于2°。

⑧换拱施工控制要点。

换拱前，必须先对初期支护进行注浆加固处理并达到设计效果后方可施工，确保结构安全。

换拱过程中加强监控量测，测量数据要及时整理反馈，根据检测结果指导施工，及时调整沉降，收敛预留沉降量，避免施工过程中发生危险。

换拱每个循环为一榀，逐榀进行拆换，严禁两榀换拱同时施作。

侵限部位必须清除到位，杜绝二次侵限。

锁脚锚管打设牢固，并注意设计所有系统锚杆对拱架的锁固作用。

更换拱架时打设锁脚钢管并注浆，保证更换后的钢拱架牢固可靠。

派专职安全员对洞内作业进行24 h值班，发现异常情况时立即组织人员撤离。对换拱人员及机械统一指挥施工，避免因场地狭窄造成互相干扰。各种作业设施禁止堆放在人员撤离通道上，确保通道畅通。

对松散体进行凿除时，轻扰动开挖到位。应注意开挖过程中初期支护结构的稳定性。

钢拱架的拱脚采用槽钢垫板和锁脚锚杆等措施加强支承。

钢拱架应与锚杆露头及钢筋网焊接，以增强其联合支护的效应。

钢拱架应在初喷混凝土后及时安装，各节钢架间以螺栓连接，连接钢板必须密贴。

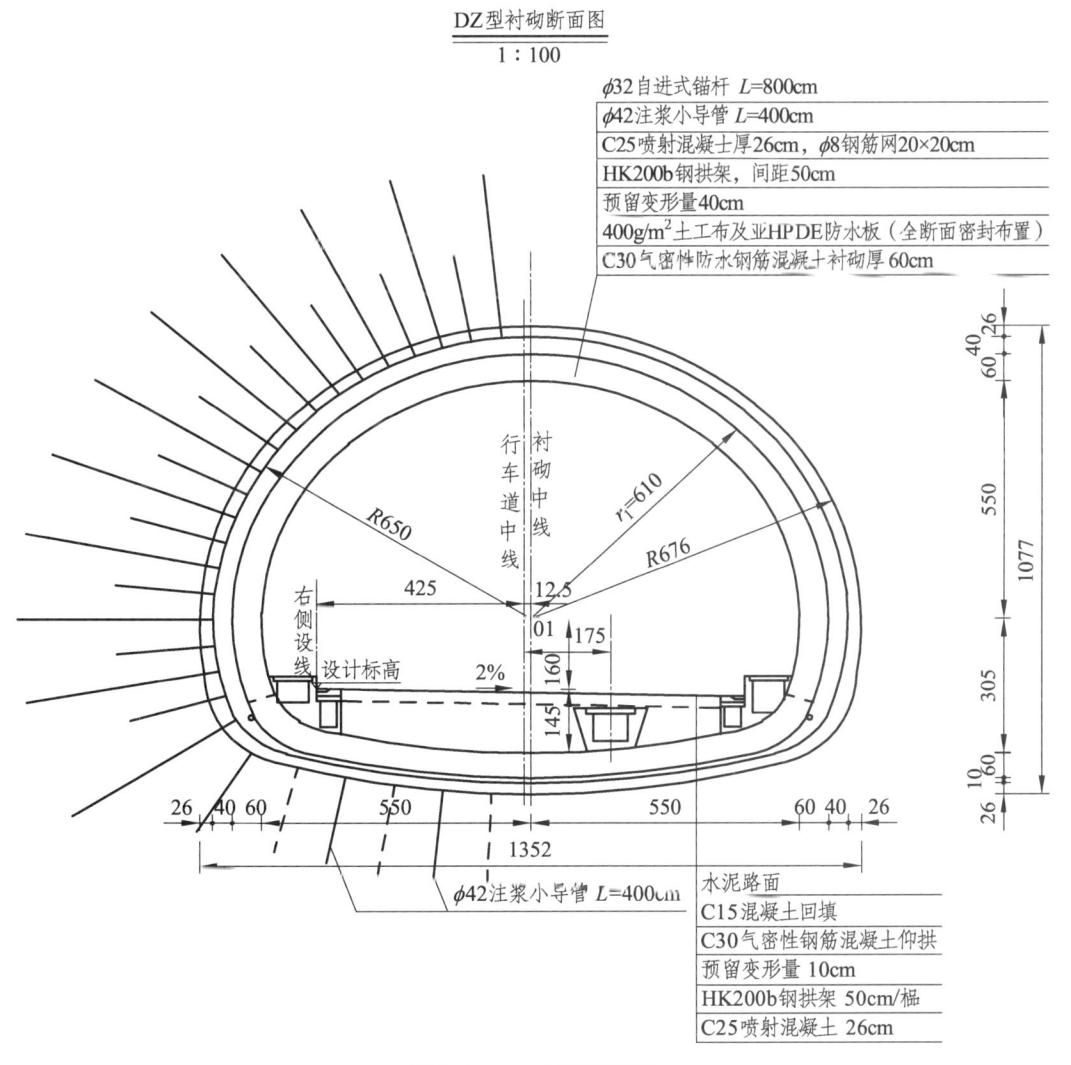

图 8-67 DZ 衬砌断面图

8.5.3 实施效果

（1）对初期支护进行护拱、径向注浆加固，极大地增加了初期支护安全性，降低了施工中初期支护失稳带来的安全隐患。

（2）换拱完成后初期支护、二衬衬砌轮廓线尺寸均满足设计要求，杜绝竣工验收后返工的风险。

8.6 斜井联络通道加高边墙接入主洞施工技术

8.6.1 总体方案

采用先行开挖扩大断面形成施工通道，后期回填 C15 片石混凝土方式形成右线排风通道。

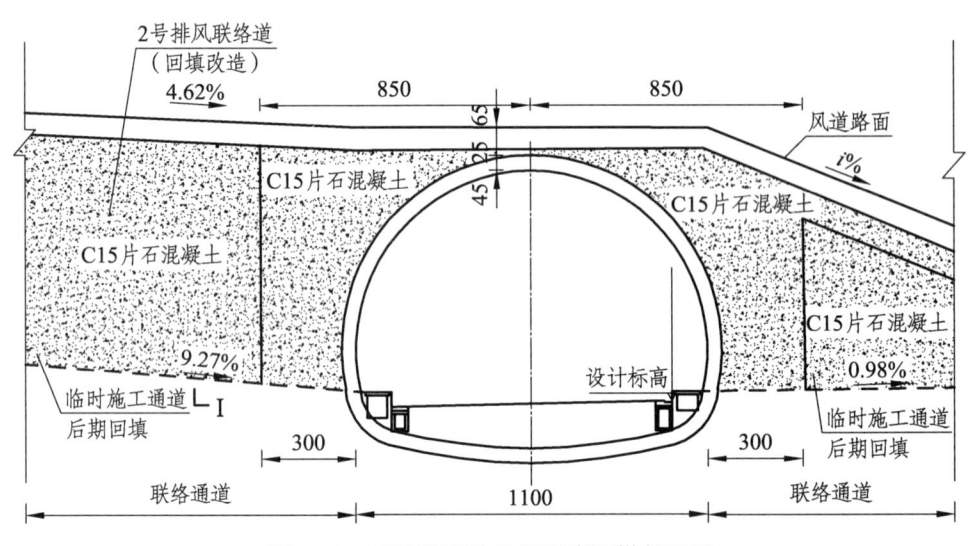

图 8-68 2 号排风道与左洞叠交段纵断面图

8.6.2 施工方法

（1）2 号斜井右线排风联络道（L2YP4a 型）与主洞左线交叉段，2 号右线排风联络道采用临时加深边墙直接接入主洞正线，边墙设置加长锚杆，然后水平接入右线，实现左右洞直接接入。正洞交叉时，应先挂口施工，拱部首先设置一环超前锚杆，其次采用微台阶掏槽，架设口部钢架再分台阶落底，封闭仰拱（若有），再次进行转向扩挖，完成洞口转换施工。最后向两侧正洞掌子面正常开挖。

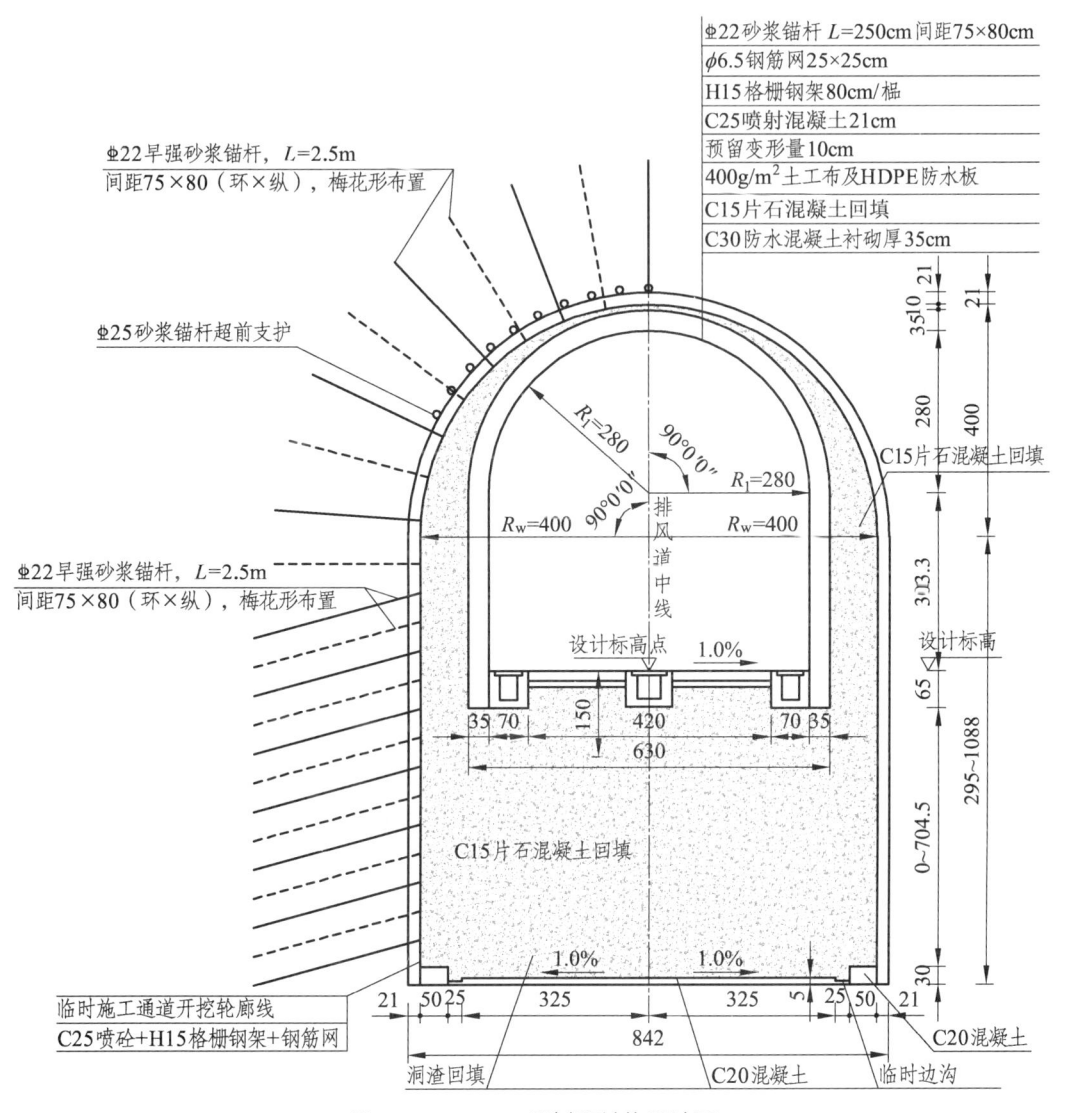

图 8-69 L2YP4a 型衬砌结构设计图

（2）格栅钢架由 A 单元、B 单元组成，现场预制，单元之间以螺栓连接。各单元由主筋、加强筋，连接角钢等焊接成形，接头处焊缝高度 $hf = 10$ mm。

（3）格栅钢架在初喷 4 cm 混凝土之后架设，架设之后再喷混凝土。

（4）施工中各钢架利用径向定位钢筋进行定位，以确保钢架的安装质量。其中每一单元钢架设定位钢筋 2 处，每处定位钢筋为两根，每根长 800 mm。

（5）相邻钢架间用纵向钢筋连接，环向间距 1.0 m，沿钢架内外侧纵向上交叉布置。

（6）钢架脚必须放在牢固的基础上，必要时用混凝土加固基底，并在每侧拱脚 B 接头处各设两根长 3.5 m 的 $\phi 22$ 砂浆锁脚锚杆。

（7）施工中应加强监控量测，经信息反馈确认预留变形量与设计不符时，应另行拟定钢架尺寸。

（8）图中钢架单元的划分是根据台阶分部开挖方法设置的，施工时可根据实际情况调整单元长度，并相应调整接头位置，但不应在拱顶中心处设置接头。钢架各单元在洞外预制，在洞内组装；钢架焊接及螺栓连接应符合《钢结构工程施工质量验收标准》（GB 50205）的要求，以保证焊缝及螺栓连接质量。

（9）复喷支护面与二次衬砌空隙用与二次衬砌同级的混凝土回填。

8.6.3 注意事项

（1）交叉段出现严重破碎带，地下水突涌，或者掌子面地质与设计条件严重不符时，应通知参建各方会议协调解决。

（2）后期右线排风道回填改造时，主洞先处理好初支平整度，施做明暗挖处防水板搭接，浇注二次衬砌，然后采用明洞方式对称回填主洞，最后上部衬砌形成排风联络道洞室，注意拱部回填时预留二次回填注浆管，回填材料采用 C15 片石混凝土。

8.7 隧道遭遇突泥回填反压注浆处治技术

隧道突泥涌水，是隧道施工过程中，穿过溶洞发育的地段，尤其遇到地下暗河系统，厚层含水泥沙砾石层，及与地表水连通的较大断裂破碎带等所发生的突然大量涌水现象，它对隧道工程的施工危害极大，严重影响了隧道工程的施工安全和进度。

8.7.1 工程背景

2021 年 9 月 14 日，营盘山隧道右洞 K24+355 处掌子面出碴完毕，掌子面右侧拱顶突然发生较大涌水突泥事故，涌泥量约 1 600 m³。

经过 8 天的清理工作，涌泥清理至离掌子面约 6 m。在 8 天清理工作期间又发生三次拱顶同一部位泥水外涌，此次清理涌泥量大于 5 000 m³，涌水量 300～400 m³/h。

多次突泥涌水清理完成后，待现场稳定，本项目部结合出口端处治方式，采用全断面帷幕注浆预加固技术对掌子面围岩进行加固，待围岩稳固后，从 K24+355 开始钢支撑采用 I20 工字钢支护，钢支撑间距 50 cm，拱脚设 40 cm×40 cm 钢垫板。系统锚杆采用 $\phi 42$

注浆小导管。环向间距 1 m，纵向间距同钢支撑。其他支护参数同原设计初支一致。

图 8-70　进口端 914 突涌

2021 年 9 月 24 日，在掌子面开挖支护至 K24+362 时，在右侧拱顶又再次突发涌水突泥，此次突泥量更大，累计清淤约 7 000 m³，大量涌泥直接将开挖台车及防水板台车推到距离掌子面约 100 m。

图 8-71　进口端 924 突涌

8.7.2　技术内容

（1）在确保安全的前提下开始进行淤泥清理，在清理淤泥至掌子面 6 m 左右时停止。

（2）因泥浆无法对掌子面形成反压，外运石渣进洞，反压掌子面，保证掌子面安全稳定。

图 8-72　外运石渣回填反压掌子面

（3）对掌子面反压部分进行喷浆封闭并注浆，并打设排水孔。

（4）对掌子面拱部 180°范围内采用 20 m 的 108 大管棚进行超前支护施工，环向间距 25 cm，管棚长 20 m，纵向间距 10 m，管棚内采用安置钢筋笼并注浆处理。

（5）对掌子面后方 30 m 范围内采用 I20b 工字钢钢架对已完成初支进行加固处理，加固钢架间距同原初支钢架一致，防止突泥造成初支塌方。

8.7.3　实施效果

经过一段时间的处理，仍无法对掌子面前方及周边形成有效的加固，无法完成正常开挖，涌突、坍塌不断，索性暂停施工，采用迂回横洞方式反向处治。右洞 K24+355 掌子面突泥涌水事故处治工作，虽未能保证掌子面的正常掘进，但未造成人员伤亡和较大财产损失，同时本次的围岩拱架的加固和掌子面前方围岩注浆施工工作，为后续转移掌子面开挖施工和加强围岩稳定性打下一定基础。

8.8　隧道遭遇突涌横洞迂回反向处治施工关键技术

8.8.1　工程背景

2021 年营盘山隧道 10 标进口端施工过程中，右洞掌子面突发涌泥、涌渣现象（见图 8-73），导致掌子面无法正常施工，经多次清淤注浆加固及封堵处置仍未解决问题，导致进口右洞掌子面停工。

图 8-73　施工现场掌子面涌泥、涌渣情况

8.8.2　技术内容

右洞暂停处治，左洞掌子面继续向前掘进，待施工至横洞位置时，开挖横洞，通过横洞迂回至右洞掌子面背面，进行反向处治，结合超前预报地质情况，采取反向管棚预注浆加固措施，完成灾害段的处置任务。

隧道右洞反向掘进至距处置段 50 m 左右处开始逐步扩挖断面，为管棚施工提供便利条件，待掘进至处置段 35 m 左右的位置时，开始施做导向拱，即开挖轮廓线外一定范围内形成一个棚架的支护体系，保证隧道的结构和施工安全。

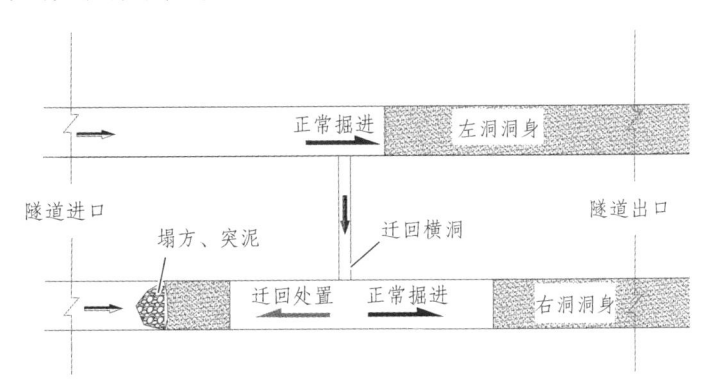

图 8-74　横洞迂回反向处治施工

8.8.2.1　横洞迂回进入主洞交叉段施工

第 1 步：确定横洞位置，开挖横洞。通过三维地质雷达探测、超前钻探等手段，在涌水段前方约 200 m 位置，探查中岩墙地质情况，避开岩层破碎带，采用车行横洞尺寸

进行横洞开挖并及时支护。

第 2 步：横洞与主洞交界处加固。横洞主洞交界处受力复杂，为保证交界处的施工安全，交界处 10 m 范围内提前采用注浆加固，钢拱架采用正常段双拼工钢加强支护。

第 3 步：横洞爬坡进入主洞，弧形开挖导洞。横洞在掘进至距离主洞边界 3 m 时提前开始挑顶开挖，顶、底标高按 20% 左右坡度提升，逐步加高开挖断面，越过主洞边界后采用 5 m×5 m 的导洞继续沿主洞法线方向向另一侧开挖，导洞拱顶呈主洞弧形状，导洞工钢支护的拱脚位置要高于主洞钢架顶 0.2 m，以便后续主洞钢架施工。

第 4 步：导洞范围主洞初期支护。在横洞挑顶至主洞（导洞施工）初期支护完成后，施工转向至主洞方向，施做导洞范围内主洞初期支护，导洞初支与主洞钢架间隙喷射砼保证密实。

第 5 步：拆除导洞棚架立柱。在导洞范围内完成主洞初期支护后，拆除导洞两侧临时棚架立柱。拆除棚架立柱须先单侧拆除，及时立设正洞拱架，再拆除另一侧。

第 6 步：正洞台阶法开挖。施工转向主洞以后，采用三台阶法开挖，先向大里程开挖 30 m（预留台车拼装场地），而后转向小里程（涌水段），台阶长度控制在 3~5 m，随着开挖断面逐步扩大，开挖台车由小台车更换为大台车，初支仰拱紧随其后，择时拼装台车，施做二衬。

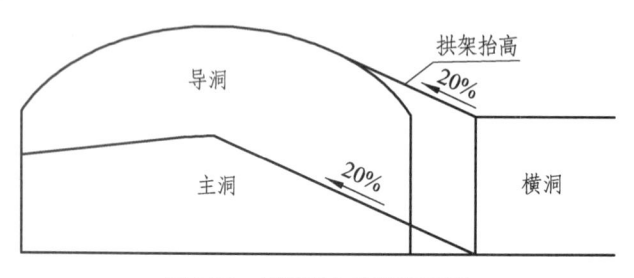

图 8-75 导洞进入主洞立面图

8.8.2.2 管棚反向处治施工

反向开挖至距离涌水段掌子面约 50 m 时，采用管棚分段注浆加固，分段开挖，直到越过涌水处掌子面。

管棚施工是沿开挖轮廓周线钻设与隧道轴线大致平行的钻孔，一般有 1°~3° 的外插角，根据隧道的地质情况，管棚施工采用了顶管技术，而后顶入 $\phi 108\times 6$ mm 的无缝钢管，为了提高管棚的刚度，管棚管内安设由 4 根 $\phi 22$ 的螺纹钢加工而成的钢筋笼，并向管内注浆，固结管周边的破碎围岩，并在预定的范围内形成棚架的支护体系。

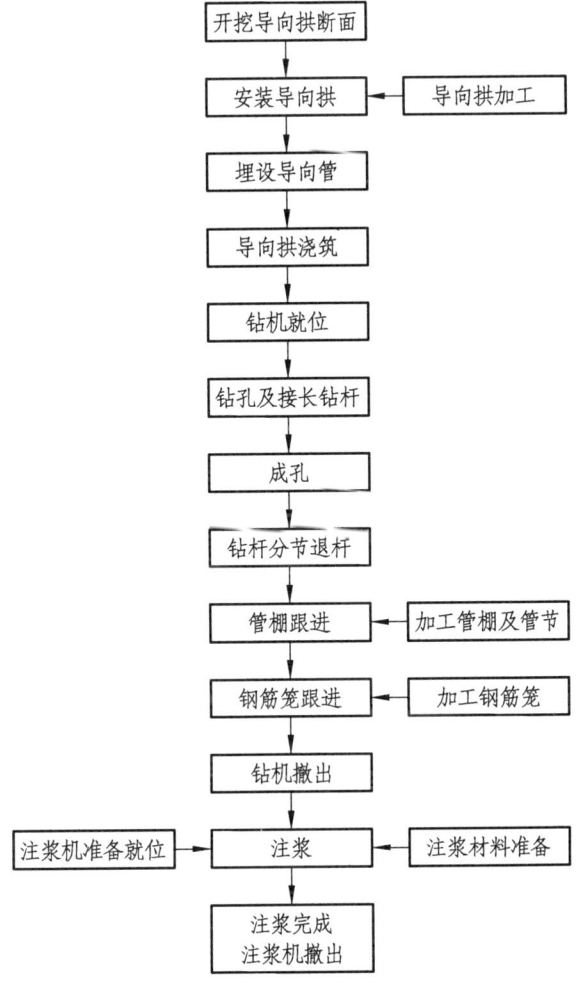

第8章 营盘山隧道不良地质灾害处治关键技术

```
开挖导向拱断面
      ↓
   安装导向拱 ← 导向拱加工
      ↓
    埋设导向管
      ↓
    导向拱浇筑
      ↓
     钻机就位
      ↓
  钻孔及接长钻杆
      ↓
      成孔
      ↓
    钻杆分节退杆
      ↓
    管棚跟进 ← 加工管棚及管节
      ↓
    钢筋笼跟进 ← 加工钢筋笼
      ↓
     钻机撤出
      ↓
注浆机准备就位 → 注浆 ← 注浆材料准备
      ↓
    注浆完成
    注浆机撤出
```

图 8-76　管棚施工工艺流程图

（1）施工方法的选择。

管棚适应于特殊困难地段，如极其破碎的岩体、塌方体、岩锥地段、砂土质地层、强膨胀性地层、强流变性地层、裂隙发育岩体、断层破碎带、浅埋大偏压等围岩的隧道施工。

（2）地质条件的确定。

通过超前探孔或超前地质预报确定前方为极其破碎的岩体，毫无自稳能力，可以采用管棚法施工。

（3）管棚施工方法。

①管棚工作室的施作。

为了钻机的正常施工，必须在管棚施工时保留足够的空间，以保证管棚在施工时不存在盲区。其长度根据钻孔设备和管棚钢管的最长节长度确定，由于现场利用管棚机长度较长，将管棚工作区长度定为9.0 m，以便正常工作。

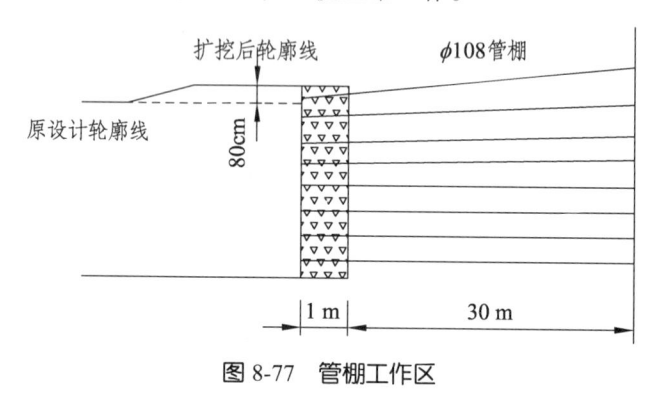

图8-77 管棚工作区

②管棚导向拱的施作。

混凝土套拱施作：采用C30喷射混凝土套拱做长管棚导向墙，混凝土套拱厚0.8 m，套拱内埋设两榀I20b工字钢拱架，导向管采用ϕ150 mm×4.5 mm无缝钢管，工字钢与导向管焊成整体，并用ϕ22钢筋固定，确保导向管稳固、方向准确。

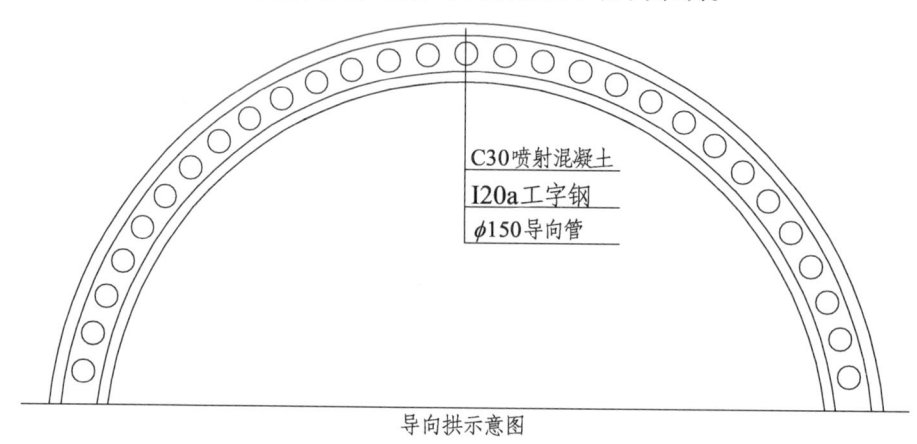

图8-78 管棚导向拱

③钻孔。

搭建施工平台，安装钻机，并利于安装固定钻机，防止施钻时不均匀下沉、摆动、位移、倾斜而影响钻孔质量；采用1台ZML160履带式多功能钻机作业；钻机定位时，钻杆轴心与导向管轴心一致，采用扶正器扶正以确保方向准确，为克服钻深后钻具由于自重或地质情况产生的下垂影响后期进洞施工，钻孔时应经常检查方向是否与导向管方向一致，并及时调整扶正器；钻进中遇到不能钻进成孔时（地质复杂带），则采用预注浆加固钻孔法反复钻孔直至钻至设计长度。在钻进时应记录下岩层的变化情况，以便及时调整钻进速度，保证孔位的完整性，并为随后进行的开挖探明地质情况提供准确的第一手钻探资料。

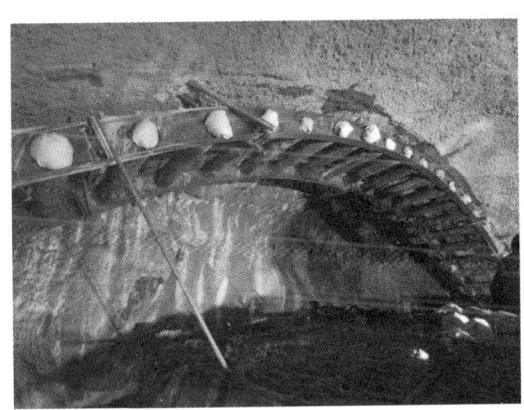

图 8-79　钻孔施工

④ 管棚跟进及孔口处理。

钢管采用 ϕ 108 无缝钢管，管壁设溢浆孔，节长 1.5 m，管棚环向间距 30 cm，方向与隧道纵向基本平行，同一横断面内接头数量≤50%，钢管采用丝扣连接，丝扣长 15 cm，考虑到孔深阻力大，采用机械顶进。为防止塌孔和保证孔向正确，一孔钻完立即顶进一根钢管。

图 8-80　顶进钢管

孔口管道处理采用后装法：管棚顶进完成后，在管口安装注浆管，注浆管与管棚孔口通过预加工完成的连接件焊接固定，确保注浆过程中不漏浆。

图 8-81　孔口处理

⑤ 钢筋笼的安装。

钢筋笼采用 4 根 $\phi 22$ 的螺纹钢，节长 9 m，搭接长度为 50 cm，采用双面焊接，保证钢筋笼的牢固。浅孔段采用人工推进，孔深阻力大时，采用机械顶进。

⑥ 注浆。

钢筋笼施工完毕后，采用 ZBY-80/7.0-15 注浆机注浆，按钻一孔注一孔进行，全孔一次压入，注浆浆液的参数由现场实验确定，浆液扩散半径≥0.5 m。为防止出现塌孔或注浆窜孔现象发生，可跳孔施工，加大孔与孔之间的距离，待注浆完成凝固后再钻进相连孔位，这样既可有效保证钻孔质量，管棚易插入，也避免出现漏浆现象。当注浆量达到设计数量而浆液注不进时再稳压 3~5 min 即可结束注浆。

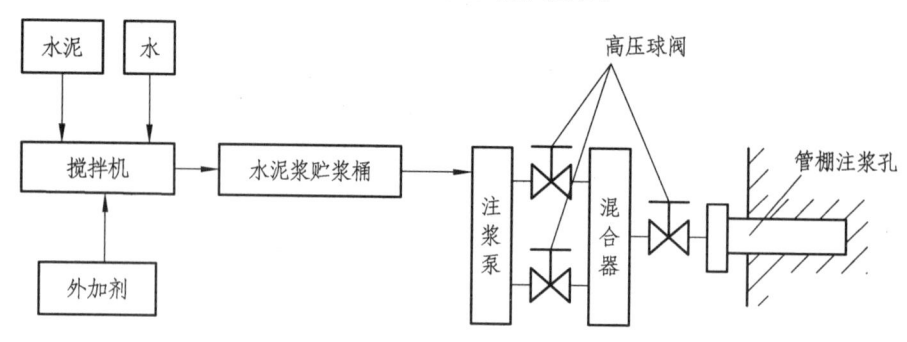

图 8-82　注浆管路连接图

8.8.3 实施效果

根据现场施工情况反映，现场 2 个循环管棚注浆效果均比较良好，开挖过程中松散破碎围岩固结情况比较理想，未出现坍塌和涌泥现象，最终圆满完成反向处置贯通。

图 8-83 注浆开挖围岩固结效果图

图 8-84 现场管棚处置贯通

参考文献

[1] Marc Pesendorfer, Simon Loew. Subsurface exploration and transient pressure testing from a deep tunnel in fractured and karstified limestones (Lötschberg Base Tunnel, Switzerland) [J]. International Journal of Rock Mechanics and Mining Sciences, 2009, 47（1）.

[2] Laura Toran, Ellen K. Herman, William B. White. Comparison of flowpaths to a well and spring in a karst aquifer[J]. Ground Water, 2007, 45（3）.

[3] 李术才, 王康, 李利平, 等. 岩溶隧道突水灾害形成机理及发展趋势[J]. 力学学报, 2017, 49（01）: 22-30.

[4] 李利平. 高风险岩溶隧道突水灾变演化机理及其应用研究[D]. 济南: 山东大学, 2009.

[5] 郭佳奇, 李宏飞, 陈帆, 等. 岩溶隧道掌子面防突厚度理论分析[J]. 地下空间与工程学报, 2017, 13（05）: 1373-1380.

[6] Meguid M A, Dang H K. The effect of erosion voids on existing tunnel linings[J]. Tunnelling and underground space technology incorporating trenchless technology research, 2008, 24（3）.

[7] 唐红侠, 周志芳, 王文远. 水劈裂过程中岩体渗透性规律及机理分析[J]. 岩土力学, 2004, （08）: 1320-1322.

[8] 干昆蓉, 杨毅, 李建设. 某隧道岩溶突水机理分析及安全岩墙厚度的确定[J]. 隧道建设, 2007, （03）: 13-16+50.

[9] 黄震, 李仕杰, 赵奎, 等. 隧道完整型岩盘渗透破坏失稳机制流固耦合模型试验研究[J]. 应用基础与工程科学学报, 2019, 27（06）: 1345-1356.

[10] 周毅, 李术才, 李利平, 等. 隧道充填型岩溶管道渗透失稳突水机制三维流–固耦合模型试验研究[J]. 岩石力学与工程学报, 2015, 34（09）: 1739-1749.

[11] CHU Vietthuc. 公路隧道充填型岩溶管道突水灾变机理及演化过程数值分析[J]. 中南大学学报：自然科学版，2016，47（12）：4173-4180.

[12] 孙谋，刘维宁. 高风险岩溶隧道掌子面突水机制研究[J]. 岩土力学，2011，32（04）：1175-1180.

[13] 李涛，张丽，蒋庆，等. 基于GDEM的隐伏岩溶隧道隔水岩体水压致裂安全厚度及破裂演化规律分析[J]. 隧道建设（中英文），2021，41（01）：67-76.

[14] 刘超群，彭红君. 隧道掌子面与溶洞安全距离分析[J]. 现代隧道技术，2012，49（03）：109-113.

[15] 汤连生，王思敬. 岩石水化学损伤的机理及量化方法探讨[J]. 岩石力学与工程学报，2002（03）：314-319.

[16] 郭富利，张顶立，苏洁，等. 地下水和围压对软岩力学性质影响的试验研究[J]. 岩石力学与工程学报，2007（11）：2324-2332.

[17] 周雪铭，刘辉，彭川，等. 岩溶隧道开挖对溶洞处治结构影响的数值模拟分析[J]. 岩土力学，2011，32（01）：269-275+303.

[18] 刘招伟，何满潮，王树仁. 圆梁山隧道岩溶突水机理及防治对策研究[J]. 岩土力学，2006（02）：228-232+246.

[19] 黄明利，王飞，路威，等. 隧道开挖诱发富水有压溶洞破裂突水过程数值模拟[J]. 中国工程科学，2009，11（12）：93-96.

[20] 张民庆，曾强运，杨兵. 岩溶隧道溶洞泄水机理及工程实例分析[J]. 岩土工程学报，2010，32（10）：1543-1550.

[21] 罗玉虎，李丹，刘亮，等. 摩天岭隧道涌水原因分析及处治措施[J]. 地下空间与工程学报，2011，7（02）：408-412.

[22] 刘仁阳. 大风垭口隧道特大土石流及涌水处治[J]. 公路，2006（05）：207-212.

[23] 白国权. 花椒箐隧道涌水突泥综合处治[J]. 公路，2016，61（02）：230-234.

[24] 李睿哲. 大华山隧道涌水原因分析及处治措施[J]. 公路，2019，64（01）：290-294.

[25] 曹学强. 康家楼隧道斜井涌水处治技术研究[J]. 公路，2014，59（05）：127-130.

[26] 陈绍华. 关角隧道斜井岩溶裂隙水处理技术探讨[J]. 现代隧道技术，2010，47（01）：81-86.

[27] 吴治生，张杰. 岩溶隧道地质构造与围岩等级的划分[J]. 铁道工程学报，2012，29（04）：6-12.

[28] 程邦富. 充水溶洞对隧洞施工的影响及岩溶的治理技术研究[D]. 成都：西南交通大学，2013.

[29] 张民庆,刘招伟. 圆梁山隧道岩溶突水特征分析[J]. 岩土工程学报,2005(04):422-426.

[30] 韩行瑞. 岩溶隧道涌水及其专家评判系统[J]. 中国岩溶,2004(03):47-52.

[31] 王建秀,朱合华,杨立中. 岩溶隧道长期排水对围岩渗透性的影响[J]. 岩土力学,2004(05):715-718.

[32] 冯升,王勇,朱兴礼,等. 岩溶区反坡施工隧道涌水量计算方法[J]. 交通科技,2020(03):95-98.

[33] 陈秀义. 六盘山隧道涌水量预测方法研究[J]. 铁道建筑技术,2020(10):37-41.

[34] Tang J H, Bai H B, Yao B H, et al. Theoreticalanalysis on water–inrush mechanism of concealedcollapse pillars in floor[J]. Mining Science andTechnology(China),2011(21):57-60.

[35] 黄克智,夏之熙,薛明德,等. 板壳理论[M]. 北京:清华大学出版社,1987.

[36] 王浩. 隧道前方充水溶洞对围岩稳定性影响与防突安全厚度研究[D]. 济南:山东大学,2018.

[37] 李术才,袁永才,李利平,等. 钻爆施工条件下岩溶隧道掌子面突水机制及最小安全厚度研究[J]. 岩土工程学报,2015,37(02):313-320.

[38] 李利平,李术才,张庆松. 岩溶地区隧道裂隙水突出力学机制研究[J]. 岩土力学,2010,31(02):523-528.

[39] 夏冬. 浸水岩石损伤演化过程试验研究及在大水矿山中的应用[D]. 沈阳:东北大学,2014.